中国社会科学院创新工程学术出版资助项目

人文社科成果评价体系理论与实证研究

Theoretical and Empirical Study on Evaluation System for Humanities and Social Sciences Achievements

任全娥 著

中国社会科学出版社

图书在版编目（CIP）数据

人文社科成果评价体系理论与实证研究/任全娥著. —北京：中国社会科学出版社，2019.2
 ISBN 978-7-5203-3578-2

Ⅰ.①人… Ⅱ.①任… Ⅲ.①社会科学—科技成果—评估 Ⅳ.①C3

中国版本图书馆 CIP 数据核字（2018）第 264656 号

出版人	赵剑英
责任编辑	田　文
责任校对	杨　林
责任印制	王　超

出　版	中国社会科学出版社
社　址	北京鼓楼西大街甲 158 号
邮　编	100720
网　址	http://www.csspw.cn
发行部	010-84083685
门市部	010-84029450
经　销	新华书店及其他书店

印　刷	北京明恒达印务有限公司
装　订	廊坊市广阳区广增装订厂
版　次	2019 年 2 月第 1 版
印　次	2019 年 2 月第 1 次印刷

开　本	710×1000　1/16
印　张	17.5
插　页	2
字　数	261 千字
定　价	75.00 元

凡购买中国社会科学出版社图书，如有质量问题请与本社营销中心联系调换
电话：010-84083683
版权所有　侵权必究

序

如何公正、合理地进行学术成果评价是近十多年来国内外探讨较多的难题之一。由于社会科学，尤其是人文学科相对于自然科学而言，除了有一些共性外，在研究对象、研究过程、言说方式等许多方面亦有不少个性，加上人文社科的民族性、本土性、时代性等特点，因此其研究成果的评价显得更为复杂。如何根据人文社会科学研究的学科特点，探讨其成果的评价理论及实际应用则是一个迫切需要解决的问题。

任全娥博士是我国较早从事人文社会科学成果评价研究的学者之一，她早几年出版的专著《人文社会科学成果评价研究》在评价界有较大的反响。她还主持过各种相关研究课题，发表了不少有质量的论文，在学术评价领域具有一定的影响力和知名度。在我的印象里，她非常热衷于人文社会科学评价事业，盼望能在多年研究的积累上，为评价实践作出贡献。有时，我们会在一些学术评价会议上探讨有关评价的问题，从她的言谈中，可以发现她对学术评价问题有较深入的思考，对成果评价更是倾注了大量的心血和热情。记得2012年，她打来长途电话跟我讨论引文数据库的加工与管理问题，得知她想搭建评价平台，准备开展评价实践活动。但最近几年，在评价会议上与她见面少了，后来听说，情况有变，她没有参加评价实践工作，目前仍专注于人文社会科学评价领域的研究工作。

2018年12月初，她给我发来电子邮件及书稿电子版，邀请我为她的一部新书《人文社科成果评价体系理论与实证研究》作序。我欣然答应。在中国人文社会科学评价领域，能够克服各种实际困难，兼顾到各方面工作，坚持十几年如一日地勤奋耕耘，实属难能可贵。我想，也许只有具备强烈敬业精神与责任意识的人，才会这样努力吧。我从书稿中得知，作者曾计划从人文社会科学成果评价理论写到评价实践，尝试把自己的研究积累转化为实践平台，但由于情况有变，评价的实践部分变成了示范性的"实证研究"。尽管人文社会科学成果评价的实证研究比具体评价实践简单得多，但仍然会有某些成果形式较为特殊，不易获取成果信息与评价数据，难以进行全面实证研究。通读全书，我大致归纳出如下几个特点。

第一，研究积累丰厚，具有理论稳定性。该书是作者在承担国家社科基金项目成果基础上完成的，是其专著《人文社会科学成果评价研究》的后续研究成果。在理论研究部分，该书延续了前期的研究观点，体现出理论研究的稳定性。同时，作者跟踪了近几年国内外最新研究进展，进一步阐述了人文社科成果评价的评价目标、评价指标、研究方法与评价制度的理论依据，并对人文社科成果评价体系的八大基本要素及其关系进行了论述。

第二，设计评价指标，搭建评价方法框架。在评价操作层面，该书将基础研究成果与应用对策研究成果相区分，设计出相应的评价指标体系。从成果载体指标与成果自身指标设计基础研究成果评价指标体系，从不同评价主体设计应用对策研究成果评价指标体系。在对这两类成果评价指标体系的设计中，作者详细考察了每一种指标要素背后的形成机理与评价功能，搭建出一套人文社会科学成果评价方法的基础框架。

第三，局部实证评价，聚焦论文、著作及其出版社。由于人文社会科学成果形式的多样化与复杂性，评价实证需要聚焦到某些具体成果形式和出版机构进行操作。该书将论文、著作和出版社作为评价实证的研究对象，具有可行性。论文评价实证部分的创新之处在于，运用文献计量方法进行评价时注意学科差异与时间因素（作为同行专家评价的验证与补充）；对著作及其出版机构的评价尽量充分发挥文献计量方法的优势。

诚然，人文社会科学成果评价的研究难度决定了该书同时还存在一些遗憾和不足。比如，在八大评价要素中，评价目的如何制约评价指标的设计，不同评价主体的评价如何互补，评价制度与评价程序是何种关系，等等，还需要深入研究和论述。定量评价与定性评价是两种重要的评价方法，该书只运用定量评价方法进行实证研究，缺少定性评价的数据搜集与实证研究。我希望，作者在今后的研究中，能结合最新的评价需求，参考国内外最新的学术评价研究成果和评价实践，开展更为深入系统的评价理论研究与实践探索，为建立和完善人文社会科学评价体系作出更多更好的努力。

是为序。

叶继元[*]

2018 年 12 月 30 日于南京

---

[*] 注：叶继元，南京大学特聘教授、博士生导师，教育部社会科学委员会委员，国务院学位委员会第五届学科评议组成员。研究方向：学术评价与学术规范、信息资源建设、历史学方法论。

目 录

第一章 绪论 …………………………………………… (1)
　一 研究背景 ………………………………………… (1)
　二 研究内容 ………………………………………… (3)
　三 基本概念 ………………………………………… (6)

第二章 国内外研究状况 ……………………………… (14)
　一 国外研究状况 …………………………………… (14)
　二 国内研究状况 …………………………………… (27)
　三 小结 ……………………………………………… (36)

第三章 人文社科成果评价体系的理论依据 ………… (38)
　一 评价目标的理论依据 …………………………… (38)
　二 评价指标的理论依据 …………………………… (40)
　三 评价方法的理论依据 …………………………… (51)
　四 评价制度的理论依据 …………………………… (58)

第四章 人文社科成果评价体系的基本要素 ………… (62)
　一 成果评价体系的八大要素 ……………………… (62)
　二 评价要素之间的关系 …………………………… (82)

第五章 基础研究成果评价指标体系 ………………… (84)
　一 基础研究成果评价指标的类型 ………………… (84)

二　成果载体指标 …………………………………………（88）
　　三　成果自身指标 …………………………………………（97）
　　四　学术论文评价指标体系设计 ………………………（107）
　　五　学术著作评价指标体系设计 ………………………（125）

第六章　应用对策研究成果评价指标体系 …………………（139）
　　一　应用对策研究成果的特点 …………………………（142）
　　二　应用对策研究成果评价探索 ………………………（143）
　　三　应用对策研究成果评价指标体系设计 ……………（149）
　　四　研究报告出版物评价指标体系设计 ………………（162）

第七章　人文社科成果评价体系实证研究 …………………（169）
　　一　获奖成果评价结果验证 ……………………………（169）
　　二　单篇优秀论文评价实证分析 ………………………（183）
　　三　论文评价时段的描述分析 …………………………（195）
　　四　学术著作及出版社引证分析 ………………………（222）
　　五　应用对策研究成果评价实践 ………………………（251）
　　六　研究启示与展望 ……………………………………（258）

参考文献 ……………………………………………………（261）

后　记 ………………………………………………………（271）

第一章 绪论

一 研究背景

2016年5月17日,习近平总书记在哲学社会科学工作座谈会上的讲话中指出:"要建立科学权威、公开透明的哲学社会科学成果评价体系,建立优秀成果推介制度,把优秀研究成果真正评出来、推广开。"这一重要讲话为我国哲学社会科学成果评价体系的未来发展指明了方向,也提出了明确要求。我们认为,"评出来"是针对成果产出质量的评价要求,"推广开"是针对成果传播效果的评价要求,也就是要通过成果评价体系与成果推介制度,实现对高质量研究成果的识别与传播。

人文社会科学成果评价是一项涉及面广、主体多元且功能各异的复杂系统与应用性研究领域。成果形式不仅包括学术论文、学术著作与研究报告,还包括学术资料、古籍整理、工具书、年鉴、普及读物、内部报告、政策咨询等形式。成果评价的基本要旨是综合评判成果的质量、价值与功能,而成果的价值与功能表现在多个方面,需要从科学性维度、社会性维度与政策性维度来整体把握。从科学性维度评价,重点在于学术思想的记载与学术成果的创新,以科学评价促进创新性研究及高质量成果产出与知识共享;从社会性维度评价,重点在于研究成果的广泛传播与社会影响,旨在传承文明、服务社会、以文化人;从政策性维度评价,重点在于决策咨询与政策影响,通过成果评价引导应用性科学研究发挥咨政建言功能。以上三个维度的成果评价与价值研判,需要基于科学完善的学术评价体系才能实现,包括评价主体、评价目标、评价标准、评价指标、评价方法、评价制度等，涉及多个学科领域的理论与研究方法，如政治学、管理学、社会学以及哲学、科学学、文献计量学。所以说，构建与实施科学完善的人文社会科学成果评价体系，是一项跨学科的系统工程。

人文社会科学成果属于一种面向人类和社会的公共知识产品，因此客观认识与全面探索成果评价问题解决路径，需要同时把握知识生产的历史走向与知识传播的公共属性。随着信息时代的知识普及与便利传播，知识生产与知识普及之间的界限越来越模糊，原始创新与经典之作越来越稀缺，导致人文社会科学成果的质量水平与传播影响在具体评价标准中被混淆与误用。因此从目前来看，人文社会科学成果的质量评价与影响力评价应该相对划界与区分，才能做到首先把优秀研究成果真正"评出来"，然后才能"推广开"。"评出来"就是要面向知识内容的成果质量进行评价，强调原始创新与科学严谨，这需要有学术共同体的支撑与维护；"推广开"就是要面向成果价值与影响力进行评价，重在知识贡献与学术传播，表现在知识表达、成果发表、政府采纳、媒体推广、信息采集与文献计量等多个环节与领域。后者的有效性必须以前者的有效性为前提，而且二者都需要依赖于健康的学术环境与成熟的学术共同体及其对公共知识的坚守。这种知识生产与知识普及的划界和区分，也对应着学术评价领域较为常用的两种评价方法：定性评价与定量评价。定性评价更多地应用于同行评议对知识生产、成果发表与课题立项阶段的学术质量把关，定量评价较常用于学术成果发表与公开传播之后的知识普及和成果推广阶段的学术影响力测评。

关于定性评价与定量评价，近期常见将有关学术腐败、学术造假等学术不端事件归咎于学术评价的报道，由此学界开始反思定量评价及定性评价的固有缺陷。那么，科学研究是否需要学术评价？是不是学术评价体系尤其是定量评价破坏了原本健康的学术生态？如何协调定性评价与定量评价之间的关系？针对这些问题，笔者曾经做过一次小范围的问卷调查，发现在我国当下的社会科学研究领域，由于学科建制与科研环境的不断变化，客观上存在着对科学合理评价体系的实际需求。而且，面对定性评价与定量评价各自固有的缺陷和利弊取舍，大多数人会选择两种方法有机结合，将定量评价结果作为专家定性评价的参考依据。至于所谓定量评价体系引起学术不端的说法，既有定量评价方法自身的问题，也有评价结果的过度使用问题，同时也折射出部分利益主体对定量评价体系的曲解与排斥倾向。

综上，人文社会科学研究过程的复杂性决定了成果评价方法的多样化，一种评价方案或一次评价过程不能解决所有的成果评价问题。因此，人文社会科学成果评价只有在深入研究、反复尝试与实践探索的基础上，才能不断优化并趋于完善。鉴于此，本研究提出并阐述人文社会科学成果评价体系的理论依据和八大要素，按照基础研究成果及应用对策研究成果构建人文社会科学成果评价指标体系，最后用文献计量方法对基础研究成果评价进行实证分析，旨在探索人文社会科学成果评价从理论研究到实际操作的实现路径。

二　研究内容

面对人文社会科学成果评价的复杂性，为了探索从宏观到微观、从理论到实践的研究路径，本书的研究内容主要包括三个方面。第一个方面是理论研究，在前期研究基础上进一步深化成果评价理论体系，通过分析国内外研究状况，阐述人文社会科学成果评价目标、评价指标、评价方法和评价机制的理论依据，并对人文社会科学成果评价体系的八大基本要素及其关系全面论述。第二个方面是方法研究，将人文社会科学成果分为基础研究成果及应用对策研究成果，针对两种类型成果的不同特点分别讨论与设计评价指标体系，基础研究成果评价指标按照评价信息来源分为成果载体指标与成果自身指标，应用对策研究成果评价指标按照评价主体分为成果受益者评价指标、同行专家评价指标、项目成果负责人评价指标。第三个方面是实证研究，按照前文设计的评价指标体系，选取单篇学术论文评价、学术著作与出版社评价进行实证研究，并介绍国内外应用对策研究成果的评价实践。

从评价理论来看，评价实践的迅猛发展及存在问题迫切需要在学理层面为科研评价提供理论依据与方法论支撑。长期以来人们对科研评价方法的研究主要停留在操作层面，这使我们的评价活动与评价结果缺乏足够的解释性和说服力，导致一系列的社会负面效应以及对评价活动的质疑和抵触。因此，本书在前期研究的基础上进一步梳理国内外学术成果评价的研究状况，阐述人文社会科学成果的评价目标、评价指标、评价方法与评价制度的理论依据，旨在为后期的学术成果评价体系设计与实际应用提供持续性的学理支撑。第一，哲学价值论既是评价目标的理论依据，也是价值指标的理论依据。第二，依据信息论的语法信息、语义信息和语用信息"三要素"理论，成果评价指标体系设计具有三个维度，即科学性维度、创新性维度与价值性维度。第三，信息中介论是成果定量评价方法的理论依据，定量评价方法是以一定的参照客体为中介的间接评价手段；信息构建理论是定性评价方法的理论依据，定性评价是评价主体在思维中对评价客体信息的重组，因此人们所追求的主观定性评价的客观标准，实际上指的是基于评价参考客体的评价主体多元化及其评价意见的一致性。第四，评价制度的理论依据是系统论、信息论与控制论。总之，一套完整的人文社科成果评价体系应涉及评价主体、评价目标、评价对象、评价标准、评价指标、评价数据、评价方法、评价制度这八大要素。这些评价要素之间互相影响，共同构成复杂的评价体系。评价主体不仅可以规定评价对象的合法性，也决定着评价目标及其实现方向，而评价目标是所有评价要素的旨归。评价标准、评价指标与评价方法都属于具体操作层面的评价技术要素。评价制度包括评价法规、评价程序与评价机制，属于评价运行系统范畴。

从评价方法来看，本书先将人文社会科学成果分为基础研究成果与应用对策研究成果，再将基础研究成果分为学术论文成果与学术著作成果，并分别研究设计不同类型成果的评价指标与评价方法。对于基础研究成果，国际通用的评价方法主要有同行评议法与文献计量法。同行评议法一般适用于微观层面的学术成果评价（如"代表作"评价制度）、研究项目评价、学术人才评价等；文献计量法则在国家或地区层面的宏观统计评价方面具有优势。但随着科研模式的日益网络化及大数据环境的逐渐形成，加上同行评议法固有的人情因素局限，目前在微观层面的学术成果评价中也越来越多地增加了文献计量评价因素，以此作为专家综合评价的参考依据。此时的文献计量评价，需要更加关注人文社科的学科特点，不断细化评价指标，多元化评价数据来源，而且要谨慎使用评价结果。在学术评价界，一般采用两大类指标来评价学术论文与著作：成果载体指标与自身表现指标。学术期刊与出版社作为成果的发表载体，其对成果的质量把关是基于发表前精选的引导性评价，评价方法以权威定性判断为主；成果的自身表现指标则是一种发表后的大众化评价指标，是一种学术民主投票式的被动的事后评价，评价指标一般包括被引指标、下载指标、转载指标、网络传播指标。在设计基础研究成果评价指标时，这两种类型的评价指标各有侧重，互为补充。对于应用对策研究成果评价，则按照评价主体分为成果受益者评价、评审专家评价、成果负责人评价，根据成果的产生阶段、使用对象与类型特点，分类分层设计评价指标体系。

从评价实践来看，本书主要针对学术论文、学术著作及应用对策研究成果分别设计评价指标体系，并对所设计的评价指标体系进行局部实证研究。（1）学术论文定量评价指标体系设计，主要考虑到人文社科研究自身所具备的学科特点。一是人文社科研究的本土性与地域性；二是人文社科学者以书籍或研究报告形式发表的成果较多，参考文献也大多是以图书著作为主而期刊论文的比例偏少；三是人文社科的引文半衰期更为复杂，各学科之间具有很大的不同。因此，本书在实证研究中针对人文社科成果的引文周期时间分布较长、文献类型较多等特点，探索其引文时间分布规律与最佳评价时段，同时考虑期刊引文所占比例权重，分层细化单篇论文评价的文献计量指标体系。（2）学术著作是人文社科领域的主要成果产出形式，也是主要的成果引用形式，科学合理的学术著作及其出版社评价体系是引导学术出版向主题化和专业化发展的基础。针对我国出版社在转企改制过程中出现的图书出版"学术弱化"现象，本书设计出学术著作及其出版社评价指标（学术性指标、专业性指标、辐射性指标），并对出版社评价指标进行多学科、长时段的实证研究，试图通过学术影响力评价的引导功能，促使学术出版社的职能定位更加规范化，形成自身的专业特色或主题特色。

三　基本概念

（一）人文社科成果

1. 人文社科成果的概念

习惯上，人文社会科学研究成果简称"人文社科成果"，是人文学科研究成果和社会科学研究成果的统称。人文学科是指以人的内心活动、精神世界以及作为人的精神世界客观表达的文化传统为研究对象的学科体系，习惯上被称为"文科"。它是以人的生存价值和生存意义为其学术研究主题的，因此可以说它所研究的是一个精神与意义的世界。在研究方法上，人文学科作为一种学科体系或知识框架，比社会科学更具有地域特色与历史文化传统，与自然科学的区别更为明显。

社会科学是研究社会运动、变化与发展规律，以及各种社会现象的学科的总称。社会科学采用客观、系统的方法，来探究社会体制与社会结构、政治经济法律的发展进程以及不同的社会群体及其互动关系。社会科学面向的是人与人之间、人与社会之间、国家与国家之间的关系，换言之，社会科学是以人类与人类社会为研究对象的经验性、统一性、认知性、实践性的学科群，其目的是发现其中的规律或经验性理论。社会科学研究的核心是人类社会的组织框架，其终极目的是如何建构一个符合人们愿望和意志的社会结构，以及人类社会的活动行为网络。在研究方法上，社会科学更接近于自然科学，需要理论框架和基于理论的经验验证，强调实证性及科学方法的运用，比较趋向量化研究，通过大量汇集资料与调查数据，一方面对社会现象提出原理、原则及规律的解释，另一方面通过汇集的事实与数据进行社会科学理论的验证，以经验性、实证性为特征的社会研究方法使社科学与人文学科相区分。但在研究对象上，社会科学与人文学科都研究人和社会，因此社会科学是介于自然科学和人文学科之间的学科。①

在人文社会科学中，"研究"也常称为"学术"，"研究成果"也常称为"学术成果"。对于究竟什么是人文社会科学研究成果，一些科研管理专家与学者曾在相关著作中从不同角度进行过广泛讨论与积极探索。夏禹龙提出："社会科学科研成果是指对某一研究课题，通过资料积累、社会调查和逻辑思维活动等（有的课题还需通过电子计算机计算）所取得的具有一定学术意义或应用价值的创造性成果。"② 张国春认为："社会科学科研成果，是指对社会发展或科学进步中的问题，系统地搜集资料，运用科学方法，通过创造性智力劳动产生出的具有学术价值和社会价值的知识产品，通常以专著、论文、研究报告、译著、软件等形式体现出来。"③ 另外，张武主编的《社会科学管理理论与实践》、么大中主编的《社会科学成果管理》、卜卫等所著的《社会科学价值评估》等，都曾对社会科学研究成果作过自己的界定。

本书考虑到前期研究内容的连续性及后续实证研究的操作性，借鉴前期研究著作《人文社会科学成果评价研究》中的定义，将人文社科成果的概念界定为："在人文社会科学研究领域，运用科学的研究方法，遵守严格的学术规范，通过创造性劳动产出的具有一定价值含量（学术价值或社会价值）的知识传播载体，并以论文、专著或研究报告等文献形式呈现的科学研究成果。"

这一概念界定涵盖了学术成果产出的基本要素特性，包括：科学性、创新性、价值性、规范性以及文献性。科学性是指研究成果的产生，需要经历一个合理的研究过程与研究手段，研究结论的获得是有据可依与可证的，而不是随笔、散文或诗歌小说等文学作品。创新性是指研究成果需要有创新的观点和方法，具有发表、传播与阅读的意

---

① 朱红文：《社会科学的性质及其与人文科学的关系》，《哲学研究》1998年第12期。
② 夏禹龙：《社会科学学》，湖北人民出版社1989年版，第303页。
③ 张国春：《社会科学科研成果的界定和分类》，《云梦学刊》2006年第6期。

义，将对人类知识的积累有所贡献（或提出新的学说、理论，或作出新的事实描述，或应用新方法、新资料得出新的结论）。价值性是指研究成果对解决经济社会发展过程中出现的理论问题与现实问题具有推动作用，对学术交流与科学进步具有参考价值。规范性是指研究成果需遵守学术话语规范，通过严格的质量控制与正式的传播渠道（如发表、出版、上报、采纳等），能与社会、政府或学术共同体进行正常对话，成为知识传承或价值实现的一个渠道或环节。文献性也叫载体性，是指公开发表在一定形式的文献载体上、具备固定传播渠道的印刷文本或电子文本，不包括书画、雕塑等艺术作品。

2. 人文社科成果的分类

在学术评价领域倡导分类分层评价，这是符合科研规律与学科特点的科学做法。人文社科成果的分类，既涉及研究成果的学科内容分类，又涉及研究成果的载体形式分类。按成果形式特征来区分，是科研管理部门通用的成果分类方法，一般将科研成果分为专著、论文、研究报告、学术资料、古籍整理、丛书、论文集、译文、译著、工具书、学术普及读物、软件、综述、一般文章、教材、影视片等几大类。从研究成果的学科内容、研究性质与社会功能的角度，人文社科成果一般分为基础研究成果与应用研究成果两大类。

目前，学界比较典型的人文社会科学研究成果分类，一般是结合成果的内容特征与形式特征综合考虑，不同分类标准对内容特征和形式特征各有侧重。有的侧重于按研究内容性质分类，如陈建坤和郑贵斌主编的《社会科学科研管理概论》，参照联合国教科文组织对科研活动的分类，将社会科学研究成果分为基础研究成果、应用研究成果和开发研究成果。有的将研究性质与成果形式结合起来分类，如张武主编的《社会科学管理理论与实践》将不同形式的科研成果分为基础研究成果（包括专著、论文、调查报告等）、应用开发研究成果（包括调研报告、建议、方案等）与资料编译成果（包括工具书、古籍整理、译著、资料汇编、论文集等）；再如教育部在普通高等学校人文社科成果评奖中，将科研成果分为著作、论文和研究咨询报告，其中著作类成果包括专著、编著（工具书等）、资料和古籍整理著作、译著等。有的以智力加工深度为基本标准，将社会科学研究成果分为研究类成果、普及类成果和资料类成果。

从学术评价的角度，成果分类既要有较强的涵盖性和区分度，又要具备较强的科学合理性和实践操作性。如果按成果形式分类，虽然有助于提高成果管理部门的科研管理效率，为社会科学工作者查询资料提供方便，但只是适宜科研管理部门对成果的登记、统计与有效管理，不适合引入到成果评价中来。如果按研究性质将社会科学研究成果分为基础研究成果、应用研究成果和开发研究成果，虽然便于与国际接轨，但由于研究对象（人和社会）的主体性和动态性较强，其解释和操作、价值和手段往往交混在一起不易区分。如果以智力加工深度为基本标准来分类，理论上是可行的，但是这种分类法使得评价工作难度加大，实践性和可操作性不强，因为社会科学研究及其成果评价极为复杂，智力加工深度是一个很模糊的概念，难以衡量，容易出现有的成果形式不知选用哪种指标体系的尴尬局面。[①]

教育部《关于深入推进高等学校哲学社会科学繁荣发展的意见》提出："要区别对待不同类型的研究成果。基础研究应坚持服务国家目标与鼓励自由探索相结合，研究成果要在思想理论上有所创新，传承文明上有所贡献，学科建设上有所推动。应用对策研究应以重大现实问题为主攻方向，研究成果要在提升国民素质上有所作为，解决经济社会发展重大问题上有所突破，为党和政府提供决策服务上有所建树。"鉴于此，本书将人文社会科学研究成果划分为基础研究成果与应用对策研究成果两大类：基础研究成果以公开出版的学术论文与学术著作为主要形式；应用对策研究成果以对策性内部研究报告与研究报告出版物为主要形式。

基础研究是为获得关于人和社会现象及其可观察事实的基本原理及新知识而进行的调查性和理论性研究，它不以任何专门或特定的应用或使用为目的。基础研究一般有如下特点：以认识现象、发现和开

[①] 吴桂鸿：《社会科学研究成果评价指标体系研究》，硕士学位论文，湖南大学，2006年。

拓新的知识领域为目的，通过调研分析或理论性研究对人与社会现象的特点和各种关系进行分析，揭示现象的本质和规律，或者提出和验证各种理论假设；没有任何特定的应用或使用目的，在研究过程中处于中立态度，对其成果看不出也说不清有什么用处，或虽肯定会有用处但并不确知达到应用目的的技术途径和方法；一般由科学专家承担研究任务，他们在确定研究专题以及安排工作上有很大程度的自由；研究结果通常具有普遍意义上的正确性与传播价值，并以著作的形式出版，或以论文形式发表及在学术会议上交流。① 由此可见，基础研究成果具有较强的学术性，一般对科学发展与社会进步具有基础性的价值贡献。同时，基础研究成果的生产周期与价值周期都较长，科研产出需要经过长期的努力和艰辛的探索。

应用对策研究，是回答社会实践中遇到或提出的经济、政治和文化建设理论问题或现实问题。② 应用对策研究一般有如下特点：具有特定的实际目的或应用目标，为了确定基础研究成果可能的用途，或是为了达到预定的目标而探索应采取的新方法或新途径；在围绕特定目标进行研究的过程中获取新的知识，为解决实际问题提供科学依据；研究成果的影响范围主要针对具体的领域、问题或情况。从研究成果来看，以研究报告、调查报告、调研报告等为主要形式。其中，研究报告是在从事一种重要活动或决策之前，对相关各种因素进行具体调查、研究、分析，评估项目的可行性、效果与效益，提出建设性意见建议对策等；调查报告是对某一情况、某一事件调查研究后，将所得的材料和结论加以整理而写成的书面报告；调研报告指的是以研究为目的写出的调查报告，它侧重于研究与结果，是以调查为前提，以研究为目的，研究始终处于主导的、能动的地位，它是调查与研究的辩证统一，充分反映调查研究的结果。应用对策研究成果既来源于实践又应用于实践，始于发现问题而终于解决问题，具有较强的针对

---

① 李蒙、张仁福等：《社会科学研究成果的评价研究》，《云南财贸学院学报》2002年第18期。

② 张进海：《应用对策研究要源于现实而高于现实》，《共产党人》2009年第20期。

性和应用性，重在实际应用和指导工作，为利益相关者提供参考，更强调经济效益和社会效益，成果管理的关键是成果的社会转化，成果评价的重点和难点在于其社会价值判断。应用对策研究成果发挥作用，一方面可通过为决策者采纳或部分采纳，转化为政策措施，作用于社会实践；另一方面可作为综合的知识体系和思维工具，影响包括决策者和一般公众在内的成果受益者的决策或启迪他们的思路，对成果受益者的行为起到参谋、咨询作用。此外，也有某些前瞻性强的应用对策研究成果，社会影响深远且成果见效周期较长，几年甚至几十年才能由社会实践验证成果的确切价值，对此类应用对策研究成果的实际价值判断，则要综合考虑其影响范围和见效周期，根据利益相关群体的实际效用来评价。

（二）学术评价体系

广义上，"评价"是一个含义极为广泛的名词术语，凡是主体对客体作出测量、比较、判断、取舍等行为，都可视为评价。如中文里的"评估""评审""评比""评议""评定""鉴定""审查""审议"，英文中的"Evaluation""Assessment""Appraisement"及"Measurement""Metrics""Statistics"等，都是"评价"的同义语、近义语或相关词汇。

高隆昌[1]从社会度量学角度，提出评价是对一个系统（或叫事物、事务）赋予一个泛函值，以表征其形势优劣的一种定量方法。吴敬业[2]从哲学的角度，认为评价是指分析目标测定对象的属性，把它变成主观效用（满足主体要求的程度）的行为，即明确价值的过程。也就是说，评价是指从评价对象主体中提取本质属性，使之转换成主观或客观的价值尺度，并用以度量评价对象的行为过程。刘大椿[3]强

---

[1] 高隆昌：《社会度量学原理》，西南交通大学出版社2000年版，第199页。
[2] 吴敬业：《评价技术的理论与应用研究：国家自然科学基金资助项目研究报告》，转引自王凭慧《科技项目评价方法》，科学出版社2003年版，第21页。
[3] 刘大椿：《中国人民大学中国人文社会科学发展研究报告：精品与评价》，中国人民大学出版社2005年版，第52—55页。

调了评价与规范、评价与管理的关系，提出了"文科评价的多元性"命题，认为评价是"基于事实判断之上的价值判断"，"共识性价值认定的方法"，"学科发展的知识自觉"，"一种科研管理手段"，"一项社会经济活动的核算"。

蔡毅[1]提出，学术评价体系是鉴定学术成果、审核学术质量、引导学术方向的一种特殊制度。他认为学术评价体系大体包括：科研计量统计办法、职称申报评审条件、科研成果登记奖励办法、申请科研基金和学术奖项的评审、学科带头人的选聘、申评国家或省级重点实验室、重点文科教学基地、科研基地、博士点、硕士点、一级学科、重要岗位津贴等，内容庞杂，不一而足。学术评价体系表面来看是由一系列具体的文件规定、条例杠杠、操作规则和实施办法组成，实质上是由学术标准、价值、方向和期望所组成，其核心则是决策者意志和现行价值观相结合的一种浓缩体现。朱寿桐[2]认为，只要有学术和学术活动，就会有学术评价，如果我们不把学术评价理解得过于狭窄，一切学术出版与发表的许可，以及学术批评、学术鉴定、学术评奖、学术评估等，都属于学术评价。

本书认为，学术评价在本质上可以看作是一个科学信息的交流与价值判断过程，是为特定科研管理和决策目标提供关于评价对象的状态、属性、价值等客观事实信息的过程。学术评价过程有两个基本步骤，一是事实认知，即获取关于客观评价对象的状态、属性的信息；二是价值判断，即获取这些具有既定状态、属性的评价对象与特定利益或目标之间联系的价值匹配信息。这两方面信息之和反映了客观事物相对于特定主体的价值有用性。就学术成果评价而言，无论是基础研究成果评价还是应用对策研究成果评价，无论采用定量统计方法还是同行评议方法，其最终目的主要是准确获取这两个方面的学术成果信息并进行价值判断，这一过程是涉及多个研究领域的复杂系统工程。

---

[1] 蔡毅：《建立一套良好的学术评价体系》，《学术界》2003 年第 6 期。
[2] 朱寿桐：《试论学术评价的学术性》，《学术研究》2006 年第 2 期。

一套完整的学术评价体系，应该是评价活动的各种基本要素及其相互关系的总和，它包括评价主体、评价对象、评价目标、评价标准、评价方法、评价数据、评价指标、评价制度及其相互关系、制约条件、组织系统等。其中，评价指标体系是整个评价体系的核心部分，包括指标要素与指标权重，也是本书评价体系研究的重点与难点。如果从评价对象看，学术评价体系则包括成果评价、机构评价、人员评价、项目评价、计划评价等，其中成果评价既可以指微观层面的单篇成果评价，也可以指机构、人员、项目或计划评价指标体系中的成果评价指标，属于宏观或中观层面的成果评价。本书主要侧重于从评价指标角度研究微观层面的人文社科成果评价，将其划分为基础研究成果评价与应用对策研究成果评价，并分别讨论评价指标体系，最后对获奖成果、单篇优秀论文、学术著作及其出版社进行评价实证研究。

第二章 国内外研究状况

一 国外研究状况

(一) 对同行评议的研究

同行评议是国外较常用的一种定性评价方法,是指学界同行专家利用其在某领域的专业知识对某一待评估对象进行综合评价。欧美很多国家的科研评价指标体系,在对研究成果的质量评价和研究环境评价方面,基本都选择同行评议定性评价方法,尤其是针对世界前沿科研成果的评价领域,较为认同学界同行的主观性评价和建议,将同行评议作为对研究成果进行定性评价的主要依据,往往通过成立评估工作委员会,专家论证、听证与答辩,最终形成反馈结果和评估报告。但不能否认的是,同行评议与定量评价方法一样存在其固有的局限和弊端。综合来看,一方面,如果评价结果完全依赖于专家的偏好、经验及主观意见,可能会造成评价结果缺乏客观性;另一方面,专家的知识和经验对于那些难以全面量化的评估对象是非常宝贵和必要的资源。近年来,在充分利用专家知识发挥专家长处的基础上,尽力结合客观数据进行分析是一种新的发展倾向,如英国采用的"以证据为基础"(Evidence-based)的定性评估理念应运而生,即先由专业机构进行独立分析和评估,为专家组提供评估所需的证据,再由专家组根据这些证据对科技计划或项目等进行综合评估。

美国哈佛大学社会学系教授拉蒙特(M. Lamont)和普林斯顿大

学社会学系教授马拉德（G. Mallard）① 在为加拿大人文社会科学研究理事会准备的一份报告中，对美国、英国、法国的同行评议研究文献进行了综述和比较。在该报告中，美国的同行评议被归纳为"专业模式"，即由各类学术团体与美国国会共同讨论解决学术评价中的问题；英国的评价模式为"管理模式"，由政府部门通过单方面发起对学术研究资助和评价体制的改革，以加强对学术研究的绩效控制；法国遵循所谓"后组模式"，在该评价模式中政府部门对专家协会的控制十分微弱，同时对学术研究的评价会考虑社会效益和经济效益，而不仅仅局限于学术价值。美英两国于 20 世纪 70 年代末至 80 年代末，形成了同行评议研究的第一波潮流。这一时期各种有关学术研究质量、产量、社会效益、经济效益的定量化指标进入同行评议中，并影响专家的评价结论。其共同关注的焦点，是向公众表明公共性研发机构和资金使用的合理性。在这一波研究潮流中，美国继续巩固了同行评议的合法地位，而英国则认为必须加强对同行评议的社会监督和控制。在法国，人们不太关心应如何改进同行评议的透明度，而是强调学术研究氛围的多样性，比较关注职员聘任、职称评审、职务晋升等问题。为了让学术成果评价更好地发挥资源配置作用，该报告提出了一系列建议措施，包括：（1）在专家组中挑选任命一些非传统主流的科学家，如活跃在跨学科领域研究的学者，以使评价准则多元化；（2）谨慎对待和运用文献计量方法测度的"影响力"指标，因为该指标与所在学科的"活力"，如学科广度、增长性、问题多样性、学科交叉性、学科吸引力、辐射力、应用性等客观因素有关，并非研究者个人所能左右；（3）承认学术界存在的多元化特征，为学术界中的不同目标群体设计不同的科研资助类别，避免采用单一标准衡量所有人；（4）努力取得各学术团体的积极支持，与他们共同讨

---

① M. Lamont, G. Mallard, "Peer Evaluation in the Social Sciences and the Humanities Compared: The United States, The United Kingdom and France", *Report Prepared for the Social Sciences and Humanities Research Council of Canada*, https://www.researchgate.net/publication/253208231_Peer_Evaluation_in_the_Social_Sciences_and_the_Humanities_Compared_The_United_States_the_United_Kingdom_and_France（访问时间：2017 年 5 月 6 日）。

论有关学术评议的公平性规则。

有学者研究考察了挪威、芬兰、丹麦和西班牙四个国家关于学术著作的同行评议实践，得出如下结论[①]：同行评议方法在学术著作评价中发挥着不可替代的作用，但目前同行评议对于图书类学术成果评价只是一个框架性标准，而在每个国家的实际评价过程中却有各自的同行评议方法。因此，学术著作的同行评议还需要进一步研究以发现那些可以定义统一标准的特征，深入研究定量分析方法在不同国家同行评议图书出版中的可能影响与具体应用，制定一套通用的标准化评价体系来配合同行评议的具体实施。

在某些情况下，由于组织评审者会议的时间成本较高等方面的限制，可能难以组织专家开会研讨和评议，需要采取网络和通讯评审等"远程评审"（Remote Peer Review）的形式。针对这一问题，德国学者格莱泽尔（J. Glaser）与洛代尔（G. Laudel）以"澳洲国立大学质量评估"为样例，分析了通讯评审的空间距离因素对同行评议的影响。[②] 研究认为，这种采取网络和通讯评审的同行评议形式明显节约了成本，但也会出现如下情况：(1) 实施评议的同行专家之间较为孤立，无法现场交流、讨论、征询意见，获取信息不够充分，专家需要依靠自身对相关研究背景的了解来作出判断；(2) 由于时间紧迫，许多评议专家会求助于"辅助标准"（Second-order Criteria），即出版物的类型、级别、被引次数等外部指标，难以充分发挥同行评议的优势；(3) 评价问题容易被"标准化"，同一种评价方法、同一套评价标准、同一套结论综合程序被同时应用于所有学科领域。报告建议，在今后的远程评审系统中，增加对评议人之间交流和集体决策的功能支持；将评议结果与评议过程建立责任关联的机制；对影响因子、被引次数等文献计量指标的运用务必慎

[①] E. G. Toledo, G. Sivertsen & J. M. Rodríguez, "Peer Review as a Delineation Criterion in Data Sources for the Assessment and Measurement of Scholarly Book Publishing in Social Sciences and Humanities", 16*th*. *International Conference on Scientometrics & Informetrics Conference Proceedings*, 16–20 October, 2017.

[②] J. Glaser, G. Laudel, "Advantages and Dangers of 'Remote' Peer Evaluation", *Research Evaluation*, 2005, 14 (3): 186–198.

重,尤其要避免专家们片面依赖这些外部指标作出评价结论。

(二) 对文献计量指标及其评价效果的反思

从文献计量、科学计量到信息计量的研究演进,一直伴随着科研绩效政策和评价方式的变化。在网络环境下,科学成果的发表、学术同行的交流、知识价值的体现都越来越呈现多样化和复杂化,尤其是近年发展迅猛的替代计量学,在传统文献计量指标的基础上,开始考虑学术成果的社会影响力。众所周知,国家既然投入了研究经费,必然要评估其科研产出,要对从事科研的人员进行科研绩效的评价,以引导学术研究的健康发展。因此,人们试图考虑更多的评价因素以达到较好的评价效果,但是迄今为止没有任何一种评价计量体系可以完美地解决科研绩效评价遇到的各种问题。而且,由科学计量延伸出的各种评价排名,一旦涉及私人利益与资源分配,作弊的现象就会自然产生。比如,按照科学研究的正常规律,自引和他引的意义没有实质性区别,在形式上也价值等同,但是当由引文衍生出的期刊影响因子、顶级论文、热点论文、期刊分区等概念转化为科研绩效指标之后,评价结果直接关系到研究者的经济利益与学术影响,此时各种过度自引的现象就会出现。于是,由此带来一系列科研政策与评价方式的连锁反应,比如教育部的学科评估规定,在学术影响力统计时只采用论文的他引次数,再比如科睿唯安公司的 Web of Science (WoS) 则对期刊自引率过高或者期刊之间互引作弊现象进行技术监控与数据处理。这些都验证了以英国经济学家古德哈特命名的"古德哈特定律",即某种评价一旦被选择用来作决策时,这种评价就开始失去其价值了。

近几年,学术界掀起了对文献计量指标及其评价效果的深刻反思与广泛讨论。2013 年,由细胞生物学领域学者发起、后续由全球多位科学家和科研团体共同签署的《旧金山宣言》,明确提出反对使用影响因子评价个人工作质量的倡议。[①] 贯穿《旧金山宣言》建议方案

---

① *San Francisco Declaration on Research Assessment*, http://am.ascb.org/dora/ (访问日期:2015 年 9 月 11 日)。

的主题有：在基金资助和考虑任职、升职时，废除利用影响因子等基于期刊的评价指标对科学家进行评价；对一项研究成果进行评价时，应基于研究成果本身的质量，而不是该成果所发表论文的期刊；要抓住在线出版所提供的机遇，努力探索评价论文重要性和影响力的新指标，等等。总体建议为：不使用影响因子等评价期刊的指标代替评价单篇研究论文质量的指标，不使用影响因子等评价期刊的指标作为评价某位科学家实际贡献的指标，也不作为决定是否聘用、升职和得到经费资助的指标。

2015年，由希克斯（Diana Hicks）等人[1]扩展完善的《莱顿宣言》，发表在美国《自然》（Nature）杂志上。《莱顿宣言》提出了科学评价的十条原则。[2] 原则一：量化的评估应当支持而非取代质化的专家评审；量化指标可以降低同行评议中的偏见并促进更为深入的审议；量化指标可以提高同行评议的质量，因为在没有充足信息的情况下评价别人是非常困难的，但是评估者的判断不应让位于数字。原则二：科研绩效的考量应基于机构、团队以及个人的科研使命；应当首先明确评估的目标，而所采用的指标也应切合这些目标。原则三：保护卓越的本地化研究，只有基于高质量本地语言期刊的指标才能正确评价和推动卓越的本地化研究。原则四：数据采集和分析过程应公开、透明、简单；数据库的建立应该遵循明确的规则，而这些规则应在评估之前就清晰阐述。原则五：允许被评估者通过一定途径检验相关数据与结果分析；为保证数据质量，所有的被评估者应当有机会查证评估所用的数据是否准确全面地包括了他们的相关研究产出；评估者则应通过自行验证或者第三方审查来确保数据的准确性与可用性。原则六：考虑成果发表和引用的学科差异，最好能提供一套指标体系框架让不同的领域各取所需。原则七：对于学者个人的评估应基于对其整个作品集合的质化的评判；研读和评判一位学者的论文内容远比

---

[1] D. Hicks, P. Wouters, L. Waltman, etc., "The Leiden Manifesto for Research Metrics", Nature, 2015, 520 (520): 429–431.

[2] 王健：《关于科研指标的莱顿宣言》，科学网博客，http://blog.sciencenet.cn/blog-335532-906180.html（访问日期：2016年12月1日）。

仅仅依靠一个数字更合适；在比较与评价众多学者时，综合考虑多方面的信息更为适宜，比如个人专长、经验、活动、影响等。原则八：避免不当的具体性和虚假的精确性；科技指标不可避免会在概念上有些模糊和不确定，并且建立在一些并不普适的假设的基础之上；考虑到被引次数所存在的概念上的模糊性和随机误差，实在没有必要在相差不大的期刊之间分个伯仲。原则九：认清科技指标对科研系统的影响；科技指标改变研究人员的动机进而改变整个科研系统，对这样的结果我们应有充分的预期。原则十：定期审查并更新指标；研究的使命和评估的目标会随着时间而改变，科研体系也在不断演进；曾经有用的指标可能会变得不那么合适，而新的指标也会不断出现，指标体系也应随之调整。

针对《旧金山宣言》和《莱顿宣言》，比利时计量学家罗纳德·鲁索（Ronald Rousseau）提出"计量智慧"（Metric-wiseness）的概念，即科研人员运用科学计量指标的特征和形式来表达自己科研价值的智慧和能力。这种能力一方面可以把指标利用能力视为反映自己科研情况的一种有用工具，另一方面具备该能力也有可能造成不良的后果，科研人员可能试图去操纵指标，或者从事科研活动不再是为了人类的进步而仅仅是为了增加个人的指标值。[1] 这确实是一个悖论。

（三）传统文献计量指标的优化研究

很长一段时间以来，引文分析在当今科研评价中发挥着重要作用，也是文献计量学和科学计量学的重要研究内容与传统评价方法。论文被引频次是引文分析中最具有代表性的传统文献计量指标，通常被认为是学术影响力的标志。2016 年，荷兰莱顿大学教授沃尔特曼（L. Waltman）通过系统梳理引文影响力指标的相关文献，提出目前应该围绕以下四个问题开展研究[2]：一是如何选择用以计算引文影响

---

[1] ［比利时］罗纳德·鲁索：《期刊影响因子、旧金山宣言和莱顿宣言：评论和意见》，《图书情报知识》2016 年第 1 期。

[2] L. Waltman, "A Review of the Literature on Citation Impact Indicators", *Journal of Informetrics*, 2016, 10 (2): 365 – 391.

力指标的出版物及其引文数据；二是如何对引文影响力指标进行标准化处理；三是如何处理合作发文等对引文指标的影响及其可行的计算方法；四是如何改进期刊引用指标中存在的固有缺陷。最后，他给出了该研究的具体建议，比如要保证新指标的提出对现有指标有绝对的附加价值；更多地关注引文影响力指标的理论基础与使用策略的研究；致力于开发更好的数据源，用于更全面准确的引文指标的计算与应用。该项研究对传统文献计量学与引文指标优化的发展方向具有一定的参考价值与指导意义。

由于被引频次会受到学科领域、文献类型、出版时间等因素的影响，因此被引频次指标需要进行标准化以实现跨学科或跨领域的比较研究。2016年5月，荷兰莱顿大学科学技术研究中心（简称CWTS）发布了2016年世界大学排行榜，该排行榜是基于2011—2014年这四年的WoS论文数据，依据各大学发表论文篇数以及各个领域论文被引前50%、10%或前1%等指标来评价全球大学。荷兰莱顿大学的"皇冠指标"（Crown Indicator）CPP/FCSm就是以WoS论文数据的JCR指标作为被引频次标准化的参照标准，先求出研究实体论文集的平均被引频次，然后再除以对应参照标准的期望被引频次以获得相对影响指标。经过不断改进和完善，沃尔特曼[1]提出用MNCS（Mean Normalized Citation Score）替代原来的CPP/FCSm成为新的"皇冠指标"。MNCS指标是先通过论文的被引频次除以对应参照标准的期望被引频次获得每篇论文的相对被引频次，而后再求其平均相对被引频次获得相对影响指标。目前，MNCS已用于莱顿大学的年度排名指标。被引频次的标准化是该指标的发展趋势，但是如何标准化仍处于争论中，陈仕吉等人[2]阐述了目前典型的被引频次标准化方法，并进一步分析和讨论标准化引文指标的实际应用。

---

[1] L. Waltman, V. Leeuwen, "Towards a New Crown Indicator: Some Theoretical Considerations", *Journal of Informetrics*, 2011, 5 (1).

[2] 陈仕吉等：《论文被引频次标准化方法述评》，《现代图书情报技术》2012年第4期。

弗兰切斯基尼（F. Franceschini）等人[1]提出用"成功指数"（Success Index）来替代h指数评价个人研究成果，随后又讨论了成功指数的信息计量学模型，并尝试将其用于机构评价。雷迭斯多夫（Loet Leydesdorff）和博恩曼（Lutz Bornmann）[2]提出了综合影响指标（Integrated Impact Indicators，简称I3指标）的概念，I3指标使用非正态分布统计量（如分位数）作为基础测度参数以应对论文和引文中经常出现的幂律或指数分布现象，从而试图克服原有正态分布统计量的偏差。

2015年秋，美国艾伦人工智能研究所（Allen Institute for Artificial Intelligence）启动了一项名为"语义学者"（Semantic Scholar）的学术文献档案搜索服务，它主要利用机器学习算法对文献内容进行语义理解和分析，通过对超过400万篇学术文献的训练，利用其设计的"影响力分数"实现了对文献及其作者和研究机构的评价排名，目前该项服务已开始试运行。这是一种不同于传统引文分析的新的文献计量指标——语义化评价思路，其语义化理解能力和评价效果正在探索和尝试中。由此可见，新一代评价指标的创设和使用，已从过去兼顾"发文数量"和"引文数量"的思维模式迈向并延伸到对"引文质量"的精细区分和权重化处理，即评价理念的更新走过了一条由"数量化"到"质量化"再到"深度质量化"的演进路径。[3]

（四）替代计量学（Altmetrics）指标对论文评价研究的突破

在文献计量评价领域，最具突破性的理论研究当属Altmetrics（国内译为"替代计量学"或"补充计量学"等，本书统一为"替代计量学"）指标的提出。替代计量学是在传统文献计量学指标研究与

---

[1] F. Franceschini, M. Galetto, D. Maisano, "The Success-index: An Alternative Approach to the H-index for Evaluating an Individual's Research Output", *Scientometrics*, 2010, 92 (3).

[2] L. Leydesdorff, L. Bornmann, "Integrated Impact Indicators Compared with Impact Factors: An Alternative Research Design with Policy Implications", *Journal of the American Society for Information Science and Technology*, 2011, 62 (11).

[3] 赵丹群：《定量化学术评价研究的最新进展》，《情报理论与实践》2017年第4期。

应用出现瓶颈，而新型在线科研环境正在形成的背景下提出的。2010年普里姆（J. Priem）率先发表"Altmetrics：A Manifesto"，正式提出并构建了这一新的计量学体系。但初期的跟随研究并不多见，至2013年才逐步进入研究高潮。皮沃瓦（H. Piwowar）[①] 于2013年在《自然》（Nature）上发表评论，认为替代计量学会带来科研影响力评价的全景。美国科学公共图书馆（the Public Library of Science，PLOS）与爱思唯尔（Elsevier）等机构对替代计量学公开支持，国际科学计量学与信息计量学学会（International Society for Scientometrics and Informetrics，ISSI）也对替代计量学研究进行报道，而且在2013年的ISSI大会上专门为替代计量学开设了两个分会场，表明替代计量学开始引起传统计量学者的关注与研究。

理论上讲，文章在被引用之前一般先被科学交流网站如Mendeley中的用户阅读，因此Mendeley中的替代计量指标也就被认为可以作为引用频次的早期预测。但这里涉及一个时间先后顺序的问题。为此，马弗西（Nabeil Maflahi）和塞沃尔（Mike Thelwall）[②] 在研究中探讨了阅读数与被引数两类指标中所隐含的时间因素，例如研究和写作延迟可能会影响阅读数与被引数，出版延迟只会影响被引数而不会影响阅读数，学者推荐会主要影响到阅读数，文献老化会更多地影响被引数，等等；作者进一步以图书情报领域的四大期刊论文为例进行了时间序列上Mendeley读者数与Mendeley被引数的相关性分析，发现Mendeley读者数在文章发表后的7年内比被引数能更好地反映出文章的影响力情况，但鉴于Mendeley数据的准确性和规范化尚有不足，在具体评价应用中还需谨慎对待。

另外，作为替代计量学中最具规模和关注度的数据源——Twitter，其数据指标也是替代计量学研究的焦点。博恩曼（L. Bornmann）与

---

① H. Piwowar, "Altmetrics: Value all Research Products", Nature, 2013, 493 (7431): 159 – 159.

② N. Maflahi, M. Thelwall, "When are Readership Counts as Useful as Citation Counts? Scopus Versus Mendeley for LIS Journals", Journal of the Association for Information Science and Technology, 2016, 67 (1): 191 – 199.

豪恩席尔德（R. Haunschild）[①]撰文对 Twitter 数据指标的标准化进行了探索研究，提出了期刊影响力测度层面的 Twitter 指数（Twitter Index，TI），即统计那些至少有 80% 的文章被推文至少 1 次的期刊总量，并计算出标准化的 Twitter 百分数（Twitter Percentiles，TP）。文章通过实例验证了其在生物医学与健康科学、生命与地球科学、数学与计算科学、物理科学与工程领域应用的有效性，发现丹麦、芬兰、挪威是具有最高"推文数"（Tweets）的国家，同时"推文数"指标与其他指标的相关性还有待进一步研究，特别是"重复推文数"（Retweets）在成果影响力分析中的可用性还有待进一步考证和探讨。

（五）命名现象、内容分析等其他评价方法

命名现象是指用原创者的名字为某一现象、定理、理论、原则、发明或方法流程命名。命名可以说是科学界的最高荣誉，因为科学家的成就将进入科学史，并从此不朽。当命名现象成立时，科学家的姓名不再被单独提起，或者也不出现在参考文献列表中，而是整体成为某一学科领域内科学交流语言的一部分。命名现象实际上是一种隐含的引用，原始文献的被引率会因命名及对二手文献的引用而被低估。命名现象可以作为一种事后的评价依据，但它的评价周期可能长达数百年，具有历史性，且只适用于那些具有崇高学术地位的杰出学者。

英国学者奥默罗德（R. J. Ormerod）[②]指出同行评议与引文分析都有各自的隐含前提：同行评议假定论文被一份有声誉的匿名评审杂志采用，就证明论文质量高；引文分析方法假定论文被引用就证明其产生了学术影响，而学术影响是学术质量的一个次级指标。尽管同行评议与引文分析发展历史都比较长，应用也很普遍，但都有各自的局限性与使用前提。因此，奥默罗德尝试着将内容分析法应用于科研评价，他认为内容分析法的价值不在于获得与同行评议或引文分析相一致的

[①] L. Bornmann, R. Haunschild, "How to Normalize Twitter Counts? A first Attempt Based on Journals in the Twitter Index", *Scientometrics*, 2016, 107（3）: 1405–1422.

[②] R. J. Ormerod, "Is Content Analysis Either Practical or Desirable for Research Evaluation?", *The International Journal of Management Science*, 2000, 28: 241–245.

结果，而在于因不一致而反映出来的额外信息。尽管内容分析法比较复杂、耗时，但仍然可以作为同行评议和引文分析法的某些有益补充。

（六）学术研究成果的社会效益评价

圣安德鲁斯大学管理学院的戴维斯（H. Davies）等[①]在一份报告中提出了"学术研究的学术外效果"概念，即学术研究结论对政策、管理、专业实践、社会行为或公共舆论的影响。这些影响可以是工具性的，如对政策、专业实践、行为变化的影响；也可以是观念性的，如改进人们关于社会事务的知识、理解、态度等。这种社会效益一般有两种主要的评价途径：一是前向追踪法，即从研究本身出发，追踪其所产生的社会效益，包括知识的生产（如同行评议过的论文）、研究能力的提升（如研究生的培养与职业发展）、政策或产品开发（如写进政府规划纲要或协议）、使特定群体受益、更广泛的社会效益（如因国民健康或生产率提高而带来的经济效益）等；二是在用户群体中理解学术研究的用途，这种方法通常会有典型案例分析，往往还包含对政策制定者进行简单调查，找出特定的知识传播路径，探索研究者与用户之间的互动及其后果等。

经济学家们试图找出一种方法来评价农业研究的经济效益，并为此进行了一些实证研究。1997年国际粮食政策研究所（IFPRI）首次举办了有关这一问题的研讨会。2001年11月荷兰外交部与国际粮食政策研究所召集相关研究者会议，继续就这一主题进行研讨。研讨的内容归为两类：一是如何测量政策导向性社会科学研究的经济效益；二是如何提升该类型研究对于政策制定的影响力。研讨会上，与会人员提出了如下值得关注的议题，包括：评价对象单元的规模；研究绩效的分配；从供给或需求出发的分析方法；如果某项研究得出意外的科学结果，那么研究的价值是否会提升；文献计量指标的选择、政策

---

① H. Davies, S. Nutley, L. Walter, "Approaches to Assessing the Non-Academic Impact of Social Science Research", *Report of the Esrc Symposium on Assessing the Non-Academic Impact of Research 12Th/13Th*, 2005（3）.

变化过程时间的缩短、时间滞后效应、事前评价与事后评价。[①]

国际粮食政策研究所的研究人员基尔帕特里克（H. E. Kilpatrick）认为，政策导向性社会科学研究的市场回报，应该由那些为研究项目付钱的客户来评判。对于特定的研究项目而言，事前与事后的评价都是需要的。事前评价用以决定这项研究是否应受到资助；事后评价则用以决定与之有关的下一轮项目是否应受到资助，这需要基于研究结果所产生的影响而定。他提出了用以评价社会科学研究的九种方法[②]：文献计量分析；同行评议；案例分析；用户评估；成本/收益分析或社会回报率测度；回归分析；决策运筹模型、数据包络分析（DEA）；运筹学、计算经济学与模型仿真法；各种方法的综合。

（七）评价数据与文献计量工具

随着计算机与互联网等信息技术水平的迅速提高，评价数据与文献计量工具不断得到完善。2014年，爱思唯尔集团基于Scopus数据库的评价功能得到了加强。用Scopus数据库在新的SciVal平台上可以访问包含全球4600余家大学及科研机构的科研产出数据，全面支持科研绩效分析，能够将其与世界上任何科研机构或团体进行横向比较，以及拓展国际合作。其提供的丰富的指标可满足多样化的分析视角，用户界面简洁友好、高度可视化。该平台由三个模块组成，Performance Overview、Benchmarking与Collaboration，可提供自定义功能，为科研机构开展全面综合多角度的科研绩效评估与合作潜力发掘提供了更加科学可靠的解决方案。[③]

科学数据（包括观测数据、考察数据、实验数据、统计数据等）

---

① International Food Policy Research Institute，*Impact Evaluation: Assessing the Impact of Policy-Oriented Social Science Research*，http://www.ifpri.org/pubs/ib/ib5.pdf（访问日期：2016年1月10日）。

② H. E. Kilpatrick，"Some Useful Methods for Measuring the Benefits of Social Science Research"，*Impact Assessment Discussion Paper No 5*，http://www.ifpri.org/impact/iadp05.pdf（访问日期：2015年1月10日）。

③ 爱思唯尔集团：《新型学术绩效评价工具——SciVal》，爱思唯尔集团内部印制的产品培训宣传手册，2014年3月。

是人类科研活动过程中产生的中间成果,对于科研人员有着重要的参考价值。但是,由于种种原因,科研人员在获取相关科学数据时面临重重困难,如:数量庞杂的数据知识库、质量良莠不齐的科学数据库以及如何正确引用科学数据来客观反映数据提供者的贡献等。为此,科睿唯安集团的 WoS 于 2012 年 10 月 16 日宣布推出数据引文索引(Data Citation Index, DCI),从而将研究数据与众多强大的研究发现工具连接起来,使研究人员能够快速而轻松地识别并获取最相关的研究数据。研究数据和数字化学术资源的加入,使 WoS 平台强大的引文检索和导航功能优势得到了进一步增强。WoS 除了这些引文数据库,还有一些基于数据库开发的数据分析平台。比如 2014 年年底,WoS 引文数据库对 InCites 数据库进行改版升级,InCites 数据库中集合了近 30 年来 WoS 核心合集七大索引数据库的数据,拥有多元化的指标和丰富的可视化效果,可以辅助科研管理人员更高效地制定战略决策。改版后的 InCites 数据库具有更强的定制化功能:定位重点学科或优势学科,发现潜力学科,优化学科布局;跟踪和评估机构的科研绩效;与同行机构开展对标分析,明确机构全球定位;分析本机构的科研合作开展情况,识别高效的合作伙伴;挖掘机构内高影响力和高潜力的研究人员,吸引外部优秀人才。同时,新版 InCites 数据库的指标体系增加了很多相对指标,指标设计更加科学化,比如:学科规范化的引文影响力指标(这是一个消除了出版年、学科领域与文献类型差异的无偏影响力指标,因此用它可以进行不同规模、不同学科混合的论文集的比较);期刊规范化的引文影响力指标(某篇论文实际被引频次与其发表期刊同出版年、同文献类型论文的平均被引频次的比值,这个指标能够回答诸如"我的论文在所发表期刊上表现如何"之类的问题);平均百分位指标(一篇论文的百分位体现了其在同学科、同出版年、同文献类型的论文集中的相对被引表现);被引次数排名前 10% 的论文百分比指标(这是反映机构中优秀科研成果的指标之一)。[1]

---

[1] 科睿唯安集团:《InCites 数据库快速使用手册》,科睿唯安集团内部印制的产品培训宣传手册,2014 年 12 月。

由于定量评价方法对数据来源具有极强的依赖性，数据源的覆盖范围与数据质量直接影响到引文统计结果与分析结论。亨克·莫德（Henk F. Moed）[1]等提出一种通过分析数据覆盖范围及来源文献进行引文影响、索引速度和数据质量分析的方法，并通过此方法验证了在早期的研究中获得的关于数据源覆盖范围和引用影响之间关系的结果。研究发现，在不同研究领域，文献在 Google Scholar 被引用的比例是 Scopus 的 1—4 倍，而样本中的 Open Access（OA）期刊显示比非 OA 期刊具有更高的引用率，同时在文献层面 Google Scholar 和 Scopus 的引文数据具有高度相关的线性关系。蒙格（Philippe Mongeon）[2]等分别从 WoS 中选择 13605 种、从 Scopus 中选择 20346 种有效学术期刊与《乌利希期刊指南》中收录的 63013 种学术期刊进行比较，揭示这两个数据库的期刊覆盖范围，及其在学科领域、出版国家和语种类型的分布情况对科研评价的影响。研究表明：不论是使用 WoS 还是 Scopus 进行科研评价都可能带来不公与偏见，收录英文期刊的比例过多会产生对其他语种期刊的损害；文献计量分析的结果取决于所使用的数据库，对 WoS 和 Scopus 应谨慎使用，特别是在比较不同领域、机构、国家或语种时；文献计量学界应继续努力探索新的计量方法和指标，指标数据来源不应局限在 WoS 和 Scopus 中的科研产出。

二　国内研究状况

（一）文献计量指标与单篇论文评价

近几年，学术信息交流体系开始走向开放获取、开放知识和开放科学的时代，关于文献计量指标及单篇论文评价的研究与实践需要寻找新的思路与方法。

随着替代计量学研究的兴起，基于替代计量指标的单篇论文评价

---

[1] H. F. Moed, J. Bar-Ilan, Halevi G., "A New Methodology for Comparing Google Scholar and Scopus", *Journal of Informetrics*, 2016, 10（2）: 533-551.

[2] P. Mongeon, A. Paul-Hus, "The Journal Coverage of Web of Science and Scopus: a Comparative Analysis", *Scientometrics*, 2016, 106（1）: 213-228.

越来越引起广大学者的关注与研究。刘春丽和何钦成[①]选取 Mendeley、F1000 和 Google Scholar 三种学术社交网络工具，采用不同类型的替代性计量方法评价同一组论文，并将评价结果进行一致性检验。研究结果表明，Mendeley 的读者人数指标与 Google Scholar 的被引次数指标的论文评价结果相关程度相对较高。Google Scholar 不仅可以免费搜索跟踪正式发表论文的引证文献，还能搜索跟踪会议文献、学位论文、预印本、在版文献以及其他非传统媒体文献的引证文献。F1000 是全球最大的由医学和生物学专家组成的为科研人员和临床医生提供快速发现、评价和发表为一体的综合服务系统，涵盖了 40 多个具体领域的超过 3700 份期刊的论文，每篇获得 F1000 推荐的论文都会获得一个星级分数以及一篇阐述该论文重要性的评论，论文的星级分为"好"、"非常好"和"杰出"（分别对应着一颗星、两颗星和三颗星）。论文级别计量概念与替代计量概念密切相关，顾立平[②]介绍并总结了论文级别计量（Article-Level Metrics，ALMs）及其与传统文献计量的不同，并进行应用案例分析。传统文献计量与论文级别计量的主要差异有：（1）受众：前者的受众是学者，关心理论突破，后者的受众关心社会应用；（2）维度：前者关注论文的学术影响力，后者重在社会关注度和学者自我进步；（3）时间：前者的期刊评价体系以年度为计算单位，后者以月份和天数为计算单位。简言之，论文级别计量要求更为细致和精密的计算，在细致度和即时性上更为先进。何星星与武夷山[③]从新的视角提出以文献的使用指标（包括网页点击量、浏览量、下载量）及其调整指标（点击下载率、下载引用率）综合评价一篇文章的表现力，并利用 PLoS Biology 与 F1000 系统做了实证分析，结果表明上述指标表现优于被引单一指标，所以应该

[①] 刘春丽、何钦成：《不同类型选择性计量指标评价论文相关性研究——基于 Mendeley、F1000 和 Google Scholar 三种学术社交网络工具》，《情报学报》2013 年第 2 期。

[②] 顾立平：《论文级别计量研究：应用案例分析》，《现代图书情报技术》2013 年第 11 期。

[③] 何星星、武夷山：《基于文献利用数据的期刊论文定量评价研究》，《情报杂志》2012 年第 8 期。

既重视传统的引文数据及其分析指标,也重视在数字化、网络化、开放化环境中的即时性社群影响力。

在实践方面,为了打破"以刊评文"的传统模式而建立新的学术论文评价体系,中国知网(CNKI)的中国科学文献计量评价研究中心历经多年研发出"单篇文献评价参考系统"。据介绍,该评价系统突破了定性评价的五大操作难点:一是客观反映小同行的评价意见,避免专家主观因素造成的误判,其方法是利用文本挖掘技术,将论文引证文献中反映引证动机(引证者评价意见)的内容提取出来,加以规范处理和合理分类,为同行评议专家提供论文评价的客观依据;二是提供创新点比较分析系统,为专家判断论文创新性提供参考,其方法是利用知识挖掘技术,将内容相似论文的创新点提取出来,建成"中英文科技文献创新点数据库";三是提供"学术不端行为检测系统",为专家提供证伪工具;四是用定量分析方法辅助定性分析,其方法是将论文引证网络和论文下载量可视化,直观揭示论文的学术影响力和学术地位;五是构建"小同行专家数据库",解决同行评议工作的组织难点,方法是建设我国学者的成果数据库,并使其具有查找、评价专家的功能。上述五大操作难点的突破,将为我国学术论文质量和价值的评价提供有效的信息化手段。[①]

此外,中国科学技术信息研究所 2009 年至 2014 年连续发布"表现不俗"科技论文的统计分析情况。"表现不俗"论文的概念与统计方法,是指在每个学科领域内,将统计年度论文被引用次数的世界均值画一条线,高于均线的论文即为表现不俗的论文,表明该论文发表后的影响超过其所在学科的一般水平。

(二)基于引用内容的被引评价

所谓引用内容,指的是文献中引用参考文献的正文内容。引文的引用内容可以提供与引文最直接、最相关的信息,它在引文分析评价

---

① 钟楚:《〈中国学术期刊影响因子年报(2011 年版)〉发布》,《中国出版》2012 年第 1 期。

中具有重要价值。但因数据库信息不够完善，人们很难获得一篇引文的所有引用内容。早期对引文内容的研究主要采用手工方式来抽取引用内容的相关信息。

王岚[①]在其硕士学位论文中，基于引用内容调查分析了文学学科中引文的引用性质和引用深度，其中引用性质包括正面引用、中性引用和负面引用，引用深度包括深度引用、中度引用和浅度引用。为了正确使用引文数据进行学术评价，叶继元等[②]在2007年就开始讨论引文数据库中的负面引用问题，并尝试提出各种解决思路。陈晓丽[③]提出从引文力度和引文深度对引文进行评价，其中引文力度指标的数据主要通过分析引用内容来获取，引文深度指标则根据引文表面被引次数来决定，其中表面被引次数指的是一篇引文在同一文献中被反复引用的次数。实际上引文表面被引次数也是需要深入文献内容才可以获取的，它所揭示的是一篇引文与施引文献的相关程度。一般来说，研究引文动机的方法有两种：一是通过与论文作者交谈来明确作者的引文意图；二是从论文的内容分析推测出作者的引文动机。第一种方式虽然得到的结果比较精确，但费时费力，很难联系到每篇论文的作者，因此通常通过分析引用内容来判断施引作者的引用动机。刘盛博[④]以引文评价为目标，根据引用内容将引用性质分为三类：正面引用、负面引用和中性引用，并以全文数据库为基础构建了一个引文评价平台。正面引用是指施引文献中对引文的观点、结论或方法表示肯定和赞同，或应用引文中的理论方法在引文基础上展开后续工作。负面引用指的是施引文献对引文中的观点、结论或方法持否定态度，即作者根据主观判断指出引文内容的不足，而在实际中引文所反映的观点、内容是不是负面的，则需要

[①] 王岚：《中文人文社会科学引用性质与引用深度研究》，硕士学位论文，南京大学，2009年。

[②] 叶继元：《如何看待引文数据中的负面引用》，《光明日报》2007年6月12日；叶继元、袁培国、吴向东：《引文数据中的负面引用初探》，《新世纪图书馆》2007年第6期。

[③] 陈晓丽：《引文评价中的引文方式与力度因素》，《图书馆》2000年第6期。

[④] 刘盛博：《基于引用内容性质的引文评价研究》，《情报理论与实践》2015年第3期。

长期实践检验。中性引用指的是施引文献对引文内容并无赞同或反对观点，只做内容阐述。

据知，在引文内容评价的实践领域，中国知网立项研究的《世界科学文献定性评价统计数据库》于 2013 年获得国家资助，专门调查研究引文分析中的引文动机与引用内容深度，通过大规模咨询学科专家对不同类型的引文深度赋予不同的权重，从而解决长期以来引文分析中普遍存在的"等价引文"问题。

总而言之，相关研究在不断完善各种量化分析指标和方法的基础上，愈加强化对学术评价对象在内容和语义层面的挖掘和理解，并逐渐引起了引文语境分析（Citation Context Analysis）的兴起。引文语境分析也称引文上下文分析，引文上下文是指出现在施引文献正文中的引证标记周围、用来描述被引文献的文字片段，通常这些文字片段包含着较为丰富的语义信息。由此可见，引文分析研究已由基于题录数据的引文分析进入到基于全文本的引文内容分析阶段，相应的引文计数策略也由粗放的"一次计数"（Count One）调整为更为合理和精细化的"多次计数"（Count X），这种由"形式化（题录）"到"语义化（内容）"的转变与提升，必将促成并带动建立在引文分析理论基础之上的定量化学术评价研究向语义化发展。[①]

（三）探索学术成果多元化综合评价体系

为了探索学术成果多元化评价体系，中国人民大学人文社会科学学术成果评价研究中心从 2010 年 10 月开始实施以专家评价为主的定量定性相结合的综合评价体系，并持续在每年 3 月发布人文社会科学成果评价报告。该评估体系的特点是直接以论文为评估对象，以便有效规避"以刊评文"的种种弊端。在设置不同的指标权重分配方案时，首先按论述体裁分为综述文章和研究论文，所有学科的综述文章设置统一的权重，然后研究论文按所在一级学科，设置不同的权重。

[①] 胡志刚、陈超美、刘则渊等：《从基于引文到基于引用——一种统计引文总被引次数的新方法》，《图书情报工作》2013 年第 21 期。

在定性评价与定量评价中，同行评议属于定性即时评估，有利于体现人文社科学术论文复杂多样的特点，满足智能化、个性化的评估需求；引证计量属于定量延迟评估，有利于更客观地克服同行评议的主观随意性，发掘出质量高、影响深远的优秀作品。当前我国的人文社科成果评估，主要以引证计量的延迟评估为主，同行评议的评估数据相对缺乏。该评价研究中心尝试采用大规模的同行评议为主体、兼顾引证计量的评价思路，同行评议指标体系分为主要指标和辅助指标两类，主要指标包括学术创新程度、论证完备程度、社会价值与难易程度，辅助指标包括论文下载率、年均被他引频次、被转载次数、论文被引广度与论文 h 指数等。[1]

在研究领域，谭春辉和薛晓丽[2]借鉴 360 度评价原理，提出以创新和质量为导向，从主观属性和客观属性两个维度来优化高校人文社会科学研究成果评价方法，并建立以学术同行、政府、社会组织、公众等参与的多元化综合评价方法体系。赵丹群[3]认为，学术评价体系的多元化趋势，还体现在评价对象的两极化特点。传统的学术评价对象主要包括学术论文、学者、科研机构、期刊、学科/专业等，而在新近开展的一些学术评价研究及实践活动中，对评价对象的选取开始出现较为明显的微观化和宏观化两个趋势。一方面，第二代引文分析研究将分析对象在单篇论文的基础上进一步聚焦到论文中的有意义实体，呈现出更加微观的评价对象；另一方面，国内学者提出集成化学术评价的研究设想，试图从更宏观的角度将不同评价对象之间存在的相互影响和品质关联纳入评价过程之中。如何综合考虑这种存在于不同评价对象之间的相互影响和品质关联，构建可同时涵盖作者、论文、期刊等多个不同对象的集成化评价模型，成为学术评价研究的宏观方向。由此可见，学术评价活动正经历着一轮从简单评价到综合评

---

[1] 中国人民大学人文社会科学学术成果评价研究中心：《人文社会科学论文质量评估指标体系》，内部报告，2010 年 10 月 26 日。

[2] 谭春辉、薛晓丽：《人文社科研究成果评价探析——基于 360 度评价的视角》，《中国高校科技》2013 年第 7 期。

[3] 赵丹群：《集成化学术评价模型的构建分析》，《情报理论与实践》2014 年第 2 期。

价再到复杂评价的发展轮回，而集成化评价问题的提出，正成为学术评价研究面临的一次新机遇。

（四）拓展与整合评价数据源及评价指标

定量评价是一种典型的数据驱动型评价活动，评价数据源的规模、质量、可获得性、可追踪性等，对评价活动的有效开展具有直接的影响和制约。在信息网络与大数据环境下，学术评价领域可用的数据源一般包括如下四种类型：发文数据、引用数据、使用数据和替代计量数据。[①] 其中，发文数据和引用数据是多年来最为常用的评价数据源，主要通过一些大型学术文献数据库来获取；使用数据由已发表的学术文献经各种途径被使用后而积累形成，目前最常见的是借阅数据、浏览数据和下载数据，实际上，引用数据的存在实则意味着前期使用数据的大量堆积；替代计量是一类新型评价数据，主要由学术文献在各种学术型网站、社交媒体/工具等网络平台上传播、热议而形成，例如查看次数、书签量、发帖量、分享次数、博客引用次数、评论/注释数量、收藏/保存数、转发数、点赞数等。

2010年以来，基于替代计量数据的学术评价研究十分活跃。邱均平和余厚强[②]总结了替代计量学的提出过程与研究进展，发现实证方面主要开展了 Mendeley、PLOS、Peer Evaluation、CiteULike、Twitter 等网站的替代计量指标数据研究，在应用方面开发了 ImpactFactory、TotalImpact、Altmetrics 等应用平台，搜集和分析网上各大社交网站与开放存取平台的科研数据，提供替代计量指标，并被部分科学家用以辅助过滤和评价文献，也有部分科学家非正式地采用其替代计量指标来评估自己的学术影响力。此外，关于替代计量的学术活动也非常频繁，除了年度性的替代计量学研讨会，还有 PLOS 出版的替代计量学

---

① 王贤文、方志超、胡志刚：《科学论文的科学计量分析：数据、方法与用途的整合框架》，《图书情报工作》2015年第16期。

② 邱均平、余厚强：《替代计量学的提出过程与研究进展》，《图书情报工作》2013年第19期。

论文专辑（即 Altmetrics Collection）。刘春丽[①]撰文指出，尽管替代计量指标应用于科研评价的呼声一直很高，但其应用于科研评价和管理领域还是不够成熟。这既有替代计量指标本身的内在主导原因（如数据标准、数据可靠性、数据一致性），也有开放数据、开放科学及科学数据平台基础设施建设等外在原因。目前，文献计量评价研究方向的学者们对替代计量指标及其评价应用基本存在一些共识，如：科研评价指标大都受很多因素影响，在不同层面、不同领域的科研评价中不能一刀切，而替代计量指标也不例外；替代计量指标数据需要在可靠性、标准化和跨系统互操作方面进一步改进。

（五）关于影响因子的讨论

按照国际通用的定义，影响因子是指某期刊前 2 年（或 5 年）发表的全部文献在统计当年被引用的总次数除以该刊前 2 年（或 5 年）发表的可被引文献（Citable Document）数，而可被引文献数仅包括论文（Article）和综述（Review），其他许多类型的文献是不被统计在内的。但是，随着学术评价中的焦点问题不断激化，近几年学界对期刊影响因子的质疑声越来越大。

江晓原和穆蕴秋在《读书》杂志上连续发表两篇关于影响因子的文章，引起学术界的广泛关注与热烈讨论。第一篇题目为《"影响因子"是用来赚大钱的》[②]，主要揭示影响因子测算机构"科学情报研究所"（ISI）的商业性质。第二篇题目是《影响因子是可以操弄的》[③]，指出所谓的西方"顶级"学术期刊《自然》（Nature）、《科学》（Science），既刊登学术文本（包括原创的论文以及综述文章），也刊登各种各样的大众文本，实际上属于"两栖期刊"，《自然》杂志目前学术文本只占总篇数的三分之一左右，而这正是某些期刊获取高影响因子的操作方法。国内学术期刊 90% 以上的影响因子都低于

[①] 刘春丽：《Altmetrics 指标在科研评价与管理方面的应用——争议、评论和评估》，《科学学与科学技术管理》2016 年第 6 期。
[②] 江晓原、穆蕴秋：《"影响因子"是用来赚大钱的》，《读书》2016 年第 5 期。
[③] 江晓原、穆蕴秋：《影响因子是可以操弄的》，《读书》2016 年第 9 期。

国外同类期刊，正是因为这些中国科学期刊大部分是纯粹学术期刊，通常没有大众性非学术文本。对此，武夷山曾经提出过一条重要的建议，"影响因子的定义最好调整一下"[1]。刘雪立等[2]针对这一问题提出"非可被引文献"概念，并利用 WoS 数据库实证分析了"非可被引文献"的引证特征及其对学术期刊影响因子的贡献，研究发现：虽然引文数据库把述评、信稿、重印文献、科技新闻、更正、书评、传记等界定为"非可被引文献"，在计算期刊影响因子时这些文献也不计入分母，但事实上这些文献也是可以被引用的，甚至有些述评和信稿被引用量较大，是提升期刊影响因子不可忽视的文献类型，比如国际著名的《自然》（Nature）、《科学》（Science）等期刊就发表了大量的"非可被引文献"。

实际上，期刊影响因子的本意就是一个期刊影响力单指标，不应该作为评价研究人员和单篇学术论文的绝对标准。一般期刊刊载论文的引文数量呈现出高度的偏斜分布，而作为一种期刊的平均引文数的影响因子不能代表每篇论文的引文数。对此，有学者[3]提出并研究这样一个问题：对于任意一种期刊的影响因子而言，既然一篇文章不具有代表性，那么多少篇文章的集合才具有代表性？这里，"代表性"的意思是指论文集合的平均引文数接近该期刊的影响因子。根据此标准，该研究提出了每个期刊的代表性论文集合的最小规模定义，发现大部分期刊的最小规模的代表性论文总量明显小于该期刊的实际发文量，仅个别期刊最小代表性规模与该期刊的实际规模相当或者更大；期刊影响因子本身作为评价期刊学术影响力的指标之一，具有科学合理性，但并不意味着该指标可以直接用以评价单篇论文；同时，也不能因此而否定影响因子对学术期刊的评价功能。

---

[1] 武夷山：《影响因子的定义最好调整一下》，科学网博客，http://blog.Sciencenet.cn/blog-1557-806325.html（访问日期：2015年1月2日）。

[2] 刘雪立、盖双双、张诗乐等：《"非可被引文献"的引证特征及其对科技期刊影响因子的贡献》，《编辑学报》2015年第5期。

[3] Shen Z., etc., "How Large is Large Enough?", 16*th. International Conference on Scientometrics & Informetrics Conference Proceedings*, 16-20 October, 2017.

三　小结

　　从国内外研究状况来看，人文社科成果评价研究文献的相关内容广泛而多元，涉及同行评议、文献计量方法、评价数据来源、单篇论文评价、替代计量指标等。在文献计量评价研究领域，学界共同关注的研究主题仍然是文献计量指标与方法的改进和完善，关于同行评议方面的研究则侧重于评价制度层面的讨论。由于文献计量评价指标、评价方法与评价数据等的研究过程具有可重复性和操作性，国内相关研究与国际交流较多，研究进展也较快，这方面应继续发挥国际影响力。但在评价制度、评价主体与评价目标等方面的研究，因涉及更多的社会因素与文化背景，全面客观的深度研究在国内文献中显得相对较少，还需要结合我国国情与实际需要进行更为深入系统的研究探索。

　　最近几年，从文献计量视角开展的学术成果评价研究，国内与国外均开始聚焦在对文献计量指标及评价结果使用的反思与改进，以及替代计量指标数据源的质量控制、期刊影响因子的取舍或优化等方面。同时，这些研究模式大多以实证研究为主，还需要相应的理论支撑与指标构建背后的深入思考。实际上，在具体评价实践中，应该结合实际国情与学科特点，基于一定的评价理论构建分类分层的评价指标体系，从而为后续的评价数据储备、评价结果发布及评价效果解释提供科学合理的理论依据。荷兰科学计量学家雷迭斯多夫（Loet Leydesdorff）及其两位合作者[①] 2016 年在专业期刊《科学计量学》（Scientometrics）上发表文章，认为文献计量评价一般涉及四种主要的利益相关者群体，而文献计量指标是在不同利益相关者群体之间的互动过程中被社会建构出来的。这也反映出，无论在国内还是在国外，

---

① L. Leydesdorff, P. Wouters, L. Bornmann, "Professional and Citizen Bibliometrics: Complementarities and Ambivalences in the Development and Use of Indicators—A State-of-the-art Report", *Scientometrics*, Vol. 109, No. 3, 2016, pp. 2129-2150.

关于评价指标、评价方法与评价数据等技术层面的评价要素研究，在最后落实到评价实践与评价效果的时候，都会与利益相关者群体互相联系起来，也都会涉及社会建构、定性判断及效果解释等问题。

第三章　人文社科成果评价体系的理论依据

人文社科成果评价是面向人文社科研究成果进行价值判断的系统工程与跨学科领域，其中，评价目标、评价指标、评价方法与评价制度的理论依据，需要有多个学科的理论交叉与思想融合。本书认为，评价目标的理论依据是哲学价值论，评价指标的理论依据来自信息论、科学学、情报学，评价方法的理论依据来自信息哲学、信息中介论、信息构建论，评价制度的理论依据来自系统论、信息论、控制论。笔者曾在《人文社会科学成果评价研究》一书中提出评价指标、评价方法与评价程序的理论依据，为了保持研究的连续性与理论的稳定性，本章进一步阐述人文社科成果评价体系的理论依据，作为全书内容的逻辑起点与学理支撑。

一　评价目标的理论依据

哲学价值论既是评价目标的理论依据，也是价值指标的理论依据。在哲学范畴中，"价值"是事物能够满足主体需要的属性，即以主体需要的满足为尺度来界定价值。这是目前国内价值论研究所遵循的主要方法论模式，有学者称其为"主客体价值关系模式"或"效用价值"。[①]与事物所具有的一般属性不同，价值的属性是在对象与主体需要的对象化关系中生成、确立并实现的，具有较强的目标性与效用性。也就是

[①] 赖金良：《人道价值的概念及其意义》，《天津社会科学》1997年第3期。

说，对象自身所具有的内在属性，只有在满足主体的需要中才能转化为价值，价值的存在与确立是由其是否满足主体的需要及在多大程度上满足需要来决定的。所以主体需要是价值赖以存在的关键因素，也是价值判断的基本目标，价值的判断不能脱离主体需要独立完成。

在认识的次序上，要先了解价值关系与评判目标，然后才能了解价值与实施评价。在评价过程中，先认识主客体之间是否具有价值关系，主体的评价目标是什么，然后才能进一步评价这种价值的性质与正负，最后确认价值量的大小。如果违背了这种认识次序与评价原则，没有搞清主客体之间价值关系与评价目标就判断价值的性质，没有搞清价值的性质就评价价值的大小，那就要发生评价指标设计的偏差，最终导致评价效果偏离了评价目标。

在学术评价体系的基本要素中，评价主体提出评价目标与评价需求，从而体现评价主体的意志和利益。一项专业性与研究性很强的人文社会科学成果，如果读者对象范围主要是本专业同行学者，评价目标是为了学术进步与科学的发展，那么该研究成果所属学科的学术共同体就是其价值主体，只有从这个目标与标准来判断该成果价值性质以及价值量大小才是合理的。一项读者范围很窄的高水平专业论著，对其本学科研究领域的学术群体可能具有很好的研究借鉴价值，但对于并无学科交叉关系的其他学者特别是社会大众来说，其价值则微乎其微了。这时如果仅仅从成果的出版发行数量与被引频次来评价其价值的话，则价值判断的结果将失之偏颇。同样的道理，一项针对领导决策层的智库咨询报告，就不能用学术被引指标来评价其成果价值，因为它不便公开发表，评价目标是满足领导决策参考。

由此可见，人文社科成果评价体系设计，首先应该是评价主体选择及评价目标确定的问题，即该成果与哪些评价主体存在价值关系，该评价主体的评价目标是什么，而不仅仅是评价指标体系与评价方法问题。我国哲学社会科学研究坚持以马克思主义为指导，关键是要解决好为什么人的问题。广大哲学社会科学工作者应该树立为人民做学问的理想，尊重人民的评价主体地位，努力多出经得起实践、人民、历史检验的研究成果。我国哲学社会科学成果评价体系的宏观评价目标，应该是把经得起实践、人民、历史检验的优秀成果评出来、推广开，进一步繁荣发展国家哲学社会科学。在这一宏观评价目标之下，微观评价目标则表现得具体而多样，随着社会科研环境与评价主体意志的变化而变化。

二 评价指标的理论依据

（一）评价指标"三维度"

目前，学术界对人文社科成果的创新性、科学性、价值性评价标准基本上已经有所共识。笔者认为，成果的科学性、创新性与价值性既可以作为评价标准的三个维度，也可以直接具体化为可操作的一级评价指标，构成评价指标"三维度"。在这三个维度中，科学性是基础评价指标，创新性是核心评价指标，价值性是重点评价指标，它们分别对应到学术成果的形式评价、内容评价与效用评价。从文献信息的视角看，学术成果总是以某种文献形式呈现，因此文献信息的语法信息、语义信息与语用信息"三要素"，也可以对应到学术成果的评价指标"三维度"。

1. 成果评价指标的"三维度"：科学性、创新性、价值性

按照信息论观点，信息从运用的角度分为三个层次：语法信息、语义信息和语用信息。语法信息反映信息的客观性，它与观察者无关；语义信息表示信息的主观性，它与观察者有关；语用信息即有效信息，它强调信息的效用和价值。在科学信息领域，"信息"是"新知识"的同义语。信息量越大，体系的结构越有规则，功能越完善，熵就越小；信息量越小，体系的不确定度越大，熵就越大。信息就是负熵，它表明体系的结构和功能。同样的道理，科研成果具有文献属性，那么，文献信息也同样包括语法信息、语义信息、语用信息三个层次。一份以文献形式存在的研究成果，其信息量大小最终是由作者所掌握的科学知识和其创新研究思路所决定的，这可以称为文献的语法信息；一份研究成果公开发表或出版之后，可以被读者不断地查询、浏览和解读学习，这可以称为文献的语义信息；公开的论文或著

作被阅读并吸收为另一研究成果的参考文献，从而通过引用活动来反映科研轨迹并勾画出科学进步的发展路径，或者产生好的社会影响，影响政府科学决策，这些可以看作文献的语用信息。由此可见，这里可以将文献信息"三要素"转换为科研成果评价指标的"三维度"展开讨论，即科研成果的科学性与规范性、创新性与学术质量、学术价值与社会意义，这既构成了科研成果评价的三个基础指标，也对应着文献信息的三个维度：语法信息、语义信息和语用信息。

鉴于此，借助研究成果文献信息呈现出来的语法信息、语义信息和语用信息"三维度"，可以从科学性、创新性和价值性这三大基础指标来评价人文社会科学研究成果。通过文献的语法信息，可以揭示一份研究成果的文本内容和语法结构，进而评价该研究成果的研究规范性与方法科学性；通过文献的语义信息，可以反映一份学术文献的语义内容与关联程度，及其被浏览下载和阅读情况，从而评价研究成果的学术吸引力与内容创新性；通过文献的语用信息，可以反映出一份学术文献的传播使用、参考引用及政策采用等情况，从而评价研究成果的学术价值及社会影响。今后，随着现代网络技术的迅速发展，以及智能检索与数据挖掘技术的不断完善，这三个维度的文献信息获取会日益方便，也必然会成为科研成果评价三维度指标的重要信息源。

2. 科学方法是科学性的保障，并非创新性的必然

从文献信息的语法信息来看，科学方法的严谨性与规范性是研究成果评价的科学性指标。研究成果要发表或出版，就需要基于一定的研究起点提出自己的创新见解，而创新见解的提出只有通过严谨的研究规范与科学的研究方法才能得到充分的阐释或验证。对于某一社会科学成果的研究结论，我们往往很难判定其是否完全正确，但如果它具备了研究方法的规范性、研究逻辑的自洽性、论证的充分性、结构的严谨性、表述的精练性等特征，我们就应该称之为科学研究成果。这是因为，正确的研究首先必须是科学的研究，完备的学术规范与研究方法是保证研究成果科学性的基础。

同时，我们说研究规范是研究成果科学性的基本保证，并非指具

备研究方法与科学规范的科研成果都必然具有创新性，必然包含有科学的新内容或发现了科学的新规律。当前我国的社会科学研究最明显的研究现状是，对新知识的吸收和引进跟进很快，论著的参考文献也较规范，通篇看上去很严谨，但唯独缺乏有棱有角的创新思想和让人耳目一新的理论体系。

举一个极端的例子，某教授在某一报纸上发表的一篇学术文章，第一部分详细阐述了自由发展主义、修正发展主义到发展型国家的全部过程，从第二次世界大战后一直谈到今天，引用了数位国外学者关于发展主义研究的概念和结论。但记者统计后发现，仅仅2500字的第一部分，共有注释15个、直接引用36处、间接引用不好计数，几乎全部为引用文字，这些文字完全淹没了作者的话语和见解，作者几乎失语。[①]

3. 价值性是研究成果的起点与终点

从文献信息的语法信息和语用信息来看，研究成果的方法科学性与学术价值性密切相关，真正的科学研究成果终会产生价值。与此同时，研究成果的创新性是价值性的基础和关键，否则格式再规范也没有研究意义。今天我们所谓的研究规范性危机，从形式到内容，本质上是一场理解、消化与吸收的学术习惯和治学文化危机。学者的创新需要经过学习、引进、吸收与再创造的过程，而不是建立在丢弃传统与食洋不化的基础上。仅仅靠研究的规范化解决不了研究成果的创新性问题，只有深刻反思我们的学术责任感与科学价值观，立足时代重大理论与现实问题，为人民做学问，才能培植出一种创新学术环境与创新性的研究成果。

总而言之，科学研究首先要采用科学的研究方法和充分的客观资料，遵循一定的研究规范，否则只能是天才的猜想，甚至可以说是奇思异想。真正创新性研究成果更能发挥学术价值或社会价值，而源于学术责任感与价值观的科学研究才会具备创新的不竭动力。价值性是评价社会科学研究成果的终极目标，同时也是产生创新性科学研究成果的出发点。人文社会科学研究成果的评价标准，从静态意义上，应该是创新起

---

① 李潇潇：《引文要以必要性为限》，《中国社会科学院报》2008年10月23日。

于科学终于价值；从动态意义上，则应该是创新起于价值又终于价值。

（二）科学性评价指标

根据科学学理论，科学界判断研究成果科学性的依据主要是研究成果的研究方法及其重复验证性。20世纪初，随着西方近代科技文明的传播，中国知识分子逐渐认识到西方文明与科技发达有关，而科技的发达是因为有先进的研究方法，因而当时学界呈现出追逐科学方法的热潮。科学方法输入中国具有深远的意义，它否定了传统方法以圣言圣教作为立论依据的陋习，主张任何理论方法都不是绝对的权威，都必须接受不断的质疑。但同时，20世纪初的科学主义是西方近代自然科学的产物，也体现了近代自然科学的特征，在丰富社会科学研究方法的同时也存在一些负面影响。在西方，社会科学研究方法的发展也不是一帆风顺，唯科学主义曾在社会科学领域引起了理性的滥用，也曾引起广泛争议与激烈批判。这种对理性的滥用深刻地影响了此后两个世纪的社会科学研究历程。20世纪50年代，著名古典自由主义知识分子哈耶克（1974年诺贝尔经济学奖获得者）在《科学的反革命：理性滥用之研究》一书中对这种唯科学主义思潮作出了强有力的批判。[①]

用科学的方法做科学的研究，才可能产生科学的研究成果。发表或出版科学论著，需要基于一定的研究起点提出自己的创见，而创见的提出需要通过大量的学术资料与科学的研究方法才能得到很好的阐释与论证。那么，这种经过严谨科学精神与科学研究方法形成的研究成果，便具备了研究方法的科学性、研究逻辑的自洽性、论证的充分性、结构的严谨性以及表述的精练性等特征。如此，不论这一研究成果最终的结论是否完全正确，我们都应该称之为科学成果，因为它遵循了科学的研究方法与学术规范，吸收引用了该领域的经典文献，站在巨人的肩膀上探索科学真理。完备的学术规范与研究方法是保证研

[①] ［英］哈耶克：《科学的反革命：理性滥用之研究》，冯克利译，译林出版社2003年版。

究成果科学性的基础，同时也为研究成果的科学评价提供了可获取的评价数据信息——参考文献信息。

（三）创新性评价指标

情报学是研究情报的产生、传递与利用规律，用现代化信息技术与手段，使情报流通过程与情报系统保持最佳效能状态的一门科学。其中，情报是指被传递的知识或事实，是知识的激活，是运用一定的载体（文献），越过空间和时间传递给特定用户，解决科研与生产中具体问题所需要的特定知识和信息。人文社会科学研究经常需要借助文献这一知识载体（包括学术专著、期刊论文和研究报告等成果形式）进行阅读交流与知识创新，各种调查考察数据等经验材料的记录也是以图书报刊文献的形式进行保存和传递。可见，图书情报学与人文社科成果之间具有某种天然的联系。

国内外许多情报学家在科学评价与科学政策方面作出了卓越贡献。美国著名情报学家尤金·加菲尔德不仅创建了 SCI 等大型引文索引数据库，为科学评价研究提供数据形式的经验素材，参与创建的引文分析法为科学评价研究提供了工具，从评价方法论方面作出了重要贡献，而且直接从事科学评价问题研究。例如，他运用引文分析法对诺贝尔奖获得者进行研究，并经常在科技政策、科学伦理、科学交流等方面发表自己的创新见解。[1]

事实上，情报学对科学评价的最大贡献在于对研究成果的创新性测评。这些测评方法并非仅针对自然科学研究，它对部分人文社会科学（特别是社会科学）研究的创新性测评也同样具有参考价值。例如，从文献指数增长规律可以解释研究成果的数量、质量与创新性之间的关系；通过引文分析方法可以评价研究成果的质量与创新价值；利用情报检索技术可以实现论文内容的新颖性检索，提供文献查新与

---

[1] 梁立明、李艳霞、李小宁：《情报学家尤金·加菲尔德对 STS 问题研究的贡献》，《自然辩证法研究》2006 年第 1 期。

评价服务。①

1. 研究成果的数量、质量与创新性

人文社会科学研究离不开文献,而文献实质上是具有载体的知识。知识不是一个无结构的组合体,更像一些分子量不同的知识单元有机的组合。每个知识单元所包含的知识量可大可小,任何一个定理或理论体系都是若干知识单元的排列组合。理论科学家所进行的科研活动的能力,很多情况下表现为其重组知识单元的能力。一项有价值含量的研究成果,往往是多个知识单元的结晶。当科学家工作时,他要把这些单元从原有的结构中提取出来,将其进行创造性重组,重组的结果就标志着知识晶体结构的变化,也意味着研究文献的实质性增长(这里理解为"阶梯形指数增长")。② 文献计量学家普赖斯所揭示的文献数量上的指数增长规律,实际上暗含着文献的质量反比率与文献的实质性增长规律。

文献计量学理论中的质量反比率,就是指越是高质量的创新性论文,其在全部文献中所占的比例就越小。情报学家这样给科学论文划分质量等级:假如出现了100万份论文或文献,其中有意义的文献只有3万多份,重要的文献只有1000多份,非常重要的只有32份,而头等重要的只会有14份。这是一个反比率,其中重要文献的数量是文献总数的平方根。③

从文献的微观层面来看,成果的字数多并不能说明其质量高,学术研究最终追求的是成果质量而不是文字数量。所谓学术评价中的成果质量,情报学意义上应当理解为"知识增量"(或者说"信息增量")。在社会科学群的各学科中,科学研究过程的本质就是对理论和观点的不断扬弃与优化,即比较片面的、表面的、局部的旧理论不断被新的理论替代和包容,从而经过无数相对真理的环节向绝对真理不断逼近。这一过程本身就是科学研究文献的实质性增长过程,或者

---

① 任全娥:《基于情报学的人文社会科学研究成果创新性测评》,《情报资料工作》2009年第2期。
② 赵红州、蒋国华:《指数规律与知识结晶学》,《科技新闻报》1986年3月27日。
③ 董毓:《科学的自我反思——理论科学学漫话》,湖北人民出版社1987年版。

说是"知识的结晶"过程。

创新是学术活动的灵魂,作为科学研究成果的学术论著,其基本特点就是"有新的内容,创造新的知识",而新内容、新知识的多少是用"知识增量"(或者说"信息增量")来计算的。如果文章或书籍只是低水平地重复前人的成果内容,没有自己的思考与创意,那么这种工作至多只具有文献整理的价值,不能算作学术研究成果。因为它基本上没有为人类的科学知识宝库增加新的"知识单元"(或"信息量")。测评学术研究成果所含的"信息增量",关键是看其是否包含有通过创造性的信息重组而形成的知识结晶及其含量的多少。有些研究成果的字数可能较少,但"信息增量"却很大;而四平八稳的平庸论著,字数再多,"信息增量"也很小。①

2. 引文分析法如何测量成果质量与创新价值

引证分析能否作为测量成果质量与创新价值的有效方法,应该取决于如何定义"成果质量"。国际通用的被引指标可以评价"论文质量",但将其称为"文献质量"更准确。真正的"论文质量"是很难简单用文献计量方法测评的,只有结合专家定性的综合判断。美国科学学专家科尔(J. R Cole)认为,定义学术成果质量的方法有两种:一种是学术定义,另一种是社会定义。② 学术定义是用一套科学标准评价学术论文的质量,认为那些把科学真理具体表现与揭示出来,并使我们更加了解事实真相的研究论文是高质量论文。社会定义的依据是,没有绝对的真理,真理是由社会决定的,现在认为是正确的观点,将来也许不正确,从长远来看所有的科学理论都可能在某个方面被认为是错误的,科学发展过程是不断证伪的过程。

因此,我们说某一研究成果的质量高,是指其在某一时段内被不同的价值评价主体认为是有用的。如果成果被引用,说明学术同行认为它是有用的;如果成果被发表、被转载或者获奖,说明本领域专家

---

① 仲明:《从情报学角度看社会科学学术评价》,《情报资料工作》2004年第6期。
② [美]科尔(J. R. Cole):《科学界的社会分层》,赵佳苓等译,华夏出版社1989年版。

认为它是有用的；如果成果被政府决策管理部门采纳，说明政府部门认为它是有用的；如果成果被广泛传播，说明社会公众认为它是有用的。其中成果被引用，是最普遍的一种学术现象，论文被引量也是目前最常用的测量成果质量的有效方法。但这并不说明被引次数多的论著就优于被引次数少的论著，因为作者对论著的引用具有复杂的引文动机与引文行为，引文分析方法也有它自身所固有的局限性。所以，被引次数并不是对研究成果绝对质量的测量，而是一种能满足要求的测量研究成果质量的方法，是以学术定义为根据的。

科学的发展过程就是不断证伪的过程，批评性的引证比没有引证更能说明成果的创新性。科学的发展模式既不是"中国套箱"式的归纳累积观，也不是库恩的"科学革命"观，而是这两种观点的综合，即人的认识总是在向真理逐步逼近，形成知识的不断增长。如果一项质量低劣的作品被认为很重要而受到广泛的评议，这是不可能的；只有高质量的论著才可能引起学界重视，从而得到不断修正与完善。对一篇论文的"批评性"引证，也可以认为这篇引起广泛批评的论文在事实上也刺激了其他人的研究工作。虽然这篇论文被认为是错误的，但却是重要的，因为该文的错误很可能是科学发展中的一个新的暂时为社会环境所不容的知识生长点。

3. 新颖性检索与成果创新性认证

科技成果查新工作是一项深层次的文献新颖性检索与信息咨询服务。1990 年，当时的国家科委授权了第一批一级查新机构 11 家，1994 年和 1997 年又授权两批一级查新机构 16 家，此后逐步发展完善。随着我国科技查新站的不断壮大以及查新技术的不断进步，文献检索与成果查新已经成为学术论文撰写发表、课题申报与结项及出版著作选题必经的首要环节。我国学者在科技成果评奖时，往往以科技查新中心为依托，先委托中心做一次科技成果查新工作，以此作为评价的重要依据。但人文社会科学成果查新与论文撰写时的文献普查和新颖性检索还没有成为我国文科学者的研究习惯。借鉴科技成果查新，充分重视并利用图书情报机构的情报检索功能与优势，建立与完善社会科学查新的机构保障体系，应是情报学知识对社会科学研究成果创新性测评应该作出的贡献。

同时，由于人文社科成果内容的复杂性，其新颖性检索与测评还需要其他的规范与制度相配合，比如基本参考文献制度、入围承认制度、观点数据库、知识谱系等学术制度及技术规范。[①] 这些制度与技术就是将经过确认的高质量成果（如被中国人民大学复印报刊资料全文转载的论文），作为指定参考文献（或者默认作者已阅读的文献）汇集成基本参考文献数据库，论文观点被加入和标注到观点数据库，可以识别出其创新之处，帮助专家综合评判。观点数据库的建立，需要规定论文摘要的格式，写成若干观点（论点）模块，便于加入数据库和引用。这些学术信息规范化工作不仅可以提高科研效率，而且可以改变学术评价的手段与方法；不仅可通过定量方法间接测评成果的创新性，而且有助于使专家定性评价方法趋于科学化与可操作化。

（四）价值性评价指标

在哲学意义上，评价本质上属于价值论研究的命题，是一种认识价值的观念性活动，人文社会科学成果评价实质上是一种价值判断。[②] 人文社会科学研究活动本身就是社会认知与社会评价过程的统一，同时也是一种价值创造过程，其研究成果与自然科学成果一样需要研究投入与价值测评，只是后者的研究过程具有较明显的可验证性与价值中立性。

因此，人文社会科学研究成果的价值判断，实际上是基于双层含义的价值论：哲学价值论与经济学价值论。其中，哲学价值论同时也是评价目标的理论依据。也就是说，人文社会科学研究成果评价问题，首先应该是评价主体及其评价目标问题，其次才是追溯研究基础、资金成本与人力资源投入，判断其价值含量与投入成本之间的比

---

① 刘益东：《试论超越同行评议的复合型学术评估法》，《自然辩证法研究》2004年第1期。

② 卜卫、周海宏、刘晓红：《社会科学成果价值评估》，社会科学文献出版社1999年版，第57页。

例关系。①

1. 基于哲学价值论的成果评价

按照哲学价值论，学术成果的评价指标与评价方法，并不具有绝对的客观性和超利益的公正性，评价结果也不具有唯一性。不同的评价主体有不同的价值判断与评价结果，甚至同一评价主体在不同的环境和背景下也会对同一评价对象作出不同的评判，同一学术文本在不同的语境下会被解读出不同的意义或价值。有什么样的评价主体，就有什么样的价值关系与价值大小解读，也就有什么样的评价目标、评价标准、评价指标、评价方法与评价结果。

不同的评价主体具有不同的评价目标，不同的评价目标具有不同的评价指标。比如，成果的学术被引与社会影响属于成果价值指标，需要广大学术同行、科研管理者、政府部门及社会大众的参与，需要延时评价；同行专家对成果本身的直接评判属于成果质量评价，可以即时评价。价值指标根据价值对象的不同分为学术价值与社会价值，学术价值的价值关系表现在专家认同及同行引用，社会价值的价值关系则表现在社会反响、政府采用、企业效益等方面。按照学术成果的生产流程与影响范围，可以归纳出六类评价主体，包括书刊编辑、学术同行、社会大众、决策部门、科研管理者与科研评价机构，每一类评价主体都具有各自独特的判断标准与评价指标。

具体而言，期刊编辑对论文的评价除了创新性质量标准外，还会考虑论文内容与期刊定位、栏目设置是否相符，以及论文发表之后的被引次数与期刊排名。其中，文摘类期刊与原发期刊的编辑选稿视角与评价标准又有不同，前者不仅要关注成果的创新性，还要考虑所转载成果的综述性、规范性与可读性，追求所转载论文能在更广泛的范围传播交流。学术同行既包括"大同行"（广大学界同行），也包括"小同行"（权威同行专家）。"小同行"评价既有奖励性的也有准入性的，主要在期刊论文的匿名审稿、学术成果评奖、项目鉴定等成果

---

① 任全娥：《人文社会科学研究成果评价指标及其理论基础》，《情报资料工作》2010年第1期。

评价活动中履行评价主体职责;"大同行"的评价职能则主要以成果被引用的方式表现出来。社会大众与决策部门作为人文社会科学成果的评价主体,他们参与成果评价的方式一般是通过阅读公开发表与出版的论著从而提升思想意识与价值观,或者是通过采纳研究报告而优化科学决策效果。创新性社会科学成果既要"科学"又要"社会",应用性强的研究报告可以对资助方或政策制定者产生直接的社会效益或决策影响。社会科学管理部门出于管理的方便与评价的可操作性,对成果评价倾向于以间接指标评价方法为主,比如发表刊物(或出版社)、被引用情况、被转载情况、获奖情况、被采纳证明材料等。这些间接指标之所以可用,或者说其可用的假设前提,是学术交流过程中的信用传递机制,即认为书刊编辑、学术同行、社会受众对该成果的评价结果是科学可信的。学术评价机构作为独立的第三方评价机构,最大的优势在于其专业性与独立性,包括评价方法的科学性、评价操作的规范性、评价标准的中立性,以及与评价主体和客体之间的中介性。

2. 基于经济学价值论的成果评价

20世纪40年代起源于美国经济学界而后迅速波及全世界的"价值工程"理念,是以产品所能实现的功能与实现这一功能所耗费的总成本之间的比率来表现该工程的价值大小,讲究功能和成本之间的合理匹配,认为工程价值同它所产物品的功能成正比,同生产活动的费用成反比。同样的功能,费用小的价值大;同样的费用,功能小的价值小。因此,提高工程价值的途径就是提高功能和降低成本。

依据经济学价值论,科学研究成果的生产需要成本,成果评价不仅要将其当成一种静态的学术作品,还要从动态的视角窥到成果的价值源头及生产过程。就是说,不仅要看到成果的学术价值与社会价值,还要追溯其研究基础、资金投入与人力成本,以及其价值含量与投入成本之间的匹配或比例关系。当一项研究成果与其他研究成果相比质量水平相当时,其研究经费投入越少则价值含量越大。这是经济学中的"价值最大化"原理,也符合人类行为的"最省力"法则。

目前,我国科研领域普遍存在研究资源的非合理使用与研究经费的闲置浪费现象。同时，为了对付职称评审或科研业绩考核，有些成果虽是一人完成却要挂名多位作者。这无疑使一项研究成果超常负荷了更多的经费投入与人力成本，降低了该研究成果的价值含量。为了改善社会科学项目经费管理，国内各界人士进行了各种创新性探索，有人认为应该变项目资助为成果奖励[1]，也有人提出了"以借贷和奖励取代资助"的观点。[2] 在实践层面，尝试将项目经费分为项目支出经费和智力报偿经费两部分使用，智力报偿就是前期课题投入的报偿，不需要发票报销，直接打进学者的工资卡，变暗补为明补。预计今后会加大成果奖励力度和项目后期资助力度，这将成为国家人文学科基金资助的主要发展趋势。[3]

三 评价方法的理论依据

就具体评价方法而言，目前国内外通行的科研评价方法可以简单归纳为两大类：一类是定量评价方法；另一类是定性评价方法。定量评价与定性评价分别从不同视角揭示评价对象的量的规定性与质的规定性。对于量的方面，选定一个中介或标识，进行计量分析即可；对于质的方面，绝对等同于质的量是不存在的，只能通过人的主观认识对质的规定性进行定性分析，并在两者之间找到某种转换关系。

长期以来，人们对科研评价方法的探索主要停留在操作层面，致使我们的评价活动与评价结果过于绝对化或简单化，产生了一系列的社会负面效应及对评价活动的抵触情绪。评价实践的迅猛发展及存在的问题迫切需要在宏观层面为科研评价提供方法论支持与理论依据。

笔者认为，信息哲学的思想起源与理论体系为我们研究科研评价方法提供了一个新的视角。信息哲学中的信息中介说与信息构建说，

---

[1] 顾海兵：《国家社科基金：应由资助项目转为奖励成果》，《学术界》2003年第1期。

[2] 郑也夫：《以借贷和奖励取代资助——现行国家社科基金制度批判》，《中华读书报》2003年4月9日。

[3] 任全娥：《科研项目不是取消而是改革》，《云梦学刊》2014年第4期。

可以分别为成果定量评价方法与定性评价方法提供理论依据和方法论支持，从而在宏观层面多角度阐释成果评价方法的理论依据。

信息哲学是一种元哲学或最高哲学，它把信息作为一种普遍化的存在形式、认识方式、价值尺度，从元哲学的高度构建出全新的信息理论体系，旨在分析、评价和解释信息的各种原理和概念，特别关注诸如存在、知识、真理、生命或意义等相关命题。信息哲学不仅是一个新的研究领域，而且还提供了一种创新的方法论。信息哲学的兴起意味着一系列的转换，从现实世界转向可能世界，从追求历时的同一性转向追求共时的相似性，从"发现的范围"转向"创新的范围"，等等。信息哲学作为"引导性哲学"，而非"认知性哲学"，引领人们将探讨的兴趣从认知性哲学的关注"是什么"，转向引导性哲学的关注"如何"，更加关注如何利用信息改变这个世界。

信息哲学的诞生与发展，不仅给哲学带来了一场全新的革命，而且为人类提供了全新的事物存在与演化的世界图景和思维方式。比如，在信息哲学的理论中，信息的质具有三个层次：第一层次是直接存在的一级客观显示，就是人们直接感知到的信息的内容；第二层次是直接存在的多级客观显示，这是人们不能直接感知和简单把握的，需要类似翻译和挖掘的工作来支持；第三层次是由主观赋予目的性而产生的新内容，是人类认识赋予信息的一个崭新的创造性的主观关系的质。[①] 由此可见，信息哲学中包含着信息中介与信息构建思想。关于信息的质的三个层次，为科研成果评价方法提供了较好的理论依据：信息第一层次的质是客观实在的本原，是人们直接感知到的信息的内容，也就是科研成果本身，它是信息中介与信息构建的基础与来源；信息第二层次的质是直接存在的多级客观显示，是下一步信息构建的中介环节与参照客体，也就是科研成果评价的定量指标体系；信息第三层次的质是由主观赋予目的性而产生的新内容，是认识主体在思维中对客观实在及其参照客体的信息重组与社会构建，如定性评价

---

① 邬焜：《信息哲学——理论、体系、方法》，商务印书馆2005年版，第47—55页。

指标体系及科研成果获奖评审。①

（一）定量评价方法的信息中介论

按照信息中介思想，评价作为一种认识过程，首先是评价者在占有和选择有关评价客体信息的基础上，以价值关系为原型，在意识中再现价值关系的观念性活动。如果没有对评价客体的这种反映，主体的评价就成了无源之水、无本之木，只能是主观自生的东西。这样，评价客体所反映出的自身属性信息就构成了评价活动得以有效开展的信息中介，评价方法就是把评价者与评价对象联系和沟通起来并使之相互作用的中间环节。②那么，这种建立在对客体信息的占有和选择基础上的评价方法就是定量评价方法。

评价的手段不同于知识性认识的手段，它是一个包括各种形式的评价方式、评价方法、评价参照客体以及评价程序等在内的特殊的复杂系统。在评价中，评价者按照评价目的和评价标准的要求，根据评价客体的特点，灵活地选择不同的评价方式和方法，对价值客体的价值，作出合理的判断，得出正确的评价结果。例如，如果评价目的在于了解某人的知识结构状况，就应按照这一目的要求，采用书面考评的方法；如果评价的目的在于了解其实践能力结构，则应采用书面考评和行动观察记录相结合的方法。

这里，特别强调评价参照客体在评价中的信息中介作用。参照客体作为评价的中介与手段，是评价主体按照评价目的和评价标准的要求而主动选择的，且与评价客体相类似的已确定为有价值的客观事物。在评价过程中，必须选取这样的参照客体与被评价的客体相比较。这是因为，评价不仅是判断价值客体能否满足价值主体的需要，而且还要判断价值客体在哪些方面、多大程度上满足价值主体的需要。事实上，主体的同一需要可以通过世界上多种客体及其属性予以

---

① 任全娥：《人文社会科学成果评价研究》，中国社会科学出版社 2010 年版，第 129 页。

② 邬焜：《信息哲学——理论、体系、方法》，商务印书馆 2005 年版，第 156、164 页。

满足，而作为主体的人们不仅追求自己需要的满足，同时也追求自己需要的最大限度的满足。所以，从这个意义上说，评价也是一种比较，而进行科学比较的前提是必须设定系统的参照客体。否则，就无法精确客观地把握评价结果。

发文统计、期刊评价、引文分析等文献计量方法都是以一定的评价参照客体作为中介性间接指标的评价手段，它是目前国际上较为通行的对科研成果质量进行评价的方法。对于基础科研成果的评价来说，自然科学比人文社会科学较多地采用文献计量这一评价方法。这一评价方法易于操作、科学有效，但受社会风气、文化传统、学术习惯等各种因素影响，它在我国人文社会科学成果评价中的应用情况却异常复杂，产生了一系列负面社会效应与学术界的非议。这不仅由于二者在学科特点与研究规律方面存在差异，还跟我国文科学者的心理习惯有关。文科学者的研究成果是从不同的研究视角得出的个性化思考结晶，更多的内省性与个性化因素使成果的生产者从心理上排斥这种规范统一的定量评价方法，不愿将自己的心智劳动结晶以评价参照客体的形式参与竞争性评价，而是追求更为个性化的对原作品本身的定性评论。

当前我国学术成果评价有一种倾向，就是要看学术成果发表在什么级别的期刊上，而不太重视学术成果的内容，比如：副高职称晋升正高职称需要有在核心期刊正式发表的学术论文，申报社科成果奖时用权威期刊论文就能得到较好的奖励等级，申请科研基金规划项目有国家级期刊发表的学术论文作为前期成果命中率就高，申请学位授予点的指导教师在顶级学术刊物上发表论文的多少也是关键，等等。总之，为数不多的"国家级"学术期刊在很大程度上掌握着全国千千万万学者的学术命运。[①] 但是，英国科学学家齐曼（J. M. Ziman）曾经主张：杂志编辑的根本任务并不是确保最终发表的每篇文章具有百

---

① 陈朝宗：《社会科学学术成果评价机制研究》，《华东经济管理》2002年第5期。

分之百的科学价值。① 既刊登高质量的论文，也刊登水平较低的论文，这不是科技文献系统的缺点，而是它的特点。② 按照信息中介思想，好的学术期刊发表好的科研论文，但并不等于说好的论文就全部在好的期刊上发表。这种将评价客体的信息中介与评价客体本身完全等同的简单化评价操作模式，与完全否定和竭力抵触定量评价方法的情绪与行为一样，都是不理性的。

总而言之，以评价参照客体为主要评价手段的客观评价方法，更确切地说是一种统计意义上的文献计量评价方法，较适合于对数据积累量足够大的国家、地区或科研机构等宏观层面上的竞争性排名评价；而对微观层面的科研成果代表作评价，需要有主观定性评价要素在场，需要评价主体对评价客体的质量与价值进行全面的综合把握。尤其对于单篇代表作成果的评价，更应该在充分占有并加工处理客观中介信息的基础上进行综合评价，包括：（1）合理选取论著的发刊级别、被转载情况、获奖情况等间接指标及其权重；（2）充分考虑科研成果本身的创新性、科学性、学术价值与社会价值等直接指标及其权重；（3）充分搜集、整理、提供有关待评价成果的直接指标与间接指标的客观中介信息，进行信息汇总、指标统计与结果展示；（4）根据具体的评价目标合理分配定性评价结果与定量评价结果的权重，从而实现定量与定性评价方法的优势互补与有机结合。

（二）定性评价方法的信息构建论

评价作为认识价值的一种观念性活动，既属于价值论研究的范围，同时也属于认识论研究范围。信息哲学意义上的评价是处在价值论与认识论交点上的一个概念。因此，对价值本质的研究，需要与对价值认识的研究联系起来，通过对价值认识的研究而加深对价值本质的了解。

---

① J. Ziman, "The Light of Knowledge, New Lamps for Old", *Aslib Proceeding*, 1970, 22 (5).

② 刘大椿：《科学活动论》，人民出版社 1985 年版，第 192 页。

按照前文所述的信息的质的三个层次，信息第三层次的质是由主观赋予目的性而产生的新内容，评价不仅是对价值关系系统的反映，而且是对它的观念性建构，即评价主体在思维中对评价客体信息的重组。评价者凭借大脑中社会化形成的认识结构，对所选取的信息，按照正确反映评价客体的要求，把这些信息在大脑中重新组合成为观念信息系统。这是评价主体再造评价客体的活动，凸显了评价过程中主体的能动性和创造性。如果没有评价主体的建构，评价性认识就不能产生和发展，它在评价性认识中起了决定性作用。价值就其表层而言是客体满足了主体需要而产生的一种效应，是一种可以直接感知的客观效果；就其深层而言，价值关系表现出非常复杂的情况。当客体满足了主体需要时，客体对主体而言是有价值的；当客体不能满足主体需要时，客体对主体便无价值；当客体损害了主体利益时，客体对于主体则具有负价值；当客体尚未满足或损害主体利益，但却具有满足或损害主体利益的可能性时，客体对主体则具有潜在的正价值或负价值。评价不只是对已经产生效应的情形的反映，更重要的是运用思维的能动性、创造性揭示现象背后深层的价值关系，去建构未来的价值世界。

这里，评价对象是价值关系中的主体性事实，并非价值客体本身，评价主体对客观存在的价值关系系统进行反映和建构。价值关系作为主客体关系的一种基本形式，不同于主客体之间的认识关系和实践关系，它是由价值主体和价值客体组成的需要和满足的关系或索取和被索取的关系。在价值关系系统内，价值主体是具有一定需要和创造能力的人的个体或群体。价值主体的需要和能力是生成价值的内在动因，并在价值关系中处于支配地位，起着主导作用。价值客体是主体需求的对象，是事物本身的属性、结构和功能，这些要通过信息或信息中介的形式表现出来。价值主体和价值客体作为价值关系的两极，通过价值主体对价值客体信息的创造性活动联结起来，从而相互作用，生成一定的价值关系系统。因此，所谓评价就是对价值关系这一动态活动系统的意识反映和主观上的信息建构。

既然如此，这就涉及评价的合理性问题，即评价的科学性与规范性讨论。这实际上是从价值论和认识论的高度探讨评价应该是怎么样的，或者说，什么样的评价才是合理的。评价合理性就是在各种同真的判断中作出价值判断，而且这一判断要客观、合理与有效，同时是普适标准。可见，我们所追求的评价在普遍意义上的客观标准，实际上指的是评价主体的代表性以及评价主体间的一致性。具体而言，科研成果评价中的同行评议就一直存在着评价的合理性问题以及评价结论的客观有效性问题。

基于此，如果从信息构建的角度去解决科研成果主观评价方法的合理性问题，应该基于如下的几个假设前提：

第一，评价主体不同，评价视角就不同，评价结论也必然会有差异。所以，首先要承认与面对这种评价结果的差异性，关注与选择多个评价主体（如期刊编辑选稿、专家审议、读者引用、部门采纳等就采用不同的评价视角与评价标准），而不应以单一评价主体的结论作为成果质量的最终评价结果。

第二，以事实判断为基础的价值判断才有可能被认为是合理的。需要为专家的主观评判提供充分的客观事实与数据信息，包括发表期刊、被引数量、转载情况、获奖级别、采纳效益等，以这些中介性间接指标评价信息作为主观直接评价的参考依据。

第三，根本不存在完全一致的价值标准。需要尊重每一位评价专家的评价标准与鉴定意见（哪怕很极端的意见，因为过于中庸等于没有意见），发挥评价主体的主观能动性，给予充足的自由把握空间与评价结论的控制弹性。

第四，面对不同的评价主体与不同的评价标准，必须合理解决争议，求得评价的一致性（包括评价事实与评价结论的一致性）。同时承认，这种一致性是暂时的、相对的一致性，是根据当时的评价目标和具体评价环境而协调之后的一致性。所以，应重视评价体系设计的系统优化与程序实现过程，通过对评价结果的一致性调整不断向更高层次的一致性逼近。

四 评价制度的理论依据

人文社会科学研究成果的评价制度，包括评价法规、评价机制与评价程序等，它们共同组成成果评价的运行体系与制度保障。评价制度主要通过程序设计与制度安排来保障评价活动的有效实施，在评价过程中以程序公正来促进实质公正。

评价制度的理论依据是系统论、信息论、控制论，也称"老三论"。"老三论"是系统科学的重要组成部分，是现代化大生产和科学技术发展的产物。它从不同侧面解释客观物质世界的本质联系和运动规律，为现代科学技术的发展提供新思路、新方法，沟通了自然科学和社会科学的联系，有着很强的方法论功能。由于"老三论"的高度抽象性和广泛适应性，对各个学科都产生了很大影响，被称为"横向科学"。因此，人文社科成果评价机制采用系统论、信息论、控制论的思想理论作为理论依据与方法指导，具有一定的必要性与可行性。

所谓系统，即由相互作用和相互依赖的若干组成部分结合成的、具有特定功能的有机整体，而系统本身又是它所从属的一个更大系统的组成部分。系统论要求把事物当作一个整体或系统来研究，并用数学模型去描述和确定系统的结构和行为。控制论是研究系统的状态、功能、行为方式及变动趋势，控制系统的稳定，揭示不同系统的共同控制规律，使系统按预定目标运行的技术科学。信息就是指消息中所包含的新内容与新知识，用来减少和消除人们对于事物认识的不确定性。信息是一切系统保持一定结构、实现其功能的基础。狭义信息论是研究在通信系统中普遍存在的信息传递规律，以及如何提高各信息传输系统的有效性和可靠性的一门通信理论。信息论认为，系统正是通过获取、传递、加工与处理信息而实现其有目的的运动的。[①] 人文

[①] 廖士祥、李文耀：《试论系统论、信息论和控制论在认识史上的意义》，《江西社会科学》1992年第2期。

社会科学研究是一个多层次、多类型、多因素的复杂系统，对其研究成果进行评价是一项复杂的系统工程。这一系统需要有目的地、系统地收集各方面的评价信息，通过评价数据处理对评价对象作出定量判断，不断进行调节，缩小现状与目标之间的差距，以期有效地实现预定的评价目标。从系统论、信息论、控制论的基本原理看，成果评价实质上是通过信息传递、信息交换、信息反馈，达到对研究成果评价系统（或子系统）进行宏观控制的一种手段，有了控制才能形成系统相对平衡的稳定发展。

秩序、组织、结构，是系统的本质特征，也是成果评价系统的本质特征。掌握这个本质特征，有助于发展研究成果评价的理论与方法。科研成果评价体系之所以成为系统，就在于它有秩序、有组织、有结构，这种秩序、组织、结构根本上来源于研究成果评价各项工作之间的有机结合。所谓有机结合，一则说明这种结合不是简单机械的拼凑，而是为某种整体性的功能而结合联系起来；二则这种结合是按照一定规律的结合，是一种有规律的联系。所谓秩序、组织和结构也就是评价对象各个方面之间的本质的、规律的、特定的联系。所以，这种联系决定了成果评价的存在和活动方式，从而导引出成果评价的系统方法与评价机制，即从系统的观点出发，始终着重从整体与部分之间，以及整体与外部的相互联系、相互作用、相互制约的关系中，客观地、综合地对评价对象作出科学、正确的评价。

运用系统论、信息论、控制论中的基本原理，可以归纳出人文社会科学研究成果的评价机制与程序设计原则，主要包括：整体性原则、有序性原则、控制反馈性原则、系统优化原则。

1. 整体性原则

在系统论中，系统整体的功能大于各组成部分独立功能之和，组成系统结构的每个局部最优也大于整体最优。使整体功能大于各组成部分独立功能之和是系统论的一条基本原理。这就要求在确定成果评价目标时，要从系统的整体出发，在评价过程中着眼于系统整体的要求，把它放到所在系统之中，把它同其他部分联系起来，同系统的整体联系起来。这样才能全面地、客观地对评价对象作出科学、客观的正确评价。

2. 有序性原则

任何系统由较低级的结构转变为较高级的结构，称之为有序。系统只有在开放中与外界信息交换，才可能实现有序。在成果评价中运用有序性原理，一方面可以通过评价促进科研过程与科研成果的互动、成果评价与机构评价以及人才评价的联系；另一方面组织社会各界对社会科学研究成果进行评价，从而作出科学、全面的价值判断，共同为我国人文社会科学的健康发展作出贡献。

3. 控制反馈性原则

信息控制和信息反馈是密切相关的，任何系统只有掌握信息反馈，才能进行信息控制，使系统的状态、行为、功能都能按照规定的目标运动和变化。科学研究是个动态系统，科研成果评价从一定意义上来说是通过获得全面系统的反馈信息，经过科学的综合统计分析，并与所要控制的目标进行比较，从而促使科学研究不断进步的过程。一个成熟的评价体系不是理论思辨的结果而是在实践的互动中诞生的，其中，评价主体、评价对象、评价目标与评价方法的互动与控制反馈是极为重要的环节。每一种评价方法都有其方法所限定的内在目标，只有充分认识了这些内在目标才能更好地建构评价体系。评价机制与程序设计不仅要注重评价方法的技术性问题，更要研究评价技术背后的具体目标和内在设定。[①]

4. 系统优化原则

不断优化的现象和趋势是复杂系统客观存在的基础，也是人们设计、控制、管理系统的一个目标。任何一个系统都会有多种多样的具体存在形式，并且存在相互差别与继续优化问题。因此在设计成果评价体系系统时，需运用系统优化原理分析其相互接近的程度及存在的问题，探索不断完善的途径。在学术成果评价理论体系构建、指标体

---

① 刘大椿：《人文社会科学评价的限制与超越》，《中国人民大学学报》2007年第2期。

系与评价程序设计以及选择评价方案的时候，更应坚持系统优化原则，从追求评价程序公正的不断优化中实现评价实质公正，以期达到最佳评价效果。

第四章　人文社科成果评价体系的基本要素

　　一套完善的学术评价体系，需要具备必要的基本要素，这些评价要素之间互相影响，共同构成复杂的评价体系。人文社会科学成果评价体系是整个学术评价的重要组成部分，涉及多种复杂的评价要素体系，而要素之间的相互作用又形成评价运行体系。具体而言，人文社会科学成果评价体系的基本要素包括评价主体、评价目标、评价对象、评价标准、评价指标、评价数据、评价方法、评价制度这八大要素。其中，评价主体不仅可以界定评价对象的合法性，也决定着评价目标及其实现方向；评价目标是所有评价要素的旨归；评价标准、评价指标、评价数据与评价方法都是具体操作层面的评价技术要素；评价制度则属于评价机制与评价运作系统范畴。

一　成果评价体系的八大要素

（一）评价主体

　　评价主体是成果评价体系中的最基本要素，不同的评价主体会有不同的评价目标与评价标准。由于评价主体各自代表着不同的利益群体与评价视角，评价的时间性与激励功能必然要求评价主体带有社会建构的某些特点。按照科技部《科学技术评价办法》提出的意见，"科学技术评价工作的行为主体包括评价委托方、受托方及被评价方。委托方是指提出评价需求的一方，主要是各级科学技术行政管理部门或其他负有管理科学技术活动职责的机构等；受托方是指受委托方委托，组织实施或实施评价活动的一方，主要包括专业的评价机构、评价专家委员会或评价专家组等；被评价方是指申请、承担或参与委托方所组织实施的科学技术活动的机构、组织或个人"①。其中，委托方与受托方即为分别承担不同职能的评价主体，各自代表着不同的利益诉求。中国社会科学院编著的《美国人文社会科学现状与发展》提到美国人文社会科学研究成果的评价主体有联邦政府、人文社会科学研究者、普通民众三类。②

在我国人文社会科学成果评价实践中，目前还存在各类评价主体的功能定位不清、权责利不明的现象，尤其当评价话语权不再附属于评价责任而独立成为一种各方谋求的稀缺资源时，各类评价主体之间的评价话语权之争就会出现。

1. 行政管理部门的评价话语权

前几年，我国高校和科研机构竞相搭建高端科学评价平台并发布评价报告。为了掌握学术评价话语权而不断升级的科学评价机构建设在不知不觉中演变为一场行政权力的较量，在被重视与被支持的同时，也在被行政化，逐渐丧失科学评价应有的科学性与公正性。"当外在于学术共同体的政府或机构成为学术活动的组织者，特别是成为学术资源及利益的主要提供者和分配者时，学术评价也就从学术活动演变为参与分配学术资源和利益的权力行为。"③

2. 期刊编辑与专家学者的评价话语权

目前，面对各种类型的学术评价体系、评价指标和评价机构，期刊主编们纷纷表现出疲于应付的无奈与质疑。他们认为："这些评价体系、机制的问世，与期刊本身无垂直关系，并非期刊发展过程中的自然选择……面对各种评价体系，学术期刊只是被动地适应，在评价与被评价环节中，学术期刊的主体地位遭到消解，处于听任非主体评

---

① 孙自法：《科技部发言人就〈科学技术评价办法〉答记者问》，中新网北京 11 月 5 日电，http://www.cutech.edu.cn/rexian/000286.asp（访问日期：2009 年 2 月 27 日）。
② 裴长洪主编，中国社会科学院外事局编：《美国人文社会科学现状与发展》，社会科学文献出版社 2001 年版，第 376—380 页。
③ 朱剑：《重建学术评价机制的逻辑起点——从"核心期刊"、"来源期刊"排行榜谈起》，《清华大学学报》（哲学社会科学版）2012 年第 1 期。

头品足的尴尬境地……原本是学术期刊引领学术风范，推出热点，促进发展，如今则变成期刊的定位与发展要依据评价体系行事。"① 朱剑指出："不管何种评价都离不开对学术研究的主要成果形式——论文的评价。对论文特别是对人文社会科学论文的评价，原本是件复杂的事，但现实中已变得十分简单，那就是'以刊评文'，即根据论文发表在什么级别的刊物上来确定其质量。这样一来，评价虽然变得简单而易于操作，但却发生了错位，由对论文学术价值的判断变成了追究论文的'出身'，为期刊定级和排序遂成为学术评价的要务。"② 在专家学者们看来，同行专家是应然的学术评价主体，也是学术评价的对象与客体，学术论文成果的发表、交流与评价，都应该是基于学术共同体的正常学术活动。"要做好学术评价工作，就要首先在理念上确立学术评价不等同于出版评价的基本认识，并在此基础上真正地围绕学术研究主体和学术研究成果，而非学术出版平台，形成有中国特色的基于学者个体论著本位的评价体系。"③

3. 科研管理部门与专家学者的评价话语权

科研管理部门作为科学研究活动的政府管理机构，一贯提倡学术研究成果的理论价值和现实意义，希望从国家层面通过项目资助体系来引导社会科学工作者关注现实问题。另外，科学研究活动需要学者对学术本身怀有"真""诚"与"敬"，怀有求真务实的态度与自由探索的精神，虔诚地追寻真理，敬畏地仰望知识。实际上，二者并不矛盾，科研管理部门与专家学者具有共同的目标与诉求，也具有相互的制约与张力。然而，当前却面临着一个尴尬的局面，由于科研评价体系的不合理以及科研管理部门对科研项目的管理不当，导致了学术界"项目至上"及"以项目论英雄"之风盛行，还滋生了学术腐败与学术不端，大大地损伤了学术的尊严与科学的权威性。据报道，某

---

① 张晓校：《社科学术期刊与评价体系二重悖论》，《中国社会科学报》2014 年 7 月 2 日。

② 朱剑：《重建学术评价机制的逻辑起点——从"核心期刊"、"来源期刊"排行榜谈起》，《清华大学学报》（哲学社会科学版）2012 年第 1 期。

③ 段乐川：《学术评价不等同于出版评价》，《中国社会科学报》2014 年 7 月 2 日。

些大型科研机构"在科研项目和资金管理方面,项目评审立项权力过于集中,存在廉政风险;科研经费管理制度不够科学完善,监管不力,违规违法和浪费问题易发多发;一些科研项目成果弄虚作假"[①]。所以,面对名目繁多的科研项目考核与成果评价,对那些在学术界已取得突出成就的学者,应减少简单的项目论文考核;对一些拥有学术潜力的教师可拉长考核年限,或免除考核压力,使他们能集中精力投入研究。当前,确实需要认真研究如何合理使用科研项目经费与正确评价科研成果,如何正确引导社会科学研究沿着科学性、针对性与现实性的方向发展。

4. 多种评价主体通过信任传递机制共同发挥作用

面对各种评价主体之间的评价话语权之争,应该由谁来评价人文社科成果?谁是应然的评价主体?总体而言,学术成果的评价主体可以归纳为五种类型:书刊编辑、学术同行、科研管理部门、第三方评价机构与社会受众。[②]正式传播的科研成果需要面对的第一个评价主体就是书刊编辑与审稿专家,此时书刊编辑就成了第一道"把关人"。其次就是各学科领域的专家学者,他们从成果的形成到广泛传播、产生影响都在发挥作用,是学术界应然的评价主体。实际上,在编辑采稿、专家审稿及论文被引的整个过程中,同行专家一直都在扮演着评价者的角色;而且在职称评定、成果评奖过程中,专家同样在发挥同行评议的作用。随着国家对学术研究的重视与科研投入的不断增加,科研管理与科研评价越来越重要,需要评价科研成果与科研绩效,评估科研的投入产出是否成比例,因此科研管理部门也就成为科研评价主体。科研管理部门为了实现评价的可操作性与客观性,还会支持第三方评价机构成为评价主体。第三方评价机构的评价标准是中立的,评价方法是以定量为主、科学严谨、统一规范的。但由于社会科学成果的复杂性,评价方法的操作性与科学性、整体统计与个性化观照之

---

① 王姝:《"苍蝇式"腐败不容轻视》,《新京报》2014年7月10日。
② 任全娥:《人文社会科学研究成果评价主体研究》,《社会科学管理与评论》2009年第2期。

间的矛盾不可避免，如果科研管理部门为了操作方便与降低成本，对第三方评价结果不加分析拿来就用，就会引起误导，放大各类评价方法固有的负面效应。由此可见，不同评价主体应该通过信任传递机制产生不同的评价信息，在互相影响中共同发挥各自的评价功能。

(二) 评价目标

在科研成果评价体系的八大基本要素中，评价目标一般由评价主体提出，体现评价主体的意志和利益。关于科研成果与绩效的评价目标，有国外学者提出，科研绩效评价的目标是提高政府为科研分配资源的效率，以及为人员聘任和晋升寻找合适的依据，否则有关绩效评价的讨论就失去意义，因为学术界或多或少会有一些内部自动评价机制，用不着费力去计算那些定量绩效指标，只需在学术界搞一个简单的调查，很容易就能发现那些成功的或落后的科研机构、研究人员或团队。[1] 我国也有学者认为，在很大程度上，评价是与管理联系在一起的。甚至可以说，人文社会科学评价的宏观目标和意义就在于，如何以评价来促进人文社会科学健康、有序地发展，评价是要服从管理目标的。反过来看，没有科学的评价就没有科学的管理，评价研究应关注科研管理实践的具体问题，为科研管理提供支持。[2]

从宏观层面看，科研成果评价体系对于科学事业和科学活动具有决策、激励、导向、规范四大功能，这也可以视作评价体系的宏观评价目标。激励功能表现在使科学家寻求社会承认成为激励其共同体不断进行科学研究的动力机制；规范功能表现在对科学家社会行为和科研行为的积极约束；决策、导向功能主要通过社会科学资源的合理分配，引导国家哲学社会科学健康繁荣发展。

---

[1] F. Şenses, "Difficulties and Trade-Offs In Performance Evaluation In Social Sciences-A Turkish Perspective", https://www.researchgate.net/publication/5173564_Difficulties_and_Trade-offs_in_Performance_Evaluation_in_Social_Sciences_A_Turkish_Perspective（访问日期：2017 年 1 月 2 日）。

[2] 刘劲杨、刘永谋：《"人文社会科学评价问题"学术研讨会综述》，《中国人民大学学报》2004 年第 2 期。

从微观层面看，评价目标是具体的，它随着具体环境与条件变化而变化。不同的评价主体，对同一个评价对象具有不同的评价目标；同一主体，对不同的评价对象，评价目标也可能不同；即使同一评价主体、同一评价对象，为解决不同的具体问题，也可能会有各种不同的评价目标。简单归纳起来，微观评价按照评价的具体目标，可以分为"结论性评价"和"监测性评价"；按评价目标所体现的比较取向，可以分为测量"差别度"评价、测量"提高度"评价与测量"匹配度"评价。在实际工作中，一些具体和直接的评价目标可以归纳为决定奖励、决定职级晋升、决定报酬、决定经费资助和决定成果发表，比如：学术或非学术奖励、职称、经费分配、基金资助、职务岗位（博导）、重点学科及实验室、研究基地等。

（三）评价对象

顾名思义，人文社科成果评价体系的评价对象就是人文社会科学研究成果。在本书的第一章第三节，将人文社会科学研究成果概念界定为：在人文社会科学研究领域，运用科学的研究方法，遵守严格的学术规范，通过创造性劳动生产出的具有一定价值含量（学术价值或社会价值）的知识传播载体，并以论文、专著或研究报告等文献形式呈现的科学研究成果。详细内容在此不再赘述。

（四）评价标准

评价主体根据评价目标与特定环境，制定出一套与评价对象属性基本相符的价值测评标尺，这就形成了评价标准。评价标准一方面根据评价主体的利益、需求和目的来确定；另一方面也要符合评价对象自身的客观发展规律。

对于人文社会科学研究成果来说，评价标准的设定需要处理好学术性和政治性的关系、本土性和国际性的关系。成果评价实际上也是对优秀成果进行科学遴选和二次传播。一般而言，人文社会科学成果具有传播科学理论、传承历史文化、传递知识信息的"三传"价值功能。此外，当前我国社会科学在国际上的声音还比较小，还处于有理说不出，说了传不开的境地，还要注意加强话语体系建设。因此，我国社会科学成果评价标准，需要看其在构建中国特色哲学社会科学学科体系、学术体系、话语体系中的主要贡献。国内学者裴长洪等①将美国人文社科研究成果评价标准分为真理性标准与价值性标准，真理性标准是由人文社会科学作为一门科学而延伸出的首要评价标准，价值性标准是在不同的社会、政治、经济背景下对其成果进行价值性判断的标准。人文社会科学研究成果的真理性标准包括科学性、延续性、创新性、完备性四个方面。科学性是指理论应建立在可观察的事实的基础之上，其结论也应该是可检验、可证伪的；延续性是指新的理论或发现能够融入现有的知识体系，充分继承了已有的知识；创新性是指在现有知识体系的基础上有所发展，提出新理论、解决新问题，对科学知识的进步作出了贡献；完备性是指理论成果符合逻辑基础的简单性、逻辑推理的严密性以及逻辑结论的可检验性。人文社会科学研究成果的价值性标准包括经济价值标准、政治价值标准、理论价值标准、伦理道德标准、环境价值标准、审美价值标准。国外哲人培根曾对社会科学成果评价提出过两个标准：内部标准和外部标准，内部标准就是推理和证明，外部标准就是实际应用，后者比前者更重要，因为结论的正确与否没有比实际应用更权威的判断了。

从根本上看，符合真理性标准的研究成果，其本身就是成果价值的一种证明。反之，不符合真理性标准的成果，即使价值性标准的评判再高，也形同伪科学。因此一般情况下，真理性标准是第一位的标准，价值性标准是从属的、辅助的标准。在基础研究中，真理性标准有可能是唯一的评价标准；而应用性研究成果就需要兼顾真理性标准和价值性标准，且经常会更偏重价值性标准一些。

（五）评价指标

评价指标体系是学术评价体系设计的重点与核心，也是本书对人

---

① 裴长洪主编，中国社会科学院外事局编：《美国人文社会科学现状与发展》，社会科学文献出版社2001年版，第371—375页。

文社会科学成果评价的理论研究与实证分析的主要内容。在评价体系设计中，评价指标是评价标准的具体化与操作化，是联系评价目标与评价对象的中间环节，更接近评价对象一方。比如，学术论文的被转摘、被引用、被借阅等都是学术活动中的日常现象，如果将这些日常现象与学术论文的某些内在性质或创新性评价标准联系起来，就可以将其作为间接评价指标来设计评价体系。这样，评价指标就成为评价标准的"代理测度"，以便将抽象的概念转化为可操作的实体指标及其数据，如评价学术影响力的学术价值标准就是由被引用指标来"代理测度"。

根据评价指标的不同特点，可以从不同角度对评价指标进行分类。按指标数据来源，可将评价指标分为直接指标与间接指标。直接指标主要关注研究成果的内容特征及研究本身的水平，如研究成果的创新性、规范性、科学性等，由同行专家根据这些指标进行主观判断与直接打分。间接指标则只关注研究成果的外部特征，如成果形式（专著、论文、报告等）、字数、课题来源、发表刊物级别或出版社级别、被引用次数、领导采纳、获奖级别等，打分过程依据客观数据库系统进行。此外，成果评价指标还可以按照其他属性标准分为直接统计指标与间接推论指标；结论性指标与过程监测性指标；可伪装指标与不可伪装指标；累积数据指标、即时数据指标与趋势数据指标；绝对量指标与相对量指标；名义变量、有序变量、区间变量与比率变量。

一般情况下，设计评价指标体系时会将复杂概念用一个具有层次性的指标集合来加以分解。在这个指标集合中，指标体系的上层靠近评价主体的评价目标、评价标准及概念本身，指标体系的下层则更具有操作性，更加接近客体对象本身的状态和属性。在综合性评价系统中，评价指标体系是由评价指标要素及其权重构成的，评价指标的选择与指标权重配置是评价指标体系设计的两个重要环节。评价指标设计一般需要遵守的几个原则是[①]：（1）指标的完备性和互斥性（不相

---

① 邱均平：《信息计量学（八）：文献信息统计分析方法及应用》，《情报理论与实践》2001年第2期。

关性），即下层指标应为上层指标概念的完整划分，没有遗漏，同级指标之间应尽可能避免显见的包含关系，对隐含的相关关系，要在模型中以适当的方法消除；（2）指标的层次性，它便于对概念进行划分，并为衡量方案的效果和确定指标的权重提供方便；（3）指标的可测性，即指标的概念、含义、计量单位要明确，而且可操作无歧义，计算方法简便；（4）指标的可比性，即单个指标之间要保持同趋势化，具有可比性。

最后，在评价指标体系设计时，还需注意处理评价的有效性和简便性、指标的系统性与指标数据的可获得性之间的矛盾。在满足有效性的前提下，尽可能使评价更为简便。如果有些指标暂时不能获取或不能做到精确，与其为了精确而假设数据，或因得不到数据而将一些指标舍去，不如由专家根据经验做定性的描述，给某些指标以质的规定更为可信。[①]

（六）评价数据

评价数据来源对评价结果至关重要，甚至直接影响到评价结果。一般情况下，评价数据需要借助常用的评价工具系统才能获取与验证。目前，随着人文社会科学成果产出量的增加与评价任务的不断加重，评价数据工具系统越来越成为不可或缺的评价要素。一套健康运行的人文社会科学成果评价体系，需要具备以下几种评价数据及工具系统。

1. 成果查新数据系统

科技查新是国家科技部为避免科研课题重复立项和客观正确地判别科研成果的新颖性而进行的一项工作，由具有科技查新资质的查新机构承担完成。查新机构根据查新委托人的需求，查证其科学研究内容的新颖性程度，按照科技查新规范操作，有偿提供科技查新报告。中国在科技成果评奖及课题立项时，往往以科技查新机构为依托，先做一个科技成果查新的工作，以此作为创新性评价的参

[①] 王凭慧：《科技项目评价方法》，科学出版社2003年版，第38—39页。

考依据。在人文社会科学研究领域，要更好地促进社会科学创新，同样需要建立起对科学创新的监督和激励机制，监督和激励机制的前提就是对社会科学成果的新颖性、唯一性、独创性作出客观的评价。文献查新就是以一个庞大的文献信息库为依托，进行回溯检索，查找所有与之相同、相近主题或相近方法的文献，以判断其新颖性的过程。如果说评审专家的意见是一个对成果创新性进行实质审查的过程，那么科学研究项目查新和学术成果查新，则是一个基础性的形式审查的过程。

2. 文献计量数据系统

引文索引系统等文献计量分析工具，是科研计量评价的数据基础。国内外常用的引文索引数据库有 SCI、SSCI、A&HCI、Scopus、CSSCI、CNKI 等。这些引文索引数据库仅仅是文献信息检索与文献计量的数据基础，并非完整意义上的科学研究评价系统，尤其对于微观层面的学术成果评价更是如此。尽管这样，由于目前仍然存在对定量评价的客观实际需求，各种引文数据库建设也在逐步面向科研评价需求研发深层次的数据应用和评价指标系统，如 JCR 的期刊分级系统、基于 WoS 权威数据的科研评估工具 InCites、数据清洗与统计工具 TDA 等。

3. 专家遴选数据系统

人文社会科学成果评价方法，应是以定性评价为主、定量评价为辅的综合评价方法。这一综合性评价方法决定了评审专家与学界同行在整个评价过程中起到关键作用。信息哲学告诉我们，任何评价活动与评价方法都离不开评价信息这一中介环节，只有通过反映评价对象的相关评价信息与评价数据才能将评价主体与评价客体相关联。不仅科学计量学方法如此，同行评议方法也是如此。

同行评议方法是通过评议专家的主观判断来得出评价结论的，而且评议专家的判断依据也是相关评价信息，一方面是评价客体即参评成果所反映出的自身信息，另一方面是评价专家即评价主体储存在大脑中的学术信息与经验信息。这两种信息在专家的责任心与职业道德指引下，进行复杂的信息匹配与价值判断，从而得出或评语或打分各种形式的评价结论。由此可见，在参评成果的评价信息充分呈现的前提下，决定评价结果的关键是评价专家。因此，这里对评价专家的选择，比科学计量学方法中对来源数据库的选择更为重要也更为复杂。但是，对于"人情"很重的中国人来说，评价专家的选择与专家作用的发挥是最容易出问题的一个环节。这里虽然有技术层面的问题，但更多的是文化层面与制度层面的问题。由于制度改革与文化环境的改善需要长期的历史性积淀，短期内不易见到实际效果，所以解决问题的途径应该是社会推荐机制与信息技术互相配合较为可行。首先，在目前实行的推荐机制下，结合文献数据库与信息检索技术建设专家成果信息库。然后，以此为基础建设评价专家信息系统，系统中设定一定的年代阈值和成果（包括成果的数量、质量及所属学科）阈值，对多年没有新成果发表的专家，系统会自动将其剔除；对不断有高质量新成果出现的学者，只要在数据库中对其设有相关字段，系统就自动将其纳入某一领域的专家库；曾经被剔除的专家，如果复又达到既定阈值，可以及时被转入相应领域的专家库。评价系统中的专家数据库是动态的、自动更新的。① 最后，在专家信息系统的基础上，综合考虑社会推荐、专家声誉及其学术品质遴选出评审专家。

4. 评价活动数据记录系统

所谓评价活动数据记录系统，是指对各级、各类人文社会科学成果评价活动过程及评价结论，都进行记录并形成档案性数据库系统。这主要是为了便于共享和交流评价知识、评价经验，实现隐性知识的显性化，并形成一个备查、可检的评价活动数据系统。另外，从大量的历史性数据中，还可以反映出各位评审专家的评审能力与评审信誉、第三方评价机构的信用状况、历年参加评审的学科主题的变化与分布规律等信息。这些都是后续评价活动中值得借鉴利用的有效基础数据和信息来源。

5. 评价信用管理与反馈系统

评价信用包括几个层面：一是被评审人员的信用；二是评审专家

---

① 任全娥：《人文社会科学成果评价的思考》，《重庆大学学报》（社会科学版）2010年第1期。

的信用；三是第三方评价机构的信用。评价信用管理与反馈系统类似于一个"元评价系统"。评审专家在历次评审活动中所表现出来的承担评审活动的能力、态度、责任心和信誉，可以通过对上述"评价活动和数据记录系统"中所记录下来的档案性数据进行统计分析来加以评判。被评价成果作者的信用管理系统，是对其所提交的成果评审材料的信息记录与分类整理，为每位申报成果评价的学者建立"学术信用档案"，同时起到激励和警示的作用。这里最为关键的是对第三方评价机构的信用评价，因为当前国内学术评价机构越来越青睐于对人文社会科学评价话语权的占有，那么按照权责一致的原则，这些评价机构同时也要承担评价的责任，接受评价机构信用管理。这样，通过对评价机构与评价专家建立信用管理机制，就可以在一定程度上形成强制性制度约束，减少评价运作的随意性与功利性。

6. 自动化评价系统平台

人文社会科学成果评价体系是一个非常复杂的系统工程，涉及专家网络、信息网络、海量数据、指标设计与统计分析等各种要素，因此适当地运用现代化信息技术，可以大幅度地降低成本消耗，提高工作效率。如远程网络通信评审系统就为专家评审提供了新的手段，在一定程度上弥补了传统信件评审中一些无法克服的缺点与不足，从而使通信评审的方法更加趋于便利与完善、公开与透明。

数字网络环境是实施公开透明"阳光评价"的有利条件，可以借助网络互动平台，实时汇集专家学者的评审意见，实现网络互动评审与主体多元化评价机制。利用长期积累的专家信息与技术手段，搭建评审专家遴选与评价系统工作平台，开辟学术成果评价交流网络频道，实现评价机构、期刊编辑、作者、读者、管理部门之间的实时互动。此外，借助自动化评价系统平台，还可以及时更新成果评价信息，讨论交流成果评价经验，争鸣成果评价中存在的问题，公开学术不端行为，公布优秀成果名单，等等。

（七）评价方法

评价方法是一个较为宽泛与灵活的概念。从广义上说，评价方法包括评价指标、评价信息、评价制度等评价要素。其中，按照评价目标来抽取学术成果的评价信息，并对这些信息的重要性加以判断赋值而产生评价指标体系，这是评价方法的核心部分；成果评价信息是评价指标所涉及的具体评价数据，不同评价主体产生不同评价信息，既可以是数值信息，也可以是文本信息或事实信息，这是评价方法的基础部分；成果评价制度是使用评价指标与评价数据而实施的具体评价过程，是评价程序、评价机制、评价法制的综合。从狭义上说，所谓评价方法，更多地是指处理客观评价对象及其有关评价数据时所采取的具体方式方法。[①] 从目前研究文献来看，大致是从两种意义上谈论评价方法。一种是从总体上粗略地区分，如定性评价与定量评价、直接评估与间接评估、同行评议与引文计量等，这些区分由于标准不同，有一些交叉之处。另一种是纯粹地指各种具体的处理定量指标和数据的数学模型和方法，如层次分析法（AHP）、群组决策特征根法（GEM）、主成分分析法、TOPSIS法、模糊综合评判法、回归分析法、数据包络分析法（DEA）等。这里从最为常用的定性评价与定量评价的方法分类展开论述。

1. 定性评价方法

定性评价方法一般是指由权威同行专家进行的同行评议，主要指小同行评议。目前同行评议基本有两种方式：一是通信评审法，先通过专家数据库系统随机选出一批同行专家，将参评成果寄送给同行专家进行评审，或者通过网络系统请专家在网上对评审成果进行打分，然后回收汇总专家评审意见，作为会议综合评审的依据。这种评价一般采取匿名评审，也叫"背靠背"评审。二是现场评审或会议评审法，主要做法是召集权威同行专家开会，对参评成果进行讨论和评议，然后采用无记名投票方式形成评价决议。在这种情况下，评审专家与被评人相互知晓，可以在会议中相互沟通、质询、讨论，俗称"面对面"。在许多重要的评审程序中，"背靠背"与"面对面"常常结合起来。

---

① 任全娥：《学术论文评价方法研究》，《澳门理工大学学报》（社会科学版）2014年第4期。

同行评议的优点在于由同行专家直接评价，可以直接依据科研项目、成果本身的内容进行判断其质量、水平等，可以不受成果形式等外在因素的影响。但其缺点也很明显，同行专家的公正性一直是人们议论的热点。因此，如何找到合格的同行专家，如何从评审程序上建立对专家的约束机制，如何回避人情关系等不健康社会建构因素的影响，这些都是同行评议方法研究的重要内容，需要设计科学合理的评价运行体系。

2. 定量评价方法

定量评价方法一般采用间接指标进行评价，即依据明显可见的外在特征对评价对象进行评判、打分和计量。实际中运用的定量评价方法主要有两种：一种是引文计量法；另一种是指标打分法。这些定量评价方法最大的优点，一是具有客观性，尽量排除人为主观因素的影响；二是形式上的定量性与精确性，便于各种不同层次与不同种类的对象之间进行相互比较。

评价指标体系设计与指标数据源获取，是定量评价方法的两个关键环节。被评价对象一般都是具有多种属性的客体，选择哪些指标及其数值对评价对象进行监测，以及如何设置各指标的权重大小，都是评价指标体系设计的重点和难点。不同的评价指标体系会有截然不同的评价方法与评价结果。评价学术成果的质量与创新程度，一旦具体到操作层面的评价方法，基本上还是要转化为定量的评价指标作为评价信息的采集观测点。同时，评价数据源的采集范围、数据清洗规则、数据统计方法等，都对评价结果具有直接影响。目前国内几家社会科学评价机构，所使用的评价指标、指标数据与统计方法都具有各自的特点，这一般会在评价研制报告中详细说明。因此，学术界和科研管理部门对评价结果使用时，需要全面了解不同评价机构所采取的不同评价方法，才会客观分析评价结果，采取理性应对措施。

如果说定性评价方法有效实施的关键在于评价机制与程序设计，那么定量评价方法的科学有效性则体现在评价指标体系的设计与实证研究中。为此，文献计量学与科学计量学领域的学者们进行了不懈探索，不断取得新的进展，比如 h 指数以及其后的一系列衍生指标，荷兰莱顿大学提出的"皇冠指标",等等。

在定量评价方法的适用范围上,人们普遍认为,类似文献计量、引文分析等方法主要适用于对国家、地区、学科等大范围内的宏观评价,而不适用于对单篇科研成果这种微观层面的评价对象。这是因为,微观对象所产生的可见特征属性太过于分散,通常容易受随机因素干扰而不易采集评价数据。事实上,随着大数据与云计算技术的成熟以及社会媒体的广泛使用,关于替代计量学的研究得到迅速发展,单篇论文评价数据采集将变得越来越方便。

3. 评价方法比较

从操作意义上的狭义评价方法而言,不同的评价主体对应不同的评价方法。在各种评价方法中,专家评价、计量评价与社会评价,在本质上都属于分析诊断性评价;管理层面的绩效评价是基于科研建制的政府评价,具有引导与激励效能。专家评价、计量评价与社会评价的功能发挥,共同影响着政府评价的评价信息采集与评价目标实现。例如美国的《政府绩效和结果法案》,就充分发挥并有机整合了专家评价、计量评价与社会评价的客观诊断功能,实现了各种评价要素的无缝对接。为便于分析,这里对专家定性评价、科学计量评价、政府绩效评价、社会大众评价的特点进行比较,如表4-1所示。

表4-1　　　　　　　　不同评价方法的比较

评价方法	优势	劣势	研究重点	操作难点	对指标体系设计的要求	对评价制度设计的要求
专家定性评价	直观性、综合性、整体性,适于"精评"与"评精"	操作成本高、"人情"现象难以避免、主观性强	学科专家遴选、评价机制与过程保障	净化学术环境、制定评价制度	重在评价目标与评价标准的设计,对具体指标要求较为粗略	回避制度、复议制度、答辩制度、公示制度、信誉制度、道德风险制度、发挥评价的诊断功能

续表

评价方法	优势	劣势	研究重点	操作难点	对指标体系设计的要求	对评价制度设计的要求
科学计量评价	海量性、便捷性、高效率、客观性、操作性，适于考核与排名类评价	间接性、局部性、分析性、异常数据与小概率事件难以避免	学科分类、引文分析及其他文献计量指标选取、指标权重、指标数据获取与处理	制定分类评价标准、获取评价指标数据	运用科学计量学理论与方法，不断细化与优化评价指标，借鉴国际先进经验与科学做法，反复数据测试与实证研究	合理使用评价结果，发挥评价的诊断功能，以评促建
政府绩效评价	面向问题，政策性和综合性强	导向性明显，过分重视政策影响，容易忽视科学性，容易导致行政干预	智库研究、知识社会学研究、科学哲学研究	信息有保密性，评价数据不易获取	正确解读领导批示的内容，合理划分评价指标等次	发挥评价的引导功能与激励功能，使社会科学研究更有针对性，面向问题进行研究
社会大众评价	社会意义深广，普及性和大众性强	容易形成社会轰动效应与盲目从众心理	大众心理学研究、社会调查问卷设计	群众参与意识不强，社会科学文化素质与评价能力不足	设计社会调查问卷，采集评价指标信息	引导社会大众参与社会科学成果评价，使社会科学研究发挥社会价值

从表4-1可以看出，专家定性评价与科学计量评价主要是反映成果的学术影响力，而政府绩效评价与社会大众评价则关注的是政策影响力与社会影响力。为了探索专家定性评价与科学计量评价这两种评价方法在成果学术影响力评价中的相互关系，笔者曾对中国人民大学人文社会科学学术成果评价研究中心的系列论文评价指标分别与被引用指标做过一次相关性检验，发现学术创新性指标与被引指标之间的相关性最强，其次为发表载体指标，二者皆呈现为正相关；但课题立项指标、社会价值指标、论证完备性与难易程度指标的得分与论文的被引次数竟然呈弱相关甚至负相关，这一结果值得思考。[①]

---

① 任全娥：《学术论文评价方法研究》，《澳门理工大学学报》（社会科学版）2014年第4期。

最近几年，代表作成果评价逐渐被看好，引起了单篇论文评价的研究热潮。单篇论文代表作成果评价需要借助文献计量方法进行初步筛选，其定性综合评判则需要采用专家同行评议方法。比如，中国人民大学人文社会科学学术成果评价研究中心研制出《人文社会科学论文质量评估指标体系》，并每年发布期刊论文摘转情况分析报告；中国社会科学院新闻与传播研究所在全国范围内开展优秀新闻传播学论文征集与评选活动；华东师范大学倾力推出了人文社科奖项"思勉原创奖"成果评选活动，等等。这些优秀成果的评选，除了做好文献信息统计与评价指标设计等基础工作之外，还非常重视评审专家的遴选及评价机制建设。如果说文献计量评价是宏观层面（如国家评价或地区评价）和中观层面（如期刊评价或人才评价）的有效评价方法，那么结合计量评价的专家定性评价则是单篇学术论文代表作的主要评价方法，此时的专家遴选与评价制度直接影响到评价结果的科学公正。

（八）评价制度

学术评价制度包括评价法规、评价程序与评价机制等，它们共同组成学术评价的运行体系，主要通过程序设计和制度安排保证评价活动的顺利实施。这里的学术评价制度体系主要包括四个方面的内容：一是评价的法律法规；二是评价的行业规范；三是评价的程序保障；四是评价的信任传递机制。

1. 评价的法律法规

评价制度类似于某些游戏规则，可以从程序与机制上控制和保障评价结果与评价目标的实现。制度层面的安排与供给，是一种宏观的基于法理基础的评价体系设计。我们知道，立法维护的是法权上的平等，它首先要保障的是游戏本身的公平性，并没有而且也不可能仅仅靠法律来促进社会关系的和谐或改善。在前科学时期，科学研究是少数人的兴趣所致的事情，是一种完全自由状态下的探索，几乎没有考虑价值关怀及经费资助因素。那时的科学研究是少数人的事情，学术交流也是小范围的，学术评价是预设在学术交流过程中的一部分。学术成果是为了记载学术交流信息，学术期刊是为了传播学术交流思想与成果，学术评价既是学术研究的一部分，也是学术交流的一部分。随着国家对科研的重视，各方面投入不断增加，学术研究的科研建制逐渐完善，科研管理制度成为国家必不可少的建制内容，科研评价也就从纯粹的学术交流部分独立出来，直接服务于科研管理，相关的科研评价法律法规体系也随之建立起来。

在科学评价的法律法规方面，近几年我国根据科技评价发展的需要相继制定和颁布了《科技评估规范》《科技评估暂行办法》《科学技术评价办法（试行）》《国家高技术研究发展计划课题预算评估规范（试行）》《评标专家和评标专家库管理暂行办法》《关于改进科学技术评价工作的决定》《关于深化项目评审、人才评价、机构评估改革的意见》等一系列法律法规、政策性文件。其中，2018年7月，由中共中央办公厅、国务院办公厅印发的《关于深化项目评审、人才评价、机构评估改革的意见》针对当前评估工作中存在的问题提出了原则性、指导性和规范性的意见和要求，是推进科技评价制度改革的重要举措，给科技评价工作指出了明确的发展方向。

2. 评价的行业规范

学术评价的行业规范属于行业自律性规定，是指科学评价机构和人员在从事科学评价活动中共同遵守的基本准则，主要包括行为规范和职业道德规范等，是对科学评价机构和评价人员在从业资格、职业道德、工作准则、人员培训、质量标准、收费水平、工作流程等方面所做的具体规定。制定评价行业规范的主要目的在于：加强科学评价活动的规范性，为评价结果的客观、公正与科学性提供管理保障，尽量减少评价活动的失误和纠纷；同时也便于社会各界了解、监督科学评价活动，提高科学评价的质量、水平和透明度。因此，行业规范是对科学评价发展进行自我管理和自我约束的基础。为了确保评价质量与评价效果，评价机构应制定专业化的评价规范，要求从事评价活动的专职人员必须具备一定的资格和特定的能力，评价数据的可靠性和评价结果的局限性要加以说明，评价活动的设计和实施必须符合规范要求。

3. 评价的程序保障

人文社会科学的学科特点与成果产出规律，要求在成果评价过程中更多地融入专家定性评价因素，与文献计量评价方法互相补充，而专家定性评价的有效实施，离不开一套相对完善的评价程序。评价程序公正是评价实质公正的基础和保障。相比于以上各评价要素，社会科学成果评价程序属于评价活动的组织流程与评价运行体系范畴。评价程序涉及评价主体行为及主体之间各方关系的组织协调。对评价程序的基本要求，一是公正公平，确保评价过程不受外在的人情因素影响，不偏袒或歧视某些特定的被评价者；二是科学合理，确保真实、准确和充分地获取有关被评价对象的信息。一套完整的评价程序，应贯穿从评价准备、评价实施到评价结果应用、结果应用反馈等一系列环节。

设计评价程序时，应根据评价目标与评价对象的具体情况来具体分析。在我国，优秀成果评奖中的成果评价程序、科研职称评审中的成果评价程序、课题结项时的成果评价程序，以及科研机构排名中的成果评价程序，等等，都具有各自的评价程序特点。目前，人文社会科学成果的评价程序一般会涉及这几个环节：成果推荐提名、成果查新报告、遴选确定评价专家、设计评价方法与评价指标体系、评价专家轮换与回避、评价结果公示与监督、评价意见反馈、评价结果申诉、评价结果复审等。比如，深圳大学推行以质量为导向的科研评价程序和评价机制，成立主要由校外专家组成的评审组，坚持学术主导、同行评议、综合评价，同时采取"谁申请谁举证"的原则，要求所有参评研究成果必须提供反映学术成果社会影响和学术贡献的佐证材料，并将所有的申请材料和评审结果进行公示，发现凡弄虚作假、剽窃、侵占他人科研成果的，永久取消申报资格。[①]

人文社会科学的研究特点较为复杂，难以做到评价指标体系绝对公正，只能通过程序公正来保障评价结果的相对公正。为了使程序公正更加接近于实质公正，学术成果评价的一般程序步骤应为：第一

---

① 李凤亮：《推行以质量为导向的科研评价机制》，《中国教育报》2011年12月22日。

步，成立学术指导咨询委员会，确定评价主体、评价目标与评价方案；第二步，学术指导咨询委员会综合分析学术成果特点，明确学术成果评价的评价标准、评价指标（包括形式指标、内容指标和声誉指标）及评价数据；第三步，实施定量评价，根据评价目标、评价标准、评价指标和评价数据，得出学术成果的形式指标和内容指标的初步定量评价结果；第四步，实施专家定性评价（可根据需要适当提供定量统计结果供专家参考），通过广泛征集各层次专家学者的评价意见，得出学术成果的声誉指标定性评价结果；第五步，汇总上述形式指标、内容指标和声誉指标的评价结果，形成综合评价报告；第六步，召开学术指导咨询委员会，公开审定定量评价结果、定性评价结果和综合评价报告；第七步，公示评价结果，接受各方质疑及组织复议。

4. 评价的信任传递机制

在学术共同体内部，还存在一种隐性的基于学术交流的评价运行机制——信任传递机制。[①] 事实上，文献计量间接指标的形成过程，也是学术信任传递机制的呈现过程。但是，现行的学术评价体系是一种以公开发表论著成果为对象的静态评价，没有发表或出版的学术成果是不被认可的，只有发表之后才可能被关注、发现和评价。在这种基于正式发表的成果评价体系中，只有经过学界同行对论文质量进行把关审查的学术成果，才有在正式期刊上公开传播的机会。由于对发表后的成果进行再次审查成本太高，自然就将对成果本身的评价转向对期刊、出版社等载体评价，以载体等级衡量论著价值。这种学术评价体系的假设前提是，高影响力期刊的文章更值得信任，被引用、被收录、被转载、被奖励的成果在同等条件下更值得信任。期刊的学术成果认证功能，体现在期刊以自己积累的学术声誉为其所刊载论文的价值担保，期刊传播平台的影响力和可信度决定了学术论文在科学交流网络中的传播范围和速度，论文被同行引用反映了学术思想的学术影响与价值体现。因此，影响因子是期刊级别的一种粗略测度，而期

---

① 周春雷：《试析现行学术评价体系的运作机理》，《科技期刊研究》2012 年第 6 期。

刊级别在学术信息传播中起着重要作用。论文被引证次数是测度研究成果学术价值的一个客观指标，学术价值是论文评价的重要指标之一。由此可见，学术评价体系是一个靠信任维持的系统，信任传递是现有学术评价体系内嵌的重要运行机制。

二 评价要素之间的关系

综上所述，在学术成果评价体系的八大评价要素中，评价主体属于决定性要素，评价目标则为其他各评价要素的起点与旨归，从而使各要素之间呈现出相对闭环关系，如图4-1所示。

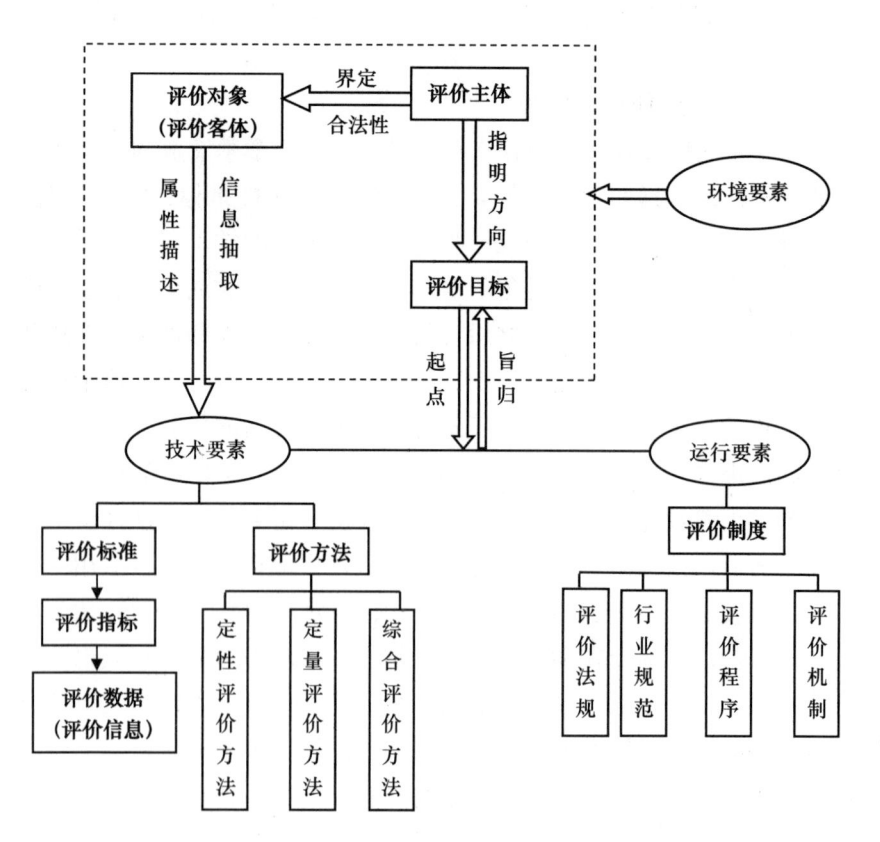

图4-1 学术成果评价体系的基本要素及其关系

由此可见，一套完整的评价体系应包括评价主体、评价目标、评价对象、评价标准、评价指标、评价数据、评价方法、评价制度这八大要素。这些评价要素之间互相影响，共同构成一个复杂的学术评价体系。其中有些属于评价环境要素，有些属于评价技术要素，有些则属于评价运行要素，而评价实践的有效性最终都要受制于评价环境要素与评价运行要素。在这八大评价要素中，评价主体与评价对象（评价客体）是评价过程中的实体性要素。评价主体不仅可以界定评价对象（评价客体）的合法性，还决定着评价目标的实现方向。评价对象（评价客体）需要通过评价技术要素进行属性描述与信息抽取，才可能实施具体的评价操作。评价目标是评价体系设计的起点与旨归，评价标准、评价指标、评价数据（评价信息）、评价方法及评价制度的设计起点和实施旨归都需要遵循一个明确的评价目标。总而言之，有什么样的评价主体就会有什么样的评价目标，有什么样的评价目标就会有什么样的评价标准、评价指标、评价数据（评价信息）、评价方法与评价制度。其中，评价主体、评价目标、评价对象（评价客体）属于学术成果评价的环境要素；评价标准、评价指标、评价数据与评价方法属于具体操作层面的评价技术要素；评价制度包括评价法规、行业规范、评价程序与评价机制，属于评价体系的运行要素。

关于学术成果评价体系的基本要素，南京大学叶继元教授曾经提出："任何学术评价，无论是人员评价，还是成果评价等，都至少涉及六个方面，即评价主体、评价客体、评价目的、评价标准及指标、评价方法和评价制度。任何知识对象的评价，除了数量评价和质量评价外，还有形式评价、内容评价和效用评价。这'六位一体'和'形式、内容和效用评价'的组合就是'全评价'体系。"他认为："评价目的规定、制约和导引着整个评价的方向和具体做法。目前许多问题的出现，主要是因为评价目的不明。"[①]

---

① 叶继元：《基于质量与创新测度的人文社会科学"全评价"体系及其应用》，《光明日报》2011年11月25日第14版。

第五章 基础研究成果评价指标体系

　　人文社会科学基础研究成果主要包括学术论文和以学术著作为主要形式的学术图书。从传播形式与影响范围来看，相对于内部应用对策类研究报告，基础研究成果的最大特点是公开出版与广泛传播，也更容易形成方便获取的评价指标数据，如被引用指标、被转载指标、被下载指标、被网络检索指标（网络影响力指标）等。这些客观形成的评价指标与数据在一定程度上为文献计量评价方法的使用提供了实践基础。

　　评价指标体系设计是学术评价体系设计的重点与难点，也是本章对人文社会科学成果评价研究的主要内容。在学术评价体系的八大要素中，评价指标通过揭示评价对象的属性而形成，是评价标准的具体化与操作化，也是联系评价目标与评价对象的中间环节。本章主要讨论人文社科研究成果评价指标的主要类型、形成机制与使用方法，设计学术论文与学术著作的评价指标体系，为下文的实证分析提供理论与方法基础。

一 基础研究成果评价指标的类型

　　人文社会科学基础研究成果，一般是以研究探索科学发展前沿问题，以产生创新思想、创新理论与创新方案为旨归的科研活动产品。研究成果评价在科研评价体系中属于微观层面的学术评价，它是人才评价、期刊评价、机构评价、项目评价等中观与宏观层面评价的要素与基础。在成果评价结果的基础上，人才评价还应该增加评价对象的当场学术答辩程序；期刊评价还应该增加期刊审稿制度、编辑选稿原则等方面的考量；机构评价还需要增加机构学术活动、人才培养情况等指标；研究项目评价同时还应考虑研究过程、与实践部门的交流沟通和深度合作情况等。总之，人才评价、期刊评价、机构评价与项目评价等科研评价体系，一般是以学术成果评价作为核心评价指标，从而体现出科研评价的绩效导向趋势。

由此可见，学术成果作为整个学术评价的核心要素而存在，它联结着学界每一位学者的学术行为与学术影响，致使学术成果的产生过程、表现形式与价值意义都具有明显的多样性与复杂性。比如，在社会科学研究过程中，当具有自主意志的人或组织成为研究对象时，人们会修正自己的行为，只是因为他们知道社会科学家正在观察他们，这使我们难以确定被观察到的行为是一个被引进的刺激的产物，还是实验情形本身的产物而已。

人文社会科学研究过程与研究成果的特殊复杂性，必然对成果评价方法提出更高的要求。对于基础研究成果评价，国际通用的主要有同行评议与文献计量两种评价方法。长期以来，同行评议方法一般进行微观层面的研究成果评价、研究项目评价、研究人才评价等；文献计量方法在国家或地区层面的宏观统计评价方面具有优势。但随着科研环境的日益网络化及大数据资源的逐渐形成，加上同行评议方法固有的主观人情因素限制，越来越需要文献计量评价要素参与到微观层面的成果评价中去。由于文献计量方法是以学术成果的文献标识为统计分析对象与评价依据的，这些文献标识的形成过程（如引文行为与动机）会受到评价指标与评价结果的引导而改变应有的原貌。因此，基于文献计量的微观成果评价，需要在评价指标设计方面极其细化，在评价数据获取方面极其多元化，而且评价结果也要谨慎使用，否则很难发挥文献计量方法优势而只能用专家定性判断评价。

学术论文或著作的质量和贡献一般通过两个方面表现出来：一是成果所发表或出版的期刊或出版社情况；二是成果自身的学术被引或被使用情况。学术期刊与出版社是学术成果公开发表的载体形式，高质量的载体可以提升一部成果的档次与影响，是一种潜在的同行评议评价，只不过是以文献计量指标的形式展现出来，属于一种间接的文献计量评价。学术成果的自身被引与被使用情况，主要是指该成果公开发表或出版之后，通过公共知识的文献传播形式所呈现出的被引情况、被浏览下载及转载情况等，属于一种直接的文献计量评价。由此可见，基础研究成果的文献计量评价指标可以分为两大类：成果载体指标与自身表现指标。成果载体指标一般是指期刊评价指标与出版社评价指标；自身表现指标则包括被引指标、下载指标、转载指标、网络传播指标等。

期刊与出版社作为成果发表或出版的载体指标，其对成果的评价是基于发表前的精选性和引导性评价，评价依据是成果文本的科学性、创新性、价值性以及编辑的选稿原则，评价形式以小众化专家定性判断为主。成果的自身表现指标则是一种发表后的大众化评价指标，依靠的是广泛传播与长期使用的历史性数据，也可以说是一种学术民主投票式的客观性事后评价。这二者各有优劣，应该互为补充，不可偏废一方。

对载体指标而言，学术期刊或出版社作为成果评价间接指标的逻辑前提与必要假设，是成果正式发表前严格的同行评审与质量控制，并尽量减少所谓"以刊评文"带来的负面效应。学术成果出版与发表过程中的同行评议是首次评价或者原始评价，即学者完成的学术成果在进入正规学术媒介平台、准备公布于众、与读者见面、进行广泛传播之前的第一次评价，是学术成果评价的第一道"把关者"。[1] 鉴于学术生态的复杂性与成果产出形式的多元化，学术界也在积极探索各种成果发表机制与质量控制措施。如国外 OA 学术期刊 PLOS ONE 尝试采取"研究可靠性"为主要评价指标进行论文评审。[2] 该刊认为，在科研领域交叉融汇的今天，很难由一两个评审专家准确判断论

---

[1] 胡政平、巨虹：《初始评价：学术评价视域的关键性拓展》，《甘肃社会科学》2015 年第 5 期。

[2] PLOS ONE, *Guidelines for Reviewers*, http://www.plosone.org/static/reviewerGuidelines（访问日期：2017 年 3 月 21 日）。

文的科学性，因此应以论文所讨论的研究本身是否具有可靠性、是否被足够清晰地设计实施及描述作为评价要点，然后在论文发表后通过各类使用指标来客观地验证、揭示论文的科学性贡献。这被认为有利于减少同行评议中的主观因素干扰，避免评审专家的偏见对学术交流的阻碍，支持重复验证研究和应用性研究，提高论文发表速度。而且，这种开放评审做法并不必然地减低论文或期刊本身的质量与重要性，而是代表了科研和学术交流的真实需要。正因为如此，许多著名纸质期刊出版社也开始出版类似开放评审的专栏，例如美国《科学》杂志的"科学进展"（Science Advances）专栏，《自然》杂志的"科学报告"（Scientific Reports）专栏，《细胞》杂志的"细胞报告"（Cell Reports）专栏等，而且这类期刊发表的不少论文也获得了很高的引用率。

然而，即便有了质量控制环节，也不能保证好的期刊上必然是篇篇佳作，降低"以刊评文"负面效应还需结合成果自身表现。从成果自身表现指标来看，科研成果被引用、被下载、被转载、被网络传播的背后驱动机制，有时也并非完全是学术规律的自然呈现，还会涉及诸多社会利益及学术伦理因素。美国西北太平洋国家实验室知名生物学家威利（Steven Wiley）在《科学家》杂志发表文章，对综述文章的高引用率问题进行了分析，他认为："综述类文章在几乎所有的原始研究期刊上日益增多，其极高的引用率并非出于教学所用，而是出于研究人员企图快速了解领域重要进展的需求。一篇综述即是无数文献工作的集合，其对于重要进展及原始工作的概述大大省却了研究人员寻找并解读一大堆原始文献的精力与时间。但是，综述文章的大量引用虽省时省力，却剥夺了科学家对于原始文献工作及研究进展的切身思考。其成为原始文献的替代品是科研界的不幸。"[1] 实际上，这位生物学家所谈的综述文章被引问题，也同样反映在人文社会科学

---

[1] 谢文兵：《综述文章高引用率：盛名之下其实难副——美学者撰文分析综述类文章的高引用率问题》，科学网博客，http://blog.sciencenet.cn/home.php?do=blog&id=311500&mod=space&uid=45（访问日期：2017年3月22日）。

综述文章的被转载、被下载及被网络传播的过程中。随着学术研究成果发表的网络化，学者越来越倾向于阅读省时省力的二手资料，真正有创新性的专业深度文章反而不被广大读者看好，而编辑为了提高影响因子也就随之不得不有所取舍，这就可能会对创新性科研成果产生不利影响。由此可见，引文评价指标也存在固有的弊端，文献计量评价方法及其评价结果一旦被过度使用，很容易产生负面学术影响，因此需要不断创新并科学使用传统文献计量指标，同时积极探索网络环境下的替代计量评价新指标。

二　成果载体指标

在正式学术交流中，基础研究成果评价的载体指标，一般包括期刊指标与出版社指标两大类。

（一）期刊指标

通常情况下，对科学论文质量评价的文献计量指标主要有两种形式：一是期刊影响因子；二是论文被引频次。这二者其实对应着学术评价的两种基本方法：同行评议方法与引文分析方法。这两种评价方法实际上隐含着两个假设前提：一是学术期刊的每一篇论文审稿都严格遵守同行评议规范；二是论文被引频次反映了论文及其期刊的质量与学术影响力。同行评议大多数情况下发生在论文发表前的审稿过程中，在学术期刊的审稿制度中，通常经过初审、评审和终审三个阶段。初审主要由责任编辑对来稿作出初步评价并选定审稿专家。审稿专家对稿件进行评审的过程也就是同行评议的过程。审稿专家要对稿件的学术水平给出评判，对内容提出取舍修改建议及其依据。在此基础上，最终由责任编辑和编委决定稿件是否可以接受发表。可见，编审稿的过程其实就是同行评议的过程，是论文质量评估的一个极其重要的环节。通过同行评议，要在众多的来稿中根据办刊的宗旨和方针筛选出优秀论文公开发表，甚至必要时还要把握热点问题主动向知名学者约稿。可见，同行评议是期刊论文质量前期控制的一种重要手段与环节，也是期刊指标在论文评价中的定性评价因素。

尽管如此，期刊作为论文评价的成果载体指标，在当前的核心期刊评选、影响因子使用及"以刊评文"争议中仍然存在较多的问题。

1. 当前核心期刊评选过程中存在的问题

"核心期刊"是我国期刊评价与科研管理领域备受诟病却无法摆脱的"魔咒"。当前国内有多家机构开展了核心期刊遴选或期刊评价报告发布工作，在学界产生了很大影响。这些核心期刊评价活动一方面促进了学术繁荣和发展，另一方面也存在一些共性的问题。蒋颖[①]在其专著中将这些问题归纳为如下几点：第一是统计方法问题，尤其是综合指标体系中的权重设置问题，各家机构的方法不统一，随意性和差异性较大；第二是相关指标问题，指标选取缺乏相关研究和理论支撑，而且指标统计时间滞后，很难反映期刊的现状；第三是核心期刊数量问题，目前国内有影响的人文社会科学核心期刊表或期刊评价报告有多家发布，这些核心期刊表之间的名称相近，功能和目标也大体相似，具体指标、数据来源、分类方法不尽相同，核心期刊数量有多有少，但是很难明确说出它们之间的实质性差异，让使用者无所适从，甚至记不清确切的核心期刊表名称，有时只能以机构名称代替。此外，关于引文数据的处理技术细节问题也值得注意，比如引文中的中国人民大学复印报刊资料论文，有时作者图方便就直接把复印资料而非初始发表期刊标识为参考文献，这就使原发期刊的引文数有一定程度的流失，因此应该在数据库中做论文匹配检索，把同一论文在不同引文标注形式的被引次数加和，但是这个问题至今未引起关注。

与此同时，有些定量指标主要适用于科技领域评价或宏观层面评价，如果用于人文社科评价领域或微观层面评价，还需要明确评价指标的使用条件，正确对待那些定量评价指标不能解释的个别现象。用定量方法研究文献分布，或者用大样本数据对国家或地区的科研能力进行国际比较，这些都已经取得令人信服的结论与共识；然而一旦用定量指标，特别是用某种单项定量指标去衡量或评价某一个人或某一

[①] 蒋颖：《人文社会科学领域文献计量学研究》，社会科学文献出版社2013年版。

种期刊特别是人文社会科学成果时，由于此时的评价对象成为极小化了的微观个体，原来不能用定量研究结论加以解释的少数现象就会在无意间被人们用来作为否定定量方法或定量指标本身的根据。因此，在考察定量指标时，应该首先看它是否能说明大多数情况，然后，对少数个别情况，还需要通过补充其他相应指标，或者通过专家评议来进行调整，以便使评价结果更趋合理。

2. 期刊影响因子作为论文质量评价指标的可用性

通过期刊影响因子来评价学术论文是长期以来国际上广泛采用的方式，但目前也引起了大家的质疑和讨论，如由全球多位科学家和科研团体共同签署的2013年《旧金山宣言》，明确提出反对使用影响因子评价个人学术水平的倡议。众所周知，就某篇论文而言，被引用的次数越多，说明该论文受人关注的程度越高，高频引用论文常常表现为该论文研究主题是某一时期该领域的研究热点，甚至是科学发展过程中的重要事件。同样，一种期刊的被引用次数是该期刊所有论文被引用次数的总和，影响因子是表征期刊近两年（具体时间因学科而异）论文平均被引指标，如果期刊编辑部能在前期同行评议阶段评审与刊发高质量的论文（包括对学术问题持不同观点的论文），并引起广泛的关注与引用，该期刊自然会获得较高的影响因子。所以，高水平的同行评议期刊是论文质量的保证，而高质量的学术论文是期刊高被引频次的基础，高被引频次又是计算期刊影响因子时起决定性作用的变量。从这个意义上说，期刊影响因子是评价论文质量的重要手段，期刊影响因子与论文质量主要通过前期的同行匿名审稿来实现正相关关系。也就是说，高影响因子的期刊载有高水平论文的假设前提是，影响因子高的期刊具有较高的同行评议质量水平。[①]

与此同时，由于期刊论文被引频次呈偏态分布，并非每一篇高影响因子期刊论文都是高被引论文，而是由少数论文贡献出多数被引频次。因此这种评价方法至少存在两大缺陷：首先，只有当被研究对象

[①] 金碧辉：《论期刊影响因子与论文学术质量的关系》，《中国科技期刊研究》2000年第4期。

是正态分布时，平均数才有充分的意义，但论文引用率并非如此；其次，不同学科领域的引用周期往往不同，比如医学和物理学方面的论文常常在发表后不久就得到引用，而哲学和历史学方面的成果甚至需要几十年来积累引用率，统一用2年或5年来计算期刊影响因子显然不可取。这也是近年来许多学者对影响因子提出质疑的原因，如印度科学家把全球科学评价过分依赖影响因子这种现象称为"影响因子综合征"[1]，德国学者质问影响因子究竟是"天使"、"魔鬼"还是"替罪的羔羊"？[2]

因此在具体实施评价方案时，如何利用期刊影响因子指标实现评价目标，需要评价工作者具体情况具体分析。如果评价目标是为了鼓励科研人员在高影响因子的期刊上发表论文，从而扩大论文的学术影响力，那么，期刊影响因子作为论文评价指标是可取的，因为发表的论文能否被引用，除了论文的学术水平外，该篇论文是否发表在高影响力核心期刊上也是一个重要因素。将影响因子与论文水平相挂钩，实质上是一种定性评价思路及科研管理理念，对期刊论文作出评判的标准实际上是期刊同行评议过程中匿名审稿专家的评审意见。但是，如果评价目的是考核科研人员的学术水平和成果质量并以此作为分配资源的依据，则需要慎之又慎，期刊影响因子指标只是一个间接参考指标，还需要结合其他间接指标与直接定性指标进行综合评价。

3. "以刊评文"与"以文评刊"需要良性互动

国内外学术界，发表期刊论文已经成为科研人员生存及晋升的"硬通货"。在美国和其他发达国家，"不发表就出局"（Publish or perish）这个"现代学术谚语"的意思是，搞学术研究若没有论文发表就没有出路。其实，"不发表就出局"中隐含着一个潜在的假设前提条件，那就是论文的发表要遵守严格的同行专家匿名审稿规范：发表论文的内容要有创新之处，真正代表着一个学者的科研水准，存在

---

[1] S. C. Lakhotia, "'Impact Factor' and 'We also Ran' Syndrome", *Current Science*, 2010, 99 (4): 410.

[2] M. Zitt, "The Journal Impact Factor: Angel, Devil, or Scapegoat?", *Scientometrics*, 2012, 92 (2): 485–503.

公开交流的价值与发表的意义；论文的形式要符合学术规范，便于同行读者进一步查阅验证，又展示出作者的研究路径与科学方法，提供进一步交流的途径与方式。①

知识的生产流程，一般是从撰写论文开始的，而对知识生产结果的评价，则是从论文在期刊发表开始的。论文在期刊发表之前，要经过期刊编辑与审稿专家的多轮评价与筛选，这一层面的评价主要采取同行评议的方式直接评价论文本身。论文在发表之后，除了经历专家的主观评价，还往往借助期刊评价结果来评价在该刊发表的论文，比如发表论文的期刊影响因子、是否核心期刊、是否来源期刊等。

那么，这些期刊评价结果又是从何而来呢？当然是来自期刊论文的质量或者说是学术影响。期刊是论文得以发表的传播载体，论文的整体水平直接决定着期刊的影响因子及是否核心期刊或来源期刊。看来，长久以来被人们诟病的"以刊评文"现象，实际上是"以文评刊"的结果。期刊论文评价与期刊评价是互为因果的，要么形成良性互动，要么形成恶性互动。在马太效应的作用下，越是影响大的期刊就越有丰富的高质量稿源供编辑筛选，期刊发表的论文就会引起更多的关注阅读、浏览下载、引用参考、转载传播，随之期刊在评价指标上也就具有更好的表现，从而成为核心期刊、来源期刊、高影响因子期刊。最后，好的期刊会越来越好，差的期刊则越来越差，并逐渐被淘汰出"学术市场"。总而言之，期刊编辑既不能被"核心期刊"或论文评价牵着鼻子走，也不可对科学评价结果漠不关心、满不在乎或存有偏见，而要在内容上注重每一篇论文的质量，在形式上积极与国际接轨，走标准化、规范化之路。

（二）出版社指标

在人文社会科学领域，学者们往往将长期的系统研究成果以学术著作的形式公开出版，在研究过程中也习惯于参考引用图书文献。但

---

① 任全娥：《"以刊评文"是"以文评刊"结果》，《中国社会科学报》2011年11月14日。

是，学术评价界对学术著作与出版社的评价研究一度滞后于学术论文与期刊的评价研究。从基础研究成果评价的载体指标来看，学术论文评价一般会涉及期刊指标，学术著作评价一般会涉及出版社指标。科学合理的学术著作与出版社评价是引导学术出版市场健康发展的基础，出版社评价结果也可以作为图书评价的参考依据。

1. 学术著作出版与当代学术发展

学术著作是人文社科学者传播学术思想和研究成果的主要载体形式，在学术发展进程中发挥着重要作用。学术著作的显著特点是内容上的科学创新性、形式上的注释规范性、参考资料的翔实性及研究的系统性，学术著作的创作过程被人比喻为"十年磨一剑"。学术著作的出版事业在我国经历了一个较曲折的发展历程，目前，学术出版评价对当代学术发展的影响，已经引起学术界广大人士的关注与讨论。据《人民日报》报道，2015年7月，《云梦学刊》和南京大学出版社联合主办"学术著作出版与当代学术发展论坛"，与会者针对当前学术著作出版中存在的突出问题，就如何改革完善学术著作评价机制进行了深入研讨。会议认为，当前学术著作大量出版，进一步推动了学术发展，促进了学术繁荣，但也存在一些突出问题，这些问题对学术著作的科学性与公信力产生了消极影响。因此，要解决学术著作出版中存在的问题，就应该建立学术评价机构与学术共同体相结合的可信度评价体系，对学术著作的创作、出版、利用进行客观评价和监督，进一步提高学术著作出版的公信力，促进学术生态健康发展。[1]

2. 学术出版需要加强学术性与专业性

随着出版社企业化经营改革，我国学术出版领域在繁荣发展的同时也出现了学术性、专业性与主题性缺失的问题，甚至出现了学术出版不需要门槛和把关买个书号就可以出书的失范现象。因此，当前学术出版迫切需要加强学术性和专业性规范，开展对出版社学术性与专业品质的关注、评价与研究。冯会平曾做过一次学术图书读者问卷调

---

[1] 钟兴永：《改革完善学术著作评价机制——"学术著作出版与当代学术发展论坛"述要》，《人民日报》2015年8月3日。

查，发现有72%的人认为选择购买某一种学术图书的决定性因素是其专业内容。这说明专业品质是学术出版的生命线，出版物的学术性、思想性、科学性是其真正的生命力所在。[①]

近几年，国内有些出版社已意识到这个问题，开始自发地建设学术图书出版规范体系；同时国家有关部门也看到了问题的重要性与迫切性，相关改进工作也在持续推进中。2012年9月4日，国家新闻出版总署[②]发出《关于进一步加强学术著作出版规范的通知》（以下简称《通知》）。《通知》首先对学术著作的概念作出明确界定："学术著作是作者根据某一学科或领域的研究成果而撰写的作品。这些作品或在理论上有创新见解，或在实践中有新的发明，或具有重要的文化积累价值。所指学术著作包括哲学社会科学、自然科学等学科的研究型著作，通俗理论读物、科普读物等不在其列。"其次，《通知》对学术著作出版的质量控制提出具体要求："出版单位应加强学术著作选题论证，组织相关学科领域专家学者，对学术著作的学术水平、创新成果、出版价值等进行认真评估，积极探索实行同行匿名评议等评审办法，提高学术著作出版质量。"同时，《通知》还提出了学术出版责任编辑的人员保障与工作规范："出版单位应安排具备较强学科背景的专业编辑人员担任学术著作的责任编辑。责任编辑应积极主动了解相关学科领域的学术信息，加强与相关学科领域专家学者的联系和沟通，对学术著作中的学术信息进行必要的查证、核实，确保学术质量。"值得注意的是，《通知》还专门对学术著作的引文规范提出具体而详尽的要求："引文、注释、参考文献、索引等是学术著作不可或缺的重要组成部分，体现了学术研究的真实性、科学性与传承性，体现了对他人成果和读者的尊重，是反映学术著作出版水平和质量的重要内容，必须加强出版规范，严格执行国家相关标准。引文是引自他人作品或文献资料的语句，对学术著作的观点起支持作用。引

[①] 冯会平：《学术出版的专业品质》，微信公众号"出版人周百义"2018年3月21日。

[②] 2013年机构调整，新闻出版总署、广电总局职能整合，组建国家新闻出版广电总局；2018年机构改革，原国家新闻出版广电总局下的"新闻出版管理职能"划归中宣部。

文要以必要为原则，凡引用的资料都应真实、详细、完整地注明出处。注释对作品中某些特定的内容、术语等起到必要的补充、解释或说明作用。注释应力求客观、准确、翔实。参考文献是为撰写或编辑著作而引用的有关文献信息资源，是学术研究依据的重要体现，对研究内容起到支持、强调和补充作用。参考文献应力求系统、完整、准确、真实。索引是指向文献或文献集合中的概念、语词及其他项目等的信息检索工具，有助于学术内容的检索、引证、交流和传播。索引的编制应力求实用、简明、便捷、完备。学术译著应尊重原作者研究成果，力求准确完整，不应随意删改原著的引文、注释、参考文献、索引等内容。"

由此可见，《通知》在学术著作出版的质量控制与工作规范等方面，具有很强的专业性和指导意义。我国出版社近几年实行了转企改制，取得了显著的经济效益，但也出现了经济效益与社会效益的不平衡现象，使得学术出版的学术影响力弱化、专业特色不明显。随着我国出版社事业的宏观调控力度加大，必将更加规范学术出版的准入机制与监督机制。如上文《通知》所述，学术出版需要有行业规范与专业资质，不是所有出版社都有能力出版学术著作，而且即便出版学术著作的出版社，也不可能有能力出版所有门类的学术著作，需要有专业分工。2018年3月的国务院机构改革，新闻出版事业管辖划归中宣部，预期大规模的优秀主题出版与专业出版将成为我国出版事业的时代主流。

在西方发达国家，学术著作的出版几乎都由专业出版社"垄断"，读者要买哪个学科的学术著作，就会去找某个专门出版此类图书的出版社。在学术出版质量把关方面，大部分学术出版一般都有严格的同行专家匿名评审制度。目前，我国很多学术期刊已经引入了"盲审"的机制，学术著作出版也应该借鉴这一做法，保证学术出版质量。同时，编辑的学术素养、学术判断力、学术眼光也影响学术出版的品质。

除了上述国家相关部门的监督与规范管理以及出版社自身的专业性建设，还需要健全学术出版市场机制，使各方面力量共同发挥作用。经过一个较长时期的市场淘汰过程，使那些不适合做学术出版的出版社退出学术出版市场。总而言之，这一方面要靠出版者的自律、自知与准确定位，有效避免出版"泛学术化"的出现；另一方面，也需要国家相关职能部门的监管，借助第三方评估机构，通过"学术市场"反映出的学术事实数据，对各家出版社进行合理分工或自然淘汰。这样做，不仅可以避免重复出版、劣质出版，还可以有效地节省出版资源，有利于出版事业的可持续健康发展。

3. 对出版社声誉与影响力评价的探索

为了展示我国出版社及其图书的国际影响力，中国出版传媒商报社、北京外国语大学国际新闻传播学院、中国文化走出去效果评估中心共同主办的年度《中国图书海外馆藏影响力报告》，从全世界的图书馆对中国图书的收藏情况这一独特视角，对中国文化"走出去"的影响力进行跟踪观察与分析。该报告采用的基础数据为全世界图书馆联机书目数据库 OCLC（Online Computer Library Center），这个数据库可以大体衡量出中国图书与出版社在当今世界的影响范围。[1] 截至 2018 年，该报告已连续 8 年公开发布，排名前 30 名的出版社中，有 10 家出版社与 2017 年度排名没有变化，出版社前三甲中国社会科学出版社、社会科学文献出版社、科学出版社排名亦无变化。[2]

苏新宁和王振义[3]采用 1998 年至 2002 年的中文社会科学引文索引（CSSCI）数据库对大学出版社进行了被引统计分析与定量评价，列出了大学出版社的被引排名以及影响较大的著作，目的在于呼吁大学出版社重视学术，把大学出版社办成学术研究的"给氧站"。钱玲飞和孙辉[4]基于 2000 年至 2007 年的 CSSCI 引文数据统计分析新闻传

---

[1]《2013 中国图书世界馆藏影响力报告》在京发布，《中国出版传播商报》2013 年 9 月 2 日。

[2]《2018 中国图书海外馆藏影响力报告新鲜出炉》，人民网，2018 年 8 月 23 日，http://culture.people.com.cn/n1/2018/0823/c1013-30246670.html（访问日期：2018 年 9 月 1 日）。

[3] 苏新宁、王振义：《从 CSSCI 看大学出版社在社会科学研究领域的学术影响》，《大学图书馆学报》2005 年第 3 期。

[4] 钱玲飞、孙辉：《对新闻传播学最有学术影响的百家出版社分析：基于 CSSCI（2000—2007 年度）数据》，《出版科学》2010 年第 1 期。

播学最有学术影响的百家出版社,并从多角度进行分析。朱茗和杨秦[①]借助CSSCI(2000—2007年)教育学论文引用图书的相关数据,统计分析出在教育学领域最有学术影响的百家内地出版社,以及中国港澳台地区和国外出版社的被引情况。陈士琴和丁翼[②]利用CSSCI(2000—2007年)的数据,对法学领域论文引用图书的出版社的被引频次进行相关统计,概述国内外出版社在法学研究中的被引情况,评估中国内地对法学最有学术影响的百家出版社,论证各类出版社在法学领域的学术作用。2011年由苏新宁[③]主编的《中国人文社会科学图书学术影响力报告》产生较大影响,该报告基于南京大学2000年至2007年的CSSCI引文数据库,除了公布各学科图书影响力分析报告,还提供出版社总被引排名前10位的首张榜单。苏成等[④]借鉴期刊评价研究的成功经验,提出了出版社出版图书量、总被引频次、影响因子和被引半衰期等文献计量指标用以评价出版社学术影响力,分析了各指标的特点和内涵,并利用万方引文数据进行实证分析。任全娥[⑤]提出了用于出版社学术影响力分析的三类文献计量指标:学术性指标、专业性指标和辐射性指标。

三 成果自身指标

在文献计量评价指标体系中,基础研究成果的自身表现指标一般是指文献的被引用指标、转载指标、下载指标、网络传播指标,主要

[①] 朱茗、杨秦:《对教育学最有学术影响的百家出版社分析:基于CSSCI(2000—2007年度)数据》,《出版科学》2010年第3期。

[②] 陈士琴、丁翼:《对法学最有学术影响的百家出版社分析:基于CSSCI(2000—2007年度)数据》,《出版科学》2010年第3期。

[③] 苏新宁主编:《中国人文社会科学图书学术影响力报告》,中国社会科学出版社2011年版。

[④] 苏成、李旭林、袁军鹏等:《出版社学术影响力评价研究——基于文献计量学指标的实证研究》,《情报杂志》2015年第2期。

[⑤] 任全娥:《用于出版社学术影响力分析的三类文献计量指标探讨》,《大学图书馆学报》2016年第5期。

反映成果公开发表或出版之后，以文献传播形式呈现的成果自身被使用情况。

（一）引用指标

在成功测评自然科学领域的科学成果之后，文献计量学的引文分析指标被扩展到测评人文社会科学成果。但是，当采用被引用指标来评价人文社科成果的学术影响力时，需要注意区分其产生影响的不同角度范围，做到指标设计的精细化。从学科角度来看成果学术影响力，应包括在本学科领域中的影响力（被引次数）、在人文社会科学中的影响力（被引次数），以及在整个学科领域（包括自然科学）中的影响力（被引次数）。从受影响的文献载体来看成果影响力，应包括在所有文献类型中的影响力（被引次数）、在期刊论文中的影响力（被引次数）及在图书文献中的影响力（被引次数）。从引用（也是一种认可）该论文的作者权威性来看，包括被高威望论文作者引用及被一般论文作者引用，类似于网页链接的Pagerank算法，需要区分高质量引用与低质量引用的不同权重。同时，要想对不同学科间的论文进行比较，必须消除被引情况的学科差异，包括不同学科期刊影响因子差异和不同学科论文被引次数差异。同时，被引次数本身就有时效性特点，需要对不同学科论文的引文峰值与半衰期进行统计，选择合适的评价时段。总之，针对人文社会科学成果的文献计量评价需要更加关注这一学科群的学科特点。

1. 引文分析视域中的人文社科学科特点

大量研究表明，为测评自然科学成果而发展起来的文献计量学方法，如果不经过改进不宜在大多数人文社会科学中应用。这是因为，人文社会科学研究及其成果具有自身的学科特点。

第一，期刊论文少而图书多。自然科学与人文社会科学在成果发表模式上表现出不同的偏好。传统上，在很多人文社会科学领域，研究者往往通过编辑丛书和出版专著在成果产出和学术影响方面显示其科研业绩。而且，很多机构和学者的成果被引影响来自于图书出版物。

第二，理论发展步伐缓慢。与自然科学相比，大部分人文社会科学具有理论发展缓慢的特点。理论发展的缓慢步伐可以由出版物不同的引文特征反映出来，比如较大的期刊半衰期或较高的旧文献引用率。人文社会科学的参考文献中往往包含比自然科学领域老 5 年、10 年甚至 15 年的出版物。"普赖斯指数"常常用于计算年限不超过 5 年的文献的引文数量与引文总量的比值。在物理与生物化学领域，普赖斯指数范围在 60%—70%，而在社会科学领域则为 40%—50%。[①] 此外，自然科学与人文社会科学在核心知识的积累程度与形成模式上差别很大。比如在本科教材中，自然科学教材中多是成熟的定论，而社会科学教材中大部分是最近的新文献。在物理学和化学中，本科教材中重要的理论和范例都有共识，而在社会科学教材中存在很少的共识，并且当前各种热门话题都会被探讨。同时，物理学和化学的现行教材和那些 20 年之前的教材在内容范围上基本是一样的，而社会科学现行教材只引用了一小部分 20 年之前的内容，很显然社会科学既定知识的核心很小，研究前沿相对很大。

第三，习惯于"单兵作战"式研究。在大部分人文学科和一部分社会科学领域，学者们习惯于"单兵作战"式研究。相比于自然科学和工程科学领域的合作攻关，人文社科领域的学者主要是通过自己的深入思考与系统研究，出版大量的专著或者发表大量的独著文章。但是，在文献计量学测评结果中，"团队导向"的科学家往往比"单个学者"产生更多的研究成果。

第四，大量出版物面对非学术的公共领域。自然科学家主要面向本学科领域的其他科学家，人文学者和社会科学家同时还要照顾到政府机构和一般公众。一个较为明显的现象就是有很高比例的社会科学研究直接（或间接）与政策相关，发挥智库决策咨询作用。在一些人文社会科学领域，研究人员大部分的出版物面向非学术公共领域。

第五，更加突出的国家和区域定位。许多自然科学家是面向国际公众的科学家，基础研究具有国际研究前沿水平。相反，人文社会科

---

① 邱均平：《信息计量学》，武汉大学出版社 2007 年版。

学领域的相当一部分产出主要是面向国家或者区域的主题及当地公共领域，它们通常出现在区域或本国的期刊、专著或者报告中。尽管在某些人文社会科学研究中存在国际研究前沿，但仍具有相对较强的地区或国家倾向，比如法律、语言学、文学、社会学、公共管理和政治学。在非英语国家，面向区域和国家的文章通常用本国语言出版而不是用英语，并且经常用本国或本地区的媒体传播。

2. 文献计量指标的局限及改进

文献计量指标只是在文献层面的信息汇总级别提供了一个对整体研究成果的有限认知。但即使在宏观层面文献计量指标也存在固有的局限性，一个总体表现较好的评分可能仅仅依靠一些非常优秀的研究单位或者个人，而一个相对较低的国家表现评分可能掩盖了个别高质量的个体研究。因此，为了识别出高产作者或高被引研究成果，超越宏观层面的更为细化的微观测评是很有必要的，比如单篇成果质量测评、个人科研业绩测评、学科发展评价与预测等。

一般来说，用于人文社会科学成果测评的文献计量指标，可以借鉴自然科学的思路与做法。但是，文献计量指标的固有局限性在人文社会科学领域表现更为明显。因此，根据上述引文分析视域中的人文社科研究特点，在指标设计时应考虑更多的个性化因素并细化改进方法。

第一，针对不同的理论发展步伐，需要合理测定各学科的中长期评价"时间窗口"。在大部分人文社会科学领域，期刊论文被引用往往在出版后的第三年或者第四年增长最快。然而，在个别的学科领域，设置较长的"中期"引文窗口也许是必要的，具体时间长度需要因学科与文献类型不同而异，通过数据统计合理测定出来。在自然科学和人文社会科学中，一个五年的引文时窗往往是做有意义的统计分析的最低要求，但是人们往往需要通过测评较长的引用时间窗口，来弥补在人文社会科学中较少的引用数量。

第二，针对期刊论文少而图书多的特点，需要获得人文社会科学引文的文献类型覆盖率数据。如果所要统计分析的文献类型覆盖率较低，就需要考虑其他弥补方法，比如基于期刊论文的引用分析需要设置加权的成果产出指标。这里有一个基本问题，即一篇顶级期刊论文的贡献与一部学术著作图书的贡献，在审阅与评估成果价值产出时如何被赋予不同的权重。

第三，针对非学术公共领域的成果产出，可以分类计算成果分值。一般而言，人文社会科学研究主要面向三类领域产出研究成果：一是在某些国际通用的社会科学领域，成果出版物主要面向处于国际研究前沿的其他科学家和学者；二是专注于区域或者国家利益的研究领域，往往使用区域或本国的语言及其出版载体发表成果；三是面对应用政策及非学术公共领域，研究成果直接进入政府决策文件。这三者中，前两者可以应用在自然科学中使用的文献计量学方法进行评价，但是仍然需要一些扩展与改进，而非学术的公共领域成果则需结合其他指标与方法尤其是替代计量指标进行测评，并分类别计算成果分值。

3. 论文被引中的"睡美人"现象与唤醒机制

引用指标的使用，有一个重要的问题近期引起较多学者的关注，就是在人们的文献识别与引用行为中存在时间上的"迟滞性"问题。一般来说，学术论文年度被引用次数在开始几年会比较多，然后逐年下降。过去的研究显示，一篇论文的热度或质量可以根据发表后5年内被引用的次数为标准。但是，有一些论文发表后许多年一直很少甚至没有人引用，很多年后一旦其重要性被其他学者发现，其引用次数则迅速增加，这类论文被称为"睡美人"论文。[①]

"睡美人"论文的产生多是因为生不逢时，或文献发表时，作者的名声不够，或所发表的是一项早熟的科学发现等，使得所发表的文章没能得到科学共同体的公共认可。对此，文献计量学家目前正在开展进一步研究，寻找导致"睡美人"论文出现的影响因素，如果有学者发表了多篇"睡美人"论文，则说明这种论文有规律可循，他们希望寻找到唤醒这些睡美人的"王子"——外在因素。[②]

实际上，在人文社会科学领域，高水平文章的被关注与被引用，

[①] J. Van Raan, "Sleeping Beauties in Science", *Scientometrics*, 2004, 59 (3): 467 – 472.

[②] 姚建华、赵庆华、吴丽萍：《图书情报论文的睡美人现象考察》，《大学图书馆学报》2014年第3期。

也跟当时的社会需求、政治环境及学术生态有关系,甚至越是创新性强的文章越少被引用,大部分学者更乐于引用可读性强的综述文章或介绍性文章。

(二) 转载指标

目前,优秀人文社会科学论文往往会被文摘刊物或期刊的文摘栏目全文转载而形成二次传播。这些刊物承载着大量的有影响的学术信息,为研究人员提供了一个文献精选、精读的学术交流平台,是人们集中了解学术社会热点问题、科学发展动态的一个重要窗口。

这些报刊转摘论文或论文观点的过程,实质上就是一个对论文进行优选的过程,被转载的论文,应该说都具有较高的学术质量与阅读价值。文摘期刊会根据自己的办刊风格和学科特点,按照一定的筛选原则与评价标准,由专家和编者共同圈定一个来源文献范围,那些创新性与可读性都较强的优秀论文以及综述性文章,则可能成为文摘编者比较青睐的筛选对象,由此也就赋予了文摘期刊一定的学术评价功能。此外,由于文摘期刊具有即时评选论文的优点,可以在相对较短的时间内遴选与推荐学界的最新研究成果,而不必像文献被引或社会效益那样具有延时性,因此可以即时展现研究成果的新颖性、权威性与集中性。由于这些功能与优势,论文的被转载情况逐渐成为期刊评价和成果评价的一个重要指标,揭示研究成果在一定范围内的学术传播和受社会重视的程度。这也是我国特有的一个成果评价指标,在一定意义上,这一指标有些类似于被大型数据库收录,以及被专业或权威网站全文转载。目前,很多研究单位与管理部门把论文能否被权威性文摘期刊转载作为科研管理与评价的重要参考,把被有影响的学术文摘期刊转载论文比率的高低,看成科研机构或学术期刊的学术水平测评指标。

目前,我国利用转载指标进行学术水平测评或学术成果认证的机构或项目有:中国人民大学书报资料中心是较早从事人文社会科学资料搜集、整理、编辑、发布的各学科信息资料提供机构,其出版的全文转载学术论文的系列刊《复印报刊资料》在学界享有盛誉,2008年成立的人文社会科学成果评价研究中心将论文评价、精选与编辑发布结合起来,更加强化了成果评价职能;北京大学研发的《中文核心期刊要目总览》,在核心期刊的评价指标中增加了"转载率"指标;中国社会科学院研发的《中国人文社会科学核心期刊要览》及《中国人文社会科学期刊评价报告(2018年)》均将"转载率"或"论文转载量"作为遴选核心期刊的主旨指标(即被《新华文摘》《中国社会科学文摘》《高等学校文科学术文摘》、中国人民大学复印报刊资料以及主流学术期刊文摘栏目转载的论文比率或论文量)。此外,武汉大学中国科学评价研究中心、中南财经政法大学图书馆等机构也提供"论文转载率"测度指标。

(三) 下载指标

探索基于网络的成果使用评价指标,实际上是从多角度进行成果使用价值判断的进一步拓展与深化。网络环境下学术成果的使用价值,可以是被"全文下载"也可以是被"网络浏览"。这些被"使用"指标,涉及学术交流与科学信息处理过程中的不同阶段,也反映出使用程度的不同。

一般来说,文献的被使用是具有先后顺序的,即被"下载"先于被"引用"。初始阶段是浏览,如果对研究主题感兴趣,接下来就是把全文下载下来仔细研读,其中资料、观点或方法对自己所研究的内容有用就可以吸收借鉴,引用到文中作为研究线索或论据。因此,被浏览的论文不一定被全文下载,而被下载的论文不一定会被引用。被引用作为一种实质性的使用,是在作者仔细筛选、研读、吸收消化之后,具有延时性,同时也是周期较长的永恒指标。指标数据曲线显示,下载指标的即时性较明显,一般在很快上升之后又快速下降,持续时间很短暂;被引指标则表现出很明显的时滞性,上升很缓慢,且上升之后波浪式起伏持续时间较长。

有学者[①]研究了论文下载与论文被引之间的差异性,认为论文下

---

① 郭强:《下载次数与被引次数的同一与差异性研究》,《图书馆理论与实践》2011年第6期。

载与论文被引相比,也存在类似的增长、老化、集散等定律,但论文在期刊中的下载与被引分布情况还是有些差异的。对于核心期刊,其下载次数与被引次数往往具有较高的一致性,而这种一致性在非核心期刊中会有一定的弱化,被引次数偏低的期刊仍然可以具有较多的下载量。在数字网络环境下,文献获取的便捷性以及文献间关系的易知性使得被引次数偏低的期刊能够获得更多的关注。过去,作者在文献调研过程中对相关文献往往会通过基础文献的参考文献来进行回溯追踪,这可能导致部分被引次数偏低的文献处于检索的盲区,而网络环境下信息检索模式的转变及多样化使得对这部分资源的下载使用更为充分,从而对于被引次数偏低的期刊,其下载次数与被引次数之间的不一致性能够得以体现。这也表现为下载次数在期刊中的分布会更为分散,而不仅是高度集中于被引次数较高的期刊中。

关于下载指标与被引指标之间的关系,国内外学者做了大量的实证研究。国外学者贾迈利(H. R. Jamali)[1]等通过对 Scopus 数据库中六种图书馆学期刊上发表于 2007 年的 2172 篇学术论文进行统计分析,发现论文下载量和被引频次呈正相关关系。作者还将学术论文标题分为陈述型标题、描述型/中立型标题和疑问/问题型标题三种,并得到研究结果:疑问/问题型标题的学术论文比其他两种标题类型的学术论文下载量多但是引用少;长标题学术论文比短标题学术论文下载量略少;带有冒号的长标题学术论文获得较少的下载量和被引频次;论文标题的特征对论文下载量的影响强于对被引频次的影响。国内学者张小强[2]通过研究分析采集到的 1067 种中国科学引文数据库(Chinese Science Citation Database,CSCD)收录期刊和 334 种中国人文社会科学引文数据库(Chinese Humanities and Social Science Citation Databas,CHSSCD)收录期刊发现:期刊的被引频次、下载量等主要统计指标并非正态分布,不能用简单线性相关系数方法来检验它们之

---

[1] H. R. Jamali, M. Nikzad, "Article Title Type and Its Relation with the Number of Downloads and Citations", *Scientometrics*, 2011, 88 (2): 653 – 661.

[2] 张小强:《期刊下载频次与被引频次及影响因子相关性——以中国知网 CSCD 与 CHSSCD 刊物为样本的计量分析》,《情报理论与实践》2011 年第 8 期。

间的相关性；下载量与影响因子也呈正相关，但其相关性要低于下载量与被引频次；利用刊物总下载量除以刊物的总载文量产生一个新变量后，这一新的指标与刊物影响因子具有统计学上的高度相似性；在下载量、被引频次和影响因子的相关性方面，自然科学期刊与社会科学期刊之间的区别并不显著。

科研成果与学术文献的被使用，是一个复杂的综合行为过程，因此探索各种文献信息使用特点与规律，用以评价论文成果的学术影响与传播程度，目前仍有较多的具体情况需要深入研究。在研究数据的支撑基础方面，中国知网（CNKI）提供大规模的期刊论文下载次数，近期国家哲学社会科学期刊数据库（NSSD）也定期提供期刊下载排名。但由于期刊论文的下载情况取决于期刊是否被数据库收录，下载数据统计结果受数据库提供方的影响比较大，这是一个值得注意的问题。

（四）网络传播指标

在网络化环境与大数据时代，网络信息与科学数据已经成为事实上的学术资源。人文社会科学研究成果在网上的显示度、影响力、知名度，越来越显示出成果传播效果与社会影响的综合实力。学术成果的网络传播形式与途径，一般包括如下几种：已经在正式期刊或报纸发表，之后又被官方或权威学术网站全文转载；发表在"开放获取"（Open Access, OA）期刊上，期刊提供免费的网络获取链接；被科研单位放在了"机构知识库"，从而被搜索引擎检索到；由于议题具有时代特点，观点新颖，作者因此而受邀就论文内容做学术报告，报告内容被网络新闻报道；由于研究内容具有现实意义或是社会热点问题，作者接受了报纸记者或网络记者的采访，采访稿在网络广泛传播，等等。但是，无论是通过哪种途径提高了论文的网络显示度，都可以成为论文综合影响与传播效益的重要评价指标。网络环境下将网络影响力作为评价指标，也是引导学术成果大范围传播与知识转化的积极举措。

近几年，无论学术成果的作者还是高校或科研机构，都非常重视网络品牌效应，积极参与建设开放获取机构知识库。机构知识库收录大学、科研机构等本单位员工所写的论文、报告、教学资料等，供使用者免费阅读，在学术出版物日益涨价的今天，机构知识库能为学术传播作出特殊的贡献。由于建立了机构知识库，其论文和其他成果的被阅读、被下载和被引用的状况会获得改善，从而可以有力地助推大学或科研机构的学术影响力和网络显示度，促进科研成果尽快转化为社会知识。

在网络传播指标方面，国内外情报学界越来越关注替代计量学的研究，这一概念的兴起与科学交流的网络化密切相关，也是单篇论文评价、科研成果计量、科学计量学等众多研究在网络环境下产生的新思路。① 替代计量学强调面向学术成果的全面影响力评价指标体系，旨在改进传统片面依靠引文指标的定量科研评价体系，同时促进开放科学和在线交流的全面发展。替代计量学并非全盘否定基于引文的传统指标，它要替代的是唯引文至上的学术评价体系。

科学交流的网络化，既是提高科学交流效率的需要，也是网络时代科学家交流偏好变化的产物，是一种必然趋势。这是因为，科学家越来越多地使用计算机和网络来进行学术追踪和交流，这种交流不仅在学术圈内，而且已经成为全民的交流习惯。同时，国际上以 OA 开放获取运动引领的出版体系变革，将使机构知识库建设和网络出版趋势势不可当，随着开放学术运动的不断深化，在线科研交流将成为实现开放学术的重要手段。这就意味着替代计量指标的多维属性，能一定程度上保证其免受人为操控，从而最大限度地确立替代计量指标的可信度。长期以来，传统基于引文的学术影响力评价体系严重偏向北美和欧洲，对发展中国家不利，因为现有的国际顶尖引文数据库（如 WoS、Scopus）都倾向于欧美期刊，以及和这些地区密切关联的研究主题，发展中国家的优秀科研成果甚至要付费才能纳入这种体系，而且其所有权还要归发达国家所有。由此可见，替代计量指标能更全面地衡量学术成果的影响力，并培养为本国发展目标服务的科研文化，让长期被主流平台屏蔽的发展中国家期刊与学者的观点和研究，在国

---

① 邱均平、余厚强：《替代计量学的提出过程与进展研究》，《图书情报工作》2013 年第 57 期。

际舞台上得到更好的展示。

四　学术论文评价指标体系设计

如前文所述，人文社会科学研究成果既要有"科学"的形式，又要有"社会"的价值或"人文"的意义。实际上，这既是人文社会科学研究的概念规范，也是人文社会科学成果的评价标准。按照这一标准，优质论文的高质量首先体现在科学性层面，其次才体现在价值和意义层面，论文的科学性是其发挥社会价值与学术影响的基础和保障。学术论文的科学性，一般会通过自身信息反映出来，如选题立意新颖性、阐述论证逻辑性、参考资料准确性等。社会科学成果的价值主要表现在政策影响价值与学术交流价值，而论文类成果则更侧重于学术交流价值的发挥。基于学术交流的价值测评指标，是目前期刊论文评价中较为常用的评价指标，包括载体指标与自身表现指标。在现代网络环境与大数据背景下，知识生产与学术交流模式都发生了意想不到的变化，期刊论文的交流使用价值的表现形式也越来越复杂多样，测评指标的范围正在从传统的被引用指标扩展至多元化使用指标。

（一）论文评价指标与方法设计理念

期刊论文的科学性和价值性，对应的评价指标测评点一般有参考文献、作者及其机构、发文期刊质量、被引用、被摘转、被浏览下载等。在不同的评价主体与不同的论文形成阶段，这些评价指标要素将构成不同的指标组合。

1. 从不同评价主体看论文评价指标与方法

评价期刊论文的科学性时，期刊编辑和审稿专家是评价主体，他们关注论文成果自身的内在特征信息与预期学术价值，属于直接评价与即时评价的方法范畴；评价期刊论文的社会政策影响价值时，科研管理部门、社会大众及政府决策部门是评价主体，他们关注学术成果的国家智库价值、政策宣传效果与社会教化作用，属于间接评价与历史评价的方法范畴；评价期刊论文的学术交流价值时，大同行是评价主体，他们关注的是论文与自己研究主题的相关性、易得性与可读性，在文献交流使用过程中形成各种各样的文献计量评价信息，从而在客观上为第三方评价机构提供评价数据源，也属于间接评价与历史评价的方法范畴。如果从不同评价主体的学科归属来看，期刊编辑对学术论文的评价是从编辑学的角度展开；审稿专家是从该论文所属学科领域进行评价；政府科研管理部门则更多地从科技政策学与知识社会学的跨学科角度认识学术成果的价值；第三方评价机构主要是利用文献计量学方法、基于评价信息数据库与统计分析工具进行学术使用价值测评，或者征集汇总相应学科专家同行的定性评价信息直接评价论文的科学性与创新性。

期刊论文作为正式学术交流过程中形成的成果产出形式，从撰写、发表，到被收录、被摘转、被浏览、被下载、被引用，再到被评价、被授奖，是一个极其复杂的过程，其间涉及的评价主体、评价标准、评价指标、评价信息、评价机制等评价要素，可以真实反映出一个时代的学术生态。在论文生产与评价的过程中，不同的评价主体往往同时作为评价者与被评价者参与评价过程，在知识生产与成果传播中发挥着各自的作用，也产生着独特的评价指标与评价信息。评价主体与评价目标的多元化，是学术交流过程中的自然现象，也是科研管理与学术繁荣健康发展的客观需求。

当前，专业的学术评价机构从无到有，高调登上学术舞台，争当学术评价的主角，竞相抢占科学评价平台的制高点。[①] 这使不同评价主体之间的职责边界不再清晰如初，某些评价主体的评价意识与担当意识过度强化，甚至出现了评价功能的空泛化与唯利化，几乎淡忘了本该属于自己的学术评价职责，而跨界到了其他评价主体的职责范围。这虽然有资源整合和协同创新的积极作用，但也不可避免地会在一定程度上破坏学术自然生态，为权力寻租与利益争夺提供滋生空间。

实际上，任何一个评价主体及其对应的评价方法，其评价功能都是

[①] 朱剑：《学术研究，谁人评说——学术评价主体与评价机制的重建》，《光明日报》2010年8月17日。

有局限性的,是根据既定的评价目标而实施的评价行为,万全之策式的评价方法是不存在的。由于人文社会科学成果评价的复杂性,我们不能企图一次评价能解决所有的评价问题,而是要根据不同的评价目标与评价阶段采取相应的评价方法,设计相应的评价指标,并有针对性地合理使用评价结果。因此,评选优质学术论文的首要步骤,就要从制度上明晰不同评价主体的评价目标与评价职责,然后按照不同评价主体分别设计评价指标、分配指标权重、采集评价信息,最后通过科学的评价机制,组合相应的评价指标及其评价信息,从而实现不同评价主体的功能互补,得到相对客观的评价结果,达到预期的评价目标。

2. 处于不同知识生产与传播阶段的论文评价指标与方法

学术论文在期刊发表和广泛传播之前,我们无法获取发文期刊指数、被引次数、摘转次数、下载与浏览次数等学术交流方面的间接评价信息,既无法评价学术论文的学术价值,也无法评价其在资政育人方面的社会价值。但期刊编辑与审稿专家作为知识生产的第一道"把关人",决定着学术论文能否正式参与学术交流,能否进入文献计量分析阶段或第三方评价信息库。此时,论文的思想性、科学性与创新性,是期刊编辑与审稿专家的选稿标准,也是实质意义上的学术论文评价标准,在一定程度上承载着引领学术发展方向的评价职责。这是因为,论文研究资料、方法与结论的科学性和创新性,是论文发表之后发挥积极价值和学术影响的前提。按照人文社科成果评价指标的理论依据,"创新"始于"科学"终于"价值",同时"价值"又是"创新"的动力,"创新"在科学研究与成果产生过程中居于核心环节,"价值"是评价社会科学研究成果的终点,同时也是产生创新性科学研究成果的起点。从静态意义上,创新始于科学终于价值;从动态意义上,则创新始于价值又终于价值。

论文发表之后,便会在参与学术交流中接受更大范围的传播,从而产生各种形式的学术影响或价值。其中,论文被引用是评价论文学术价值的重要指标;下载也是文献利用的一种方式,表明该文章对读者的研究有参考价值,这种价值不一定反映在参考文献中,还可能是别的启发,如扩展文献阅读;浏览是网络环境下的另一种文献利用形式，其学术价值弱于引用和下载指标。此外，如果学术论文被权威的文摘期刊全文转摘，则意味着接受了又一次严格的专家评审，包括对论文科学性、创新性与可读性方面的审核。不过，相对于原发学术期刊，文摘期刊的选稿标准更重视学术论文的可读性、传播性与社会转化效果。

在撰写科学论文或著作的过程中，作者往往采用尾注或脚注等形式列出其"参考文献"或"引用书目"，这样就形成了科学文献之间的引证与被引证关系。引证文献是科学文献的内在组成部分，科学文献的相互引证关系是引文分析的主要依据。引文分析方法可以反映出一篇论文、一名学者、一种科学期刊在科学发展过程中的学术交流作用与知识贡献；反映出科学论文之间、科学家之间、科学期刊之间、科学专业之间的相互联系与知识转移。近年来，科学计量与评价研究领域的学者对引文分析方法做了大量的探索，力求寻找出一种与同行评议基本一致的定量化评价方法。如有学者提出一种新的"引荐分析法"，通过分析高影响力作者的施引列表来发现该作者眼中的学界同行，将高影响力作者的施引行为视作同行评价中的"投票"推荐，借鉴选举过程绘制高影响力作者关系图。[①] 在情报学界，有专家提出从学术论文的语义内容角度，根据论文自身特征及学术论文的评价本质，以学术论文生产、传播、服务等相关的多源数据作为基础，采用认知计算技术方法构建学术论文评价的认知系统，不断探索完善现有学术论文评价理论和方法的新思路。[②]

文献计量学引文分析法在成功应用于测评许多自然科学研究之后，又被逐渐扩展到测评人文社会科学的研究中。然而，由于学科的特殊性与发展规律的差异，为评价自然科学研究而发展起来的文献计量评价方法，如果不经过审慎研究与反复测试，仍不宜在大多数人文社会科学中使用。因此，本章的学术论文评价指标体系设计，将考虑

[①] 周春雷：《试析现行学术评价体系的运作机理》，《中国科技期刊研究》2012 年第 6 期。
[②] 索传军、盖双双、周志超：《认知计算：单篇学术论文评价的新视角》，《大学图书馆学报》2018 年第 1 期。

到人文社会科学研究的地域性、文献形式的多样性及成果引文的周期性等多种因素的影响。

（二）论文评价指标与方法设计思路

基于前期阶段性研究成果[①]，综合考虑学术论文的参考文献、被引频次、转载影响、发表期刊、文本内容等各种特征要素，我们分层次分步骤设计论文评价指标与评价方法。首先，根据论文参考文献考察论文本身的探索过程与研究路径，采用"引用认同"方法评价论文的科学性与规范性；其次，根据论文被引的学科特点与文献类型设计引用指标，采用"引证图像"方法评价论文的学术影响与传播价值；最后，综合考虑学术论文的参考文献、被引频次、转载影响、发表期刊、定性判断等各种因素，设计出复合层次评价指标与方法。

科学文献之间的"引证"和"被引"关系，形成了学术交流中的"无形学院"，反映了科学知识转移的自然状态，同时也为文献引证分析提供了便利条件。美国德雷塞尔大学教授怀特（Howard D. White）在其论文中把一位作者所引用过的所有作者的集合称为"引用认同"（Citation Identity）。[②] 其后，美国印第安纳大学教授克罗宁（Blaise Cronin）等在专业学术期刊《科学计量学》（*Scientometrics*）上发表论文，将共同引用一位作者的所有作者的集合称为"引证图像"（Citation Image）。[③] 从某种程度上说，引用认同和引证图像是两个相反的概念。引用认同从作者引用的角度进行分析，而引证图像则从作者被引用的角度进行描述，二者是引用与被引用的关系。引用认同是该作者通过引用他人（或者自己）的成果，来形成自己学术活动与成果的过程，反映的是他人（或者自己）之前的成果对自己现在成果的影响；

[①] 任全娥、郝若扬：《基于文献引证关系的人文社会科学论文评价》，《大学图书馆学报》2012 年第 3 期。

[②] H. D. White, "Authors as Citersover Time", *Journal of the American Society for Information Science and Technology*, 2001, 52 (2): 87 – 108.

[③] B. Cronin, D. Shaw, "Identity-creators and Image-makers: Using Citation Analysis and Thick Description to Put Authors in Their Place", *Scientometrics*, 2002, 54 (1): 31 – 49.

而引证图像描述的是他人（或者自己）如何利用自己作品的过程，反映的是该作者对其他学者（或者自己）所产生的影响。尽管这是两个不同的概念，但都隐含着一位作者的学术活动或研究领域的社会关系。通过了解分析这些学术社会网络关系，可以对作者的引用和被引用都进行研究，这样才能更全面地用文献计量方法评价该作者及其成果。

1. 引用认同评价方法设想

人文社会科学研究不便像自然科学那样通过重复实验来检验研究成果的科学性，但可以从作者在研究过程中对已有文献知识的阅读与吸收程度，来考察其研究路径的严谨性与思想脉络的新颖性。这些研究路径与思想脉络一般会从研究成果的参考文献（这里是广义的参考文献，包括文中脚注）中反映出来。由于同行专家对相关领域的最新研究前沿及有影响的论著较为熟悉，参考文献对该领域重要文献的覆盖情况及吸收程度基本上可以作为专家主观评判的参考依据。

武夷山早在2009年就介绍引进了"引用认同"这一文献计量概念。[①] 假设学术交流与知识传播的全部流程是一个闭环结构，那么在这个闭环结构里，引用认同是作者引用的文献集合，它反映了作者的研究路径；而这又可以为专家和编辑提供评价论文内容创新的依据；经过审核的优秀论文可以作为经典论文进入数据库，以供作者写作时进行阅读、吸收与参考引用；其参考文献又会形成新一轮的引用认同文献与作者集合。如此循环往复，周而复始，不断促进学术交流与新成果的产生，也不断丰富引用认同与经典论文数据库。论文作者的引用认同，体现了作者对研究领域信息源的熟悉程度、对文献甄选阅读与知识吸收能力，基本描绘出作者的研究路径，可以从一个侧面反映出成果的文献覆盖程度与知识含量。一般情况下，如果引用认同的是高质量论著或杰出作者，说明其研究是站在高起点上进行的；如果引用认同的大多是陈旧过时的劣质论著，说明作者的研究视野狭窄。图5-1展示了引用认同学术交流循环图。

---

① 武夷山：《引用认同——一个值得注意的概念》，科学网博客，http://blog.sciencenet.cn/blog-1557-255861.html（访问日期：2018年10月）。

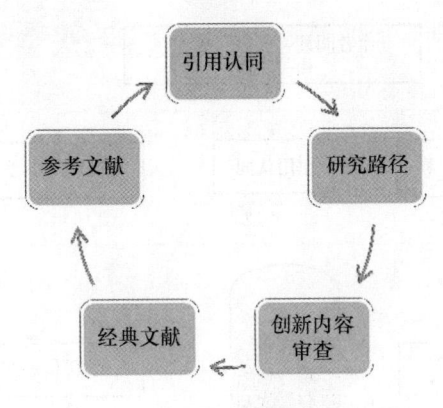

图 5-1　引用认同学术交流循环图

在传统的知识生产过程中，作者根据自己平时的阅读积累与生活阅历，厘清知识流变，阐述自己的观点，不断丰富人类的知识宝库，成为后人反复诵读、参阅的学术经典。随着学科建制的形成及科研工作的职业化，大量的科研人员与论著不断产生。面对海量的文献信息，作者需要从中甄别出可供参阅的有用文献，编辑需要审核来稿参考文献的真实性，评审专家需要评价论著的创新性。此时，由基本参考文献与学科领域核心作者共同组成的知识点地图（数据库）就成为一个很有用的参考工具。图 5-2 则是引用认同在知识生产中的作用流程图，其中涉及作者、编辑、专家、论文、参考文献、知识点地图等多种要素。

在图 5-2 中，知识点地图（数据库）是通过大量作者的引用认同而形成的文献与作者集合，并在此基础上经过专家评审而筛选出的知识创新点数据布局图。专家与编辑在评阅一篇论著时，需要同时借助引用认同与知识地图，来评价论著的科学性与创新性。也就是说，编辑在编发一篇论著时，需要假设作者已经参阅了基本参考文献；专家在评审一篇论著时，假设作者已经找到了知识点地图的最前沿，并以此为起点，在知识地图上贡献出新的知识点。人文社会科学的研究无法像自然科学那样重复验证，因此其科研成果的科学性检验只能借助其参考信息源来查阅成果的形成路径，以此判断论点是否言之有据。如果研究论据与信息源是真实可靠的，研究方法是科学合理的，基本上可以认为该成果是科学成果。从某种意义上，参考信息源的可

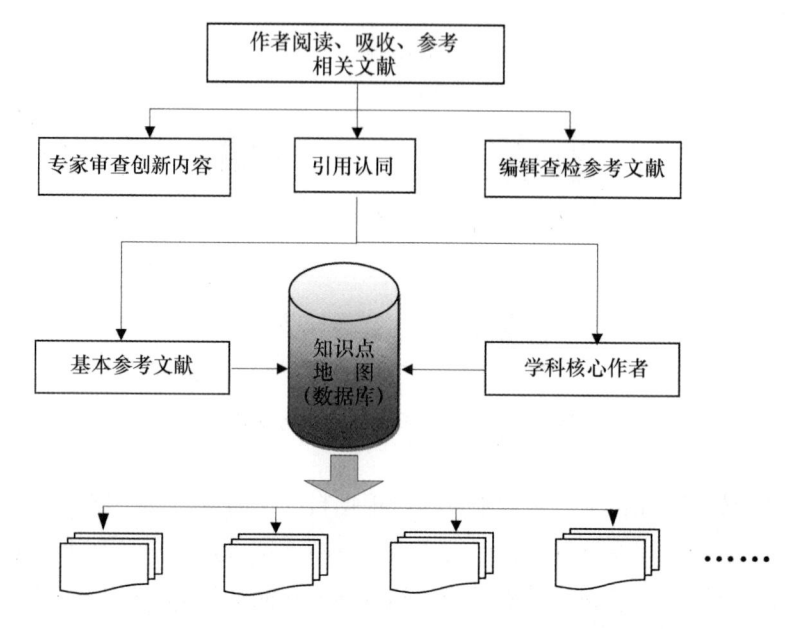

图 5-2　引用认同在知识生产中的作用流程图

靠合理程度，决定着研究成果的科学性程度。不可否认，当前存在纯粹为了提高被引次数而强制引用的乱象，那是利益驱动下的科研动机与引文行为的异化扭曲，不在此讨论范畴。

　　由于引用认同是通过参考文献反映出来，而参考文献是学术论著的必要组成部分，是与研究成果的正文内容同时产生与传播的，因此该评价方法不受评价时限及引文数据库的影响。在自发做学问的年代，可以不必借助任何信息工具，只要提供学术成果本身（包括正文和参考文献），学者个人就可以完成上述的知识生产与评价过程。同样，在学科建制已经很成熟的信息技术时代，某些人文社会科学领域仍然可以由领域专家借助知识点地图（数据库）来完成成果评价。此时，参考文献就与正文一起成为领域专家评价的客观依据。可以说，引用认同从作者研究路径的角度，为同行评议提供了最为可靠、可行、方便的参考信息，这对于引文行为较为复杂、引文周期长短不一的人文社会科学成果来说，不失为一种更为合理与可操作的评价方法。而且，引用认同比引证图像更能反映直观、全面、客观与方便的评价信息，较为适应人们通过成果本身进行即时评价（相对于引文分析的延时评价而言）的习惯。这里的引用认同评价，主要功能在于充分挖掘与发挥专家的定性判断优势，而此时的文献信息系统平台，就为专家展示出一个全景式的学术交流状态信息。随着机构知识库的建设推广与国家大数据战略的实现，以"展示和交流学术创见为中心的学术交流制度创新，将会大大促使创新性评价的网络化实现"[1]。如日本情报所搭建的"F1000 学术交流成果评价网络平台"，也是基于这一评价思路，通过网络化学术交流形成知识点地图，从而实现创新性思想和知识的产生、传播与评价。

在提供学术交流信息呈现服务方面，目前国内做得较好的是中国知网（CNKI）数据库与万方数据知识服务平台。检索系统把每一篇文献的基本信息、引文网络、参考文献、引证文献、相似文献等都放在同一检索页面展示出来，用户一看便知该文的研究背景、探索过程、学术影响，以及与其他文献、作者或机构的知识关系。在论文评价方面，CNKI 与万方数据知识服务平台为我们提供了方便快捷的数字化产品，每检索出一篇论文，系统就可以显示出该文的所有相关文献篇目列表，而且可以链接到论文全文。作为微观层面的成果评价，具体某一篇学术论文的评价信息更需要全面与精细，如此才会使评价结果相对客观。评价时，不仅要从被引文献审查论文的学术影响与价值，还要从参考文献查寻其研究路径与知识宽度。在全方位对文献信息展示方面，万方数据知识服务平台与 CNKI 以各自不同的风格为我们提供了引用认同评价方法的信息工具。万方数据知识服务平台还提供每篇论文的"添加到引用通知"功能，随时监测论文的动态被引情况，同时在线展示论文的相关检索词、相关专家、相关机构列表及知识链接，服务平台还提供了论文的非期刊参考文献的题录信息。CNKI 数据库产品中的信息加工并不局限在语法信息层面，而是开始进行深层次的基于语义信息的知识挖掘，以便作为评价信息源时辅助学科领域的专家

---

[1] 刘益东：《学术交流的制度创新：以展示和交流学术创见为中心》，《科技资讯》2009 年第 35 期。

人文社科成果评价体系理论与实证研究

通过综合分析提取相关知识点。CNKI 以知识网络的形式全面展示论文的基本信息、引文网络、参考文献、引证文献、相似文献，论文检索结果的网页截图如图 5-3 所示（检索时间：2018 年 1 月 30 日）。

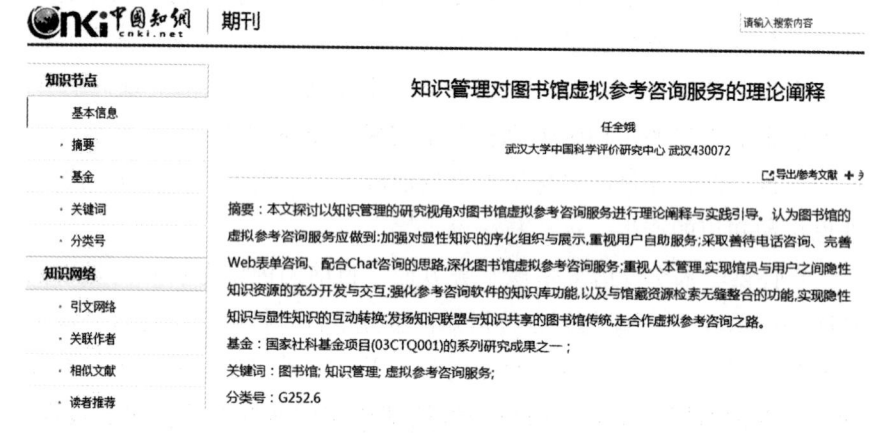

（a）论文基本信息

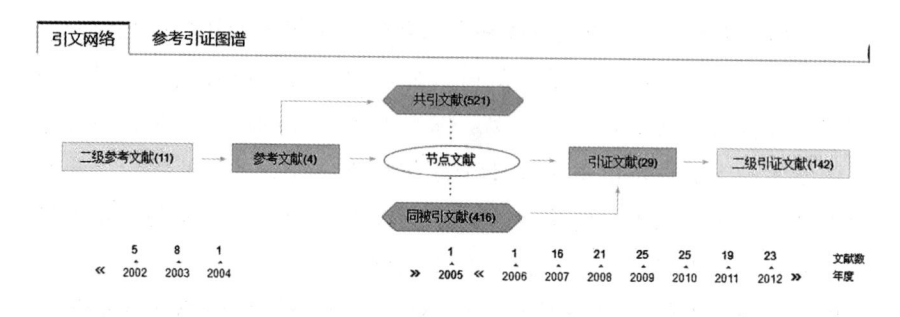

（b）引文网络

参考文献　（反映本文研究工作的背景和依据）

中国学术期刊网络出版总库　共 3 条

[1] 目前图书馆知识管理的实施类型调查分析[J]. 任全娥,张华汝. 图书馆建设. 2005(02)
[2] 浙江省高校图书馆网上参考咨询服务调查与分析[J]. 陈培钢. 浙江万里学院学报. 2003(04)
[3] 国外实时咨询软件评价[J]. 强自力. 大学图书馆学报. 2003(01)

中国图书全文数据库　共 1 条

[1] 图书馆数字参考咨询服务研究[M]. 北京图书馆出版社, 初景利著, 2004

（c）参考文献

引证文献 （引用本文的文献。本文研究工作的继续、应用、发展或评价）

中国学术期刊网络出版总库　　共 24 条

[1] 教育信息化背景下图书馆资源服务演变综述[J]. 周一萍,何华. 图书馆学研究. 2017(04)
[2] 国内图书馆知识咨询研究述评[J]. 罗园晶,茹蕾宏. 图书馆理论与实践. 2016(01)
[3] 合作数字参考咨询知识管理的实施研究——以上海图书馆的网上联合知识导航站为例[J]. 郭春侠,储节旺. 山东图书馆学刊. 2013(02)
[4] 浅论基于知识管理的图书馆绩效评价[J]. 张凤岗,华童. 2013 (03)
[5] 图书馆参考咨询服务中的知识管理[J]. 热孜亚·玉赛音. 西域图书馆论坛. 2012(04)
[6] 图书馆知识管理和知识服务的内在联系探究[J]. 郭剑玲. 市场论坛. 2012(03)
[7] 浅论高校图书馆数字参考咨询服务的现状和发展——以浙江大学宁波理工学院图书馆为例[J]. 朱英. 浙江高校图书情报工作. 2011(01)
[8] 论基于知识管理的数字参考咨询[J]. 王芳. 河南科技学院学报. 2010(03)
[9] 数字图书馆参考咨询服务创新[J]. 钟梦姣. 新闻爱好者. 2009(20)
[10] 基于知识管理的高校图书馆参考咨询服务[J]. 高喆琴. 沧州师范专科学校学报. 2008(03)

共3页　　1　2　3　下一页　末页

中国优秀硕士学位论文全文数据库　　共 5 条

[1] 图书馆虚拟参考咨询服务创新研究[D]. 朱晓雯.南昌大学 2011
[2] N大学图书馆数字参考咨询应用研究[D]. 赖良君.华东师范大学 2009
[3] 基于图书馆知识管理的虚拟参考咨询研究[D]. 董志雄.华中师范大学 2008
[4] 基于知识管理的参考咨询服务模式及运行机制研究[D]. 杨力.四川大学 2007
[5] 基于知识管理的图书馆绩效评价研究[D]. 邓湘琳.湖南大学 2006

（d）引证文献

相似文献 （与本文内容上较为接近的文献）

[1] 知识管理与图书馆虚拟参考咨询服务[J]. 刘畅. 江西图书馆学刊. 2007(04)
[2] 知识管理在虚拟参考咨询工作流程应用分析[J]. 梁萍. 现代情报. 2007(08)
[3] 国内合作数字参考咨询服务的调研与分析[J]. 王希. 温州大学学报(社会科学版). 2007(03)
[4] "联合虚拟咨询系统知识库研究"专题序[J]. 许鑫. 现代图书情报技术. 2012(09)
[5] 关于联合虚拟参考咨询建设的探讨[J]. 何继红. 现代情报. 2010(02)
[6] 上海图书馆联合虚拟参考咨询知识库答案格式规范的研究[J]. 仝召娟,许鑫,陈超. 现代图书情报技术. 2012(09)
[7] 联合虚拟参考咨询系统知识库的发展现状与趋势[J]. 洪韵信,许鑫. 现代图书情报技术. 2012(09)
[8] CALIS网上虚拟参考咨询系统在中国矿业大学的实现[J]. 都平平,袁妲红,王芳. 科技情报开发与经济. 2008(08)
[9] 虚拟参考咨询服务与知识管理实施研究[J]. 秦金聚,袁万坤. 图书馆学研究. 2006(11)
[10] 高校图书馆虚拟参考咨询系统的功能应用及服务改进[J]. 付先亮. 当代畜禽养殖业. 2017(06)

（e）相似文献

图 5-3　CNKI 网页截图

　　国外的 WoS 引文数据库在信息展示全面性与知识挖掘深度方面，也很有特色。该引文数据库的来源文献也是以期刊论文为主，但是在每一篇检出论文的参考文献中都可以展现出所有类型的文献，而不仅仅是期刊论文类型的文献。与中国知网 CNKI 类似，WoS 引文数据库在施引文献列表中也没有显示出被检索期刊论文之外的其他文献的被引情况，只在检索页面上注明被引频次。此外，WoS 引文数据库还通过"引证关系图"与"绩效趋势"等技术实现了深层次的知识挖掘，为同行评议提供了更为深入系统的信息集成平台。WoS 检索结果网页截图如图 5-4 所示（检索时间：2018 年 2 月 6 日）。

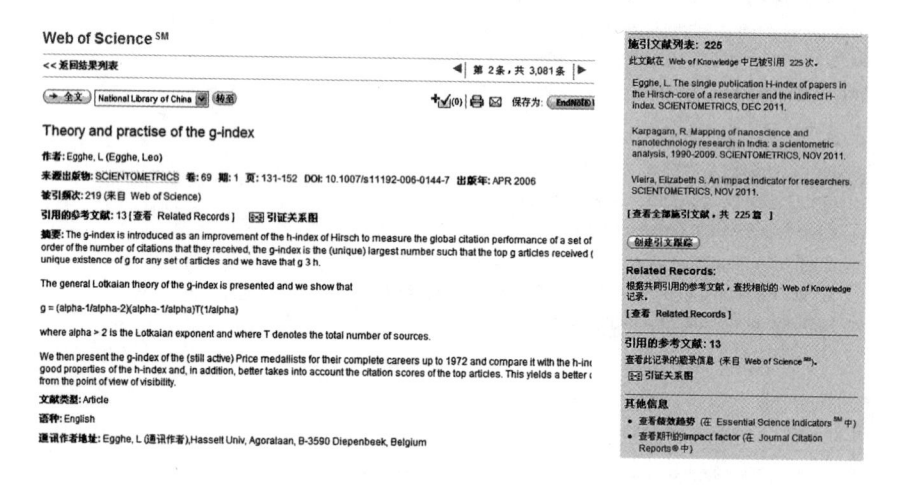

图 5-4 科睿唯安 WoS 网页截图

总体而言，随着情报学研究的深入与信息管理技术的进步，引文数据库的结构与功能逐步趋于完善。但是，目前国内外只有从被引角度开发的引文数据库，而没有从施引角度开发的引文数据库；只有基于"引证图像"的学术评价，而没有基于"引用认同"的学术评价，所以显得很不对称。文献引用本来就是由施引和被引共同构成的引用网络，不能仅局限在从被引文献来统计被引次数，因为每次被引用不是完全等价的，比如被学术大家"引用认同"的论文价值一般高于普通被引论文。所以，从施引角度开发的引文数据库，需要对来源文献制定门槛标准，对来源作者进行科学遴选，并针对这些来源作者参考引用过的文献开发索引数据库，从而使"引用认同"在学术评价中发挥特殊的作用。

2. 引证图像评价方法构想

引证图像方法主要从论文被引用的角度评价对其他作者产生的学术影响。论文被引用次数是国际通用的文献计量评价指标，它对引文数据库的依赖极其明显。目前，在国内外均已经形成了引文分析经典理论及成熟运作的引文数据库，国外引文数据库如科睿唯安的 WoS 与爱思唯尔的 Scopus 等，国内引文数据库如中国知网 CNKI 的中国引文数据库、中国社会科学院的中国人文社会科学引文数据库（CHSSCD）与南京大学的中文社会科学引文索引（CSSCI）等。

从论文被引用的角度，本研究设计出核心论文、高被引论文与经典论文的评价方法。所谓核心论文，是指进入某一学科核心区的论文，即被这一学科的来源文献引用次数较多的论文。所谓高被引论文，是指被所有学科（包括自然科学与社会科学）的来源文献引用次数较多的论文。所谓经典论文，是指既为某一学科的核心论文，同时又在其他所有学科中成为高被引论文的高贡献率论文，它不但在本学科具有很强的影响力，而且还在其他学科中产生广泛的影响。

论文被引证是文献计量学研究的主要内容，也是评价学术影响的国际通用指标，该指标反映了研究成果对其他作者产生的影响及发挥的学术价值。但是，由于论文被引是一个延时性间接评价指标，评价时段的选取是否科学，被引数据的获取是否全面，都会影响到评价结果的客观性。因此，无论是国际上的三大引文数据库 SCI、SSCI、A&HCI，还是国内的中文引文数据库，由检索功能衍生出的评价功能，在学界一直是褒贬不一，对其产生的一些负面社会影响也是非议颇多（主要在人文社会科学领域）。其实，责任并非全在引文数据库，应该是使用者过分夸大了数据库的评价功能，没有客观认识到被引指标的局限性。要想充分发挥引文数据库的评价功能，就要遵循文献计量学原理及学术交流规律，在全面熟悉数据库的收录范围与数据结构的前提下，设计科学合理的指标体系，并将评价结果的使用限制在有限范围内。由此可见，成果的被引评价是一种受限于引文数据库的有限评价，明确这一点对评价者与被评价者都很必要，否则很容易出现事与愿违的评价结果。

如前文所述，通过文献引证关系评价人文社会科学论文时，需要充分考虑人文社会科学的学科特殊性及引文数据库中存在的障碍性因素，包括数据库收录范围、评价时间窗口的选择、出版物形式的多样性等。在引证图像评价方法设计中，需要针对这些问题逐项排除与解决。

首先是数据库收录范围问题。人文社会科学研究需要解决本国的实际问题，如果盲目选用国外引文数据库来评价中国的人文社会科学研究，必然会引起我国学术"被西化"的误导。因此，应该大力加强中国人文社会科学引文数据库建设，结合自建的数据库来统计分析本土学术论文。

其次是评价时间窗口的选择问题。文献计量学理论告诉我们，被引与施引之间存在一种平衡的引文网络图，在网络图中存在一个发表论文与引证论文的"研究峰值"；在科学交流与文献引文中还存在"睡美人"现象，即优秀论文发表多年之后仍无法在引文方面获得学界的承认。因此，在设计人文社科成果评价体系时，一方面需要根据论文的被引峰值合理设置评价时段，另一方面需要实施历史评价与延时评价。由于人文社会科学中各学科文献的被引周期差异很大，如果简单借鉴自然科学的做法，"一刀切"地将评价时间窗口定为 2 年、3 年或者 5 年（如目前国际通用的 3 年影响因子、5 年影响因子统计时间），明显不符合人文社会科学的学科特点与发展周期，评价结果对某些学科（如历史学）必然会有失公允，从而影响到引文分析法对人文社会科学评价的有效性。为此，需要采用引文数据库统计出各学科的平均引文半衰期，为确定各学科领域的评价时段提供参考，如表 5-1 所示。

表 5-1　　　　　　　　　各学科引文的平均半衰期

学科	半衰期（年）	学科	半衰期（年）
考古学	15.5	体育学	4
历史学	12.6	社会学	3.7
文学	10.1	人口学	3.6

续表

学科	半衰期（年）	学科	半衰期（年）
艺术学	9.1	法学	3.5
宗教学	8.6	政治学	3.4
民族学	7.7	统计学	3.3
人文地理	6.4	管理学	3.1
语言学	5.4	教育学	3
马克思主义学科	4.7	新闻学与传播学	2.8
心理学	4.4	图书馆·情报与文献学	2.8
哲学	4.2	经济学	2.8

从表5-1可以看出，考古学、历史学、文学的引文半衰期均在10年以上。考虑到评价的功能之一是引导与激励，而激励既要适度又要适时才能达到预期效果。所谓适时激励，就是管理者在适当的时机使用能为对象所感知从而引导其朝着某个特定方向或为完成某个目标而采取行动的驱动力和紧张状态。适时激励需要选择适当的时机，过早的激励会使员工感到激励的获得并不需要付出多么艰苦的努力，因而容易使员工产生"激励轻视症"和"激励麻痹症"；迟到的激励则会因为员工不能及时感知激励的存在，难以满足其预期的目标要求，从而产生防卫性行为和抵触情绪，从而给工作造成损失。虽然迟到的激励并不代表不激励，但其间由于员工防卫性行为和抵触情绪造成的损失已成为既往事实而无法挽回，其结果有时甚至比不激励行为更糟糕。[①] 因此，对于部分引文周期较长的学科，引文评价的延时性与激励的时效性之间需要有个平衡，二者的时间交点就是评价的最佳时间。

最后是文献出版物形式的多样性问题。为了便于说明问题，这里测算出25个学科的引文类型及其所占比例。限于篇幅，表5-2仅显示部分学科的统计结果。

---

① 罗明祥：《适时激励是企业管理的有效方法》，《科技进步与对策》2002年第7期。

表 5-2　　　　　部分学科引文类型及其所占比例　　　　　　　　（%）

马克思主义学科		心理学		管理学		人口学	
著作	72.83	期刊论文	57.35	著作	44.04	期刊论文	41.59
期刊论文	14.01	著作	32.90	期刊论文	41.64	著作	36.18
其他	7.55	其他	5.74	其他	7.56	其他	14.72
报纸	3.60	论丛	2.01	报纸	3.74	报纸	3.80
论丛	1.90	学位论文	1.23	论丛	2.31	论丛	3.18
研究报告	0.09	报纸	0.63	学位论文	0.34	研究报告	0.38
学位论文	0.01	标准	0.10	研究报告	0.24	学位论文	0.14
标准	0.00	研究报告	0.04	标准	0.12	标准	0.01
哲学		统计学		社会学		宗教学	
著作	77.72	期刊论文	45.26	著作	50.00	著作	70.45
期刊论文	13.30	著作	41.81	期刊论文	31.00	期刊论文	12.80
论丛	4.33	其他	9.74	其他	8.33	其他	9.66
其他	3.25	报纸	1.86	论丛	5.07	论丛	6.26
报纸	1.34	论丛	0.89	报纸	4.92	报纸	0.63
学位论文	0.04	研究报告	0.35	研究报告	0.37	学位论文	0.13
研究报告	0.02	学位论文	0.09	学位论文	0.30	研究报告	0.07

从表 5-2 可以看出，在马克思主义学科、哲学、宗教学等学科论文的参考文献中，著作出版物形式所占比例最高，而心理学、统计学、人口学等学科论文的参考文献中，占比例最高的是期刊论文，但也在 57.35%、45.26%、41.59% 之间分布。这一数字说明，著作是人文社会科学的主要出版物形式及参考文献类型，如果仅从期刊论文被引的角度来评价人文社会科学成果，难免以偏概全。

不同学科的成果类型比例具有很大差异，反映出人文社会科学领域的学术交流、成果产出及文献引用行为的复杂性。所以，应根据人文社会科学中各学科的学术交流与文献特点,通过时间限制、空间限制与机构限制来设计评价指标体系,实现文献计量方法的"有限评价"功能,使其与社会评价、同行评议等评价方法共同参与学术评价活动。

3. 复合层次评价方法设计

基于上文的引用认同评价和引证图像评价,综合考虑文献计量、同行评议与社会评价等各种因素,我们设计出论文评价的复合层次评价方法与评价模式,具体如图 5-5 所示。

核心论文
- 进入某一学科核心区的论文,即被这一学科的来源文献引用次数较多的论文
- 根据二八定律,学科核心区取被引次数降序排列的前20%的论文所在的区域

高被引论文
- 被所有学科(包括自然科学与社会科学)的来源文献引用次数较多的论文
- 按照国际惯例,高被引论文一般取被引次数降序排列的前1%的论文

经典论文
- 既是某一学科的核心论文,同时又在所有学科中是高被引论文
- 经典论文,不但在本学科具有很强的影响力,而且还在其他学科中产生了广泛的影响

权威论文
- 基于PageRank算法与大数据技术,对引文内容进行综合信息处理而遴选出的高被引论文
- 综合考虑了引用次数和引用质量,充分利用信息技术客观地反映论文的权威性

优秀论文
- 不仅在文献被引方面表现突出,而且发表在优质期刊上,并在全文转载或二次文献传播中影响深远
- 多指标评价,将被引指标、期刊指标与转载指标相结合,信息计量与同行评议相结合,综合考虑了论文的学术影响及其科学性、创新性与规范性

获奖论文
- 由学术委员会和评奖委员会综合考虑各种社会因素,并充分讨论之后,从优秀论文中评选出的高质量论文
- 多评价指标、多利益因素、多评价主体
- 参评论文必须是优秀论文,即通过被引指标、期刊指标与转载指标评出的论文才具有获奖资格

图 5-5 复合层次论文评价概念

图 5-5 中箭头所指的方向,是评价指标项的增加及评价因素的复杂性递增趋势,并非指向各级论文的产生流程。不同级别论文之间的关系也并非严格的递进关系,其概念内涵存在部分重叠与交叉。如

前文所述，核心论文、高被引论文、经典论文与权威论文都是从论文的被引情况评价其学术影响。这里的优秀论文在被引的基础上增加了发表期刊与转载情况，属于综合性间接指标评价，而获奖论文的评选涉及的因素最为复杂，不仅有论文质量因素，而且有利益平衡因素，评价结果在很大程度上受到评价目标与评价主体的影响。但是，优秀论文是获奖论文的参评门槛，即获奖论文必须是优秀论文，是经历过综合性指标评选出的学术论文（个别指标表现异常的优秀论文可以单独评审）。这种层层筛选的获奖论文评价方法设计，在一定程度上规避了论文评选中的过度人为干扰因素，使获奖论文在保证质量的前提下实现利益协调分配。

从论文的质量与学术水平来讲，采用各种评价方法遴选出来的高质量论文并非有严格的高下之分，它们之间是一种互相影响、紧密关联的齿轮关系（见图5-6）。如果从论文评价指标性质来看则各有侧重：核心论文、高被引论文、经典论文、权威论文侧重于用文献计量指标评出的高质量论文；优秀论文侧重于用间接综合指标（包括文献计量指标）评出的高质量论文；获奖论文则侧重于用复杂性指标评出的高质量论文，不仅涉及学术因素，还考虑到复杂的社会利益平衡因

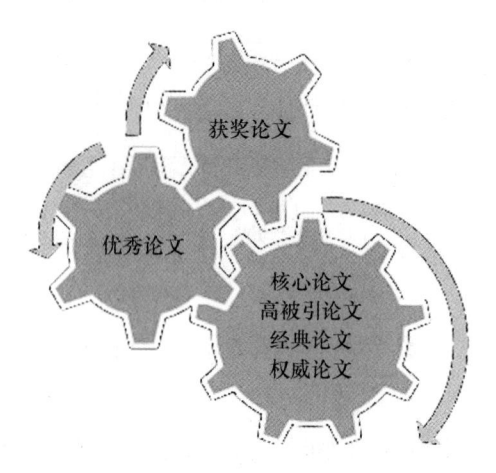

图5-6 不同论文评价之间的关系齿轮

素。总之，对于研究处理复杂社会关系与人类行为的社会科学来说，很难用线性的简单化思维方式与传统模型，需要强调人类认识的自组织性、多样性、非线性、整体性及不确定性特征。

从上文所述的引用认同、引证图像与复合层次评价方法可以看出，人文社会科学研究的复杂性与特殊性，决定了对该领域的评价与管理不宜直接借用自然科学的做法，而应细致审慎地运用文献计量指标，正确地处理与社会评价和同行评议之间的关系。首先，期刊的影响力评价不是预测每篇文章实际学术影响的评价指标，还需要设计出针对单篇论文的评价指标体系。而且，单篇社会科学论文需要增加比自然科学论文更多的限制条件，如地域分布、引文年限、文献类型等限制。其次，引文分析评价方法需要考虑引文数据库的地域及语种覆盖范围，合理使用国外引文数据库，加强中国社会科学引文数据库建设，赢得中国的评价话语权。最后，对于社会科学研究成果，基于使用的评价指标不仅限于被引用，还应有网络浏览与下载指标，以及被政策吸收、社会反响等社会价值指标，这些指标分别反映了研究成果在科学信息交流的不同阶段被使用的情况。所以，人文社科成果评价体系设计，需要将考察视域从收集作者信息拓展到收集用户信息，从引用文献拓展到阅览并采纳文献，从考察作者单位拓展到用户账户名称，从引用次数拓展到网络影响及社会受益范围。

五 学术著作评价指标体系设计

广义的学术著作泛指各种学术图书，即以图书形式出版传播的所有学术成果，包括基础研究类学术专著、论文集研究报告出版物及其他公开出版物。狭义的学术著作，专指经过严格评审与公开出版的基础研究类学术图书成果。从学术图书与学术著作的区别而言，学术图书主要从形式特征强调学术成果的载体性与文献性，这是文献计量学研究与定量评价统计时的习惯用法；学术著作则主要从内容特征强调学术成果的学术性与系统性，不包括论文集等其他公开出版物。目前，学界、出版界、管理界对学术著作与学术图书的概念理解不一致，在实际使用与统计数据中也存在歧义与混淆。《学术图书出版基本概念研究综述》①一文将学术图书、学术著作和学术专著这三个术语看成是同义词，但主张从广义上理解学术著作；我国出版管理部门和科研基金管理部门在有关文件通知中常用"学术著作"或"学术专著"，不用"学术图书"；叶继元通过对三者概念进行辨析，认为目前将学术图书作为上位概念，将学术著作、学术专著作为下位概念，用三级位数概念表述是有道理的，而将其看成同位概念、可以混用的观念是不恰当的。②在本书中，学术著作概念具有广义性，在定量评价指标设计与实证研究中是指广义的学术著作，泛指所有公开出版的学术图书。

从学术质量来讲，学术著作应是"板凳坐得十年冷"的磨砺之作，是长期关注某一研究领域，就某一问题进行深入探究、思考之后，在大量阶段性研究成果基础上厚积薄发而得来的科研成果结晶。但是，目前由于各种学术评价与绩效考核对学术著作的出版需求，学术著作的出版门槛开始降低，甚至出现了"只有写不出的书，没有出不了的书"的异常现象。③因此，目前亟待建立科学、规范、合理的学术著作出版质量评审制度，严格学术著作出版流程以提高学术著作出版质量，做好学术著作的初始评价。国内有学者提出，一项完整的学术评价活动，应该包括出版评价和成果评价这两个过程与环节，出版评价是对书稿进行价值发现与价值判断，主要是由出版社的编辑委员会来具体操作。④出版评价环节是学术评价的起点与"把关人"，也是学术成果实现社会流通与传播的重要渠道，编辑在学术评价中发挥着重要的作用与功能。⑤从评价主体分工及其评价功能来看，图书

---

① 冯智勇：《学术图书出版基本概念研究综述》，《编辑之友》2011年第10期。
② 叶继元：《学术图书、学术著作、学术专著概念辨析》，《中国图书馆学报》2016年第1期。
③ 胡政平、巨虹：《初始评价：学术评价视域的关键性拓展》，《甘肃社会科学》2015年第5期。
④ 刘永红：《学术评价不应忽视出版环节》，《光明日报》2016年1月22日。
⑤ 金一超：《学术编辑的初始评价职能》，《宁波教育学院学报》2016年第2期。

编辑审稿阶段的同行评议，是为事后定量成果评价营造可用的评价指标与学术环境，而不是成为专职的学术评价者，专职学术评价机构则通过科学设计评价指标，以事后评价结果来促进成果审稿出版阶段的把关评价，二者分别从出版初始评价与事后成果评价两个渠道来控制学术著作的出版质量。

在国外学术评价领域，同行评议在学术著作出版中的应用更为广泛。有关文献[1]考察了挪威、芬兰、丹麦和西班牙四个国家关于学术著作的同行评议实践，得出如下结论：同行评议方法在学术著作评价中发挥着不可替代的作用，但目前同行评议对于图书类学术成果评价只是一个框架性标准，在每个国家的实际评价过程中还有各自的同行评议方法，因此还需进一步研究发现那些可以定义统一标准的特征，深入研究定量分析方法在不同国家图书评价中的可能影响与具体应用，制定一套通用的标准化评价体系来配合同行评议的具体实施。

用于学术著作定量评价的标准化评价体系，一般是通过比较容易公开获取的评价指标数据，如被引用指标、被转载指标、被下载指标、被网络检索（网络影响力指标）等这些文献计量指标实施评价。但是，尽管学术著作在人文社科产出与引用中的重要性已是学界共识，国内外关于图书的施引统计与被引统计多年来仍受限于引文数据库对图书文献收录的缺失。大部分图书的被引统计仅限于被期刊论文引用，被图书引用即图书的施引统计仅在近几年才引起国内外引文数据库的重视与建设。国外的科睿唯安集团于2011年10月推出"图书引文索引"（Book Citation Index，BCI）[2]，国内的南京大学中国社会科学研究评价中心在"中文社会科学引文索引"（CSSCI）基础上，

---

[1] E. G. Toledo, G. Sivertsen & J. M. Rodríguez, "Peer Review As a Delineation Criterion in Data Sources for the Assessment and Measurement of Scholarly Book Publishing in Social Sciences and Humanities", 16th. *International Conference on Scientometrics & Informetrics Conference Proceedings*, 16–20 October, 2017.

[2] 《知识产权与科技：汤森路透在中国全面推出BOOK CITATION INDEX "图书引文索引"》, http://www.thomsonscientific.com.cn/press/press20120416/（访问日期：2016年5月30日）。

启动"中文学术图书引文索引"(Chinese Book Citation Index, CBKCI)项目,并于 2015 年 7 月召开"中文学术图书引文索引"(CBKCI)项目一期成果发布会。① 2017 年 12 月,中国人文社会科学综合评价研究院在南京大学揭牌成立,CBKCI 成果在大会现场正式发布。据报道,该图书索引数据库目前已覆盖人文、社会科学的 21 个学科,收录了学术图书近 5000 种,共摘录章节 5.2 万余条,引文 220 万余条,并对章节、引文数据进行了规范,现已全部入库。②

(一) 学术著作定量评价指标

在文献计量、数据库建设与学术评价领域,对学术著作进行定量统计与指标测评的问题讨论已久,也是目前国内外数据库商与评价机构非常重视并筹划建设的重要评价项目。这里首先介绍学术著作定量评价的实践基础,然后对学术著作与出版社进行评价指标设计。

1. 学术著作定量评价的实践基础

2017 年初,《中国学术期刊(光盘版)》电子杂志社有限公司在北京组织召开了中国图书学术影响力评价专家研讨会。会上发布了由中国科学文献计量评价研究中心研制的《中国高被引图书年报》(2016 版)。该年报以中国版本图书馆馆藏目录和 CIP 目录中新中国成立以来正式出版的图书书目数据(约 422 万种)为依据,基于 CNKI 数据库中近三年我国学术期刊论文、博硕士学位论文、会议论文中引用图书的 1450 万余条引文,分理、工、农、医、人文、社科 6 部 105 个学科,按 1949—2009 年和 2010—2014 年两个出版时间段,遴选了 7 万余本高被引图书。这 7 万余本高被引图书虽然只占出版图书总量的 1.68%,但其被引频次却占总量的 67%。数据分析表明,

---

① 南京大学中国社会科学研究评价中心:《"中文学术图书引文索引"第三次专家研讨会在我校召开》, http://cssrac.nju.edu.cn/a/xwdt/skxw/20160328/2690.html(访问日期:2016 年 5 月 30 日)。

② 《中国人文社科综合评价研究院在南京大学揭牌》,南京大学新闻网,http://news.nju.edu.cn/show_article_2_48167(访问日期:2017 年 12 月 18 日)。

高被引图书的再版率也远远高于平均水平。①

2012年，中国科学技术信息研究所开展了科技图书评价工作，针对中文学术著作设计了定量评价指标体系，构建了一个实时更新的学术著作评价、出版及推介一体化服务平台。该平台面向管理部门、出版机构、图书馆、科研人员等不同对象，通过对学术著作的评价，为管理部门提供图书出版相关决策支持信息；帮助出版机构有效识别高影响力作者；为图书馆采购重要核心图书提供决策依据；为科研人员了解学科前沿研究方向提供另一个维度的信息。2012年他们选取基础医学学科的图书进行探索性评价。限于数据的可获得性，他们主要根据图书被引用次数和图书销售网站给出的图书评分这两个指标开展图书评价，同时对获得国家科学技术学术著作出版基金资助的图书，给以加分处理。统计主要从以下途径采集基础数据：期刊引文数据采用中国科技论文与引文数据库（CSTPCD）；中国版本图书馆基础医学领域图书数据；卓越网和当当网对其销售的基础医学图书的评论信息；国家科学技术学术著作出版基金资助项目数据。主要对2005—2010年中国出版的基础医学图书4471种进行统计分析，包括专著1016种、教材2571种、科普读物703种、规范指南88种、非汉语（如少数民族语言、英文、盲文等）图书60种、词典18种和研究报告15种（这些类别均采自中国版本图书馆的数据）。最终评选出被引用、被评论较多的专著10种、教材10种（排名不分先后）。② 此外，该研究所的硕士学位论文《基于文献计量的中文科技图书影响力评价方法研究》，从图书的形式、内容、效用三个方面选取定量或可量化指标构建了中文科技图书评价体系，将书评分析、书目分析和引文分析三种方法结合，评价指标包括图书总被引频次、评分星级、评论数、销量

---

① 《中国学术期刊（光盘版）》电子杂志社、中国科学文献计量评价研究中心：《中国图书学术影响力评价专家研讨会召开暨〈中国高被引图书年报〉（2016版）发布》，http://piccache.cnki.net/index/images2009/other/2017/ZGTSXSYXLPJ/test.html（访问日期：2017年5月18日）。

② 武夷山：《2012年中国科技论文统计结果（5）：拓展工作》，中国科学网武夷山博客，http://blog.sciencenet.cn/blog-1557-640170.html（访问日期：2016年1月10日）。

排名、出版社声誉、版次、作者影响力等,并以2007—2009年基础医学领域学术图书为例进行实证分析,验证了评价体系的有效性,但受技术条件所限在作者影响力和书评内容挖掘方面仍有不足。①

北京大学图书馆继《中文核心期刊要目总览》系列评价报告之后,2005年至2009年又立项研发推出了"中文图书评价指标体系",组织发动了全国千余名学科专家参与评价研究。他们采用定量和定性相结合的方法,定量评价采用被引量、借阅量、被摘量、获奖、出版次数等指标,进行定量统计和加权平均,得到学科图书定量排序表;定性评价主要请学科专家对定量评价结果进行评审,纠正偏差,使学科图书排序表更加符合客观实际。在定量指标的权重分配中,图书被引量与借阅量指标权重最高,分别为0.62与0.30,其余四个指标权重均为0.02,表明被引量与借阅量是体现中文图书价值的最佳间接指标。

南京大学苏新宁教授主持研发的《中国人文社会科学图书学术影响力报告》2012年1月11日在京发布。据报道,该书是国内首部涉及人文社会科学各学科的图书学术影响力报告,运用文献计量学对图书的学术影响力进行评价。有专家表示,这一方法一反传统的单纯以个人学识为本、以主观判断为源的图书评价理念,创新了图书评价的方法。该报告全文150余万字,将社会科学按照哲学、政治学、宗教学等分成22个学科,将各学科图书按照文献计量学的方法计算出其学术影响力大小并进行分析和分类排序,共遴选出3140种具有学术影响力的图书。据苏新宁介绍,该报告从策划到数据处理,从撰写到最终出版,历经了近10年时间,从CSSCI的论文中抽取出数百万条被引用的图书数据,并进行纠错、归并等处理,然后根据布拉德福定律,为各学科拟定了图书遴选标准并选出高被引图书。②

---

① 杨洋:《基于文献计量的中文科技图书影响力评价方法研究》,硕士学位论文,中国科学技术信息研究所,2012年12月。
② 张凤娜:《中国首发人文社科图书学术影响力报告》,《中国社会科学报》2012年1月13日。

2012年7月9日，北京世纪读秀技术有限公司发布了《图书被引用情况报告（2012）》。被统计图书包括自1900年1月1日至2011年12月31日发行且书目数据符合分析条件的4022458种中文图书，引用图书包括自1900年1月1日至2011年12月31日发行且全文数据符合分析条件的2000858种中文图书。统计发现，被引用图书共计1098181种，占全部被考察图书的27.30%。统计方法是在参考文献的被引图书中仔细核对被引用图书的书名、作者、出版年信息，核对正确则计入统计中。主要有作者图书被引用种数和图书被引用次数两种指标，前者主要用于评价图书作者的权威性及考察年代分布与学科分布，后者主要用于评价某种具体图书的学术影响力。该报告主要内容包括：被引用图书的出版年分布、被引图书的类别分布、部分被引图书最多的作者、部分被引次数最多的图书、图书被引用情况说明。从报告说明了解到，图书被引的数据处理与统计方法具有严格的规范：第一，如果一本书在不同位置引用了另一本书，引用几次算几次，只要位置不同，就单独算作一次；第二，多本书引用一个作者的同一本书（不同版本算作不同的书），这个作者的被引图书种数只算作一种；第三，仔细核对被引用图书的书名、作者、出版年信息，核对正确则计入统计中，如果引用的书中只出现了作者姓名和某句话，没有出现图书书名，就不计入统计；第四，只要被引用图书信息出现在引用图书的正文（包括参考文献、注解、注释等）中，均算作被引用；第五，在读秀图书的详细页面，列出该书的被引用指数及部分施引图书的列表，被引用指数是该书的引用次数与总体图书被引用次数的计算结果。[①] 该报告在行业内产生了一定的影响，有文献对报告结果进行分析，尝试从图书被引角度对百年来中文学术发展规律和特点做一个初步探索，研究发现：与人类生活联系不紧密、作者知名度不高、缺乏经典理论、学术价值欠缺、权威性尚待证实的图书，被引用频次较低；与人们生活联系紧密、作者较出名、著作比较经典、经

---

① 读秀图书被引用情况，http://edu.duxiu.com/stat/publicationYear.html（访问日期：2013年10月6日）。

过多人的检验、权威性得到认可的图书被引频次相对较高。①

国外的图书定量评价，主要通过引文数据库遴选收录图书文献的形式体现出来。长期以来，美国科睿唯安集团的 WoS 引文数据库的来源文献仅限于收录期刊论文，作为人文社会科学学术交流主要载体形式的学术图书未能收录。为解决这一问题，科睿唯安公司从 2005 年开始推出图书引文索引（BCI）。截止到 2016 年，该索引数据库收录了 50000 多种图书，共 1010000 多条记录，同时每年增加 10000 种新书。BCI 囊括了自然科学、社会科学和艺术人文类学术图书，其中，社会科学与行为艺术领域收录图书比例最高，占到 35%；其次是艺术与人文领域，占到 16%。具体见表 5-3。

表 5-3　　Web of Knowledge 平台上的图书引文索引收录学科覆盖比例

（%）

主题领域	覆盖面
社会科学与行为艺术领域	35
艺术与人文领域	16
工程/计算机/技术领域	15
生命科学	11
临床医学	9
物理化学	9
农业/生物	5

注：信息来源于科睿唯安集团 WoS 引文数据库 2017 年产品宣传手册。

BCI 推出后，在初始阶段有 1350 万种新增参考文献出现在 Web of Knowledge 平台上，内容包括电子和纸质学术图书全文及其全部参考文献，它们展现了大量原创研究文献与综述文献被图书引用的情况。2018 年最新发布的期刊引证报告（JCR），包含了来自 BCI 数据库中的出版物对 JCR 期刊的引用贡献，其中社会科学领域的期刊被引

---

① 徐贵水、孙莹莹：《我国百年学术发展特点初探：基于读秀中文图书被引用报告的分析》，《情报杂志》2011 年第 11 期。

用了30.3万次。仅从数字看，来自图书的引文贡献很小，但如果扩展JCR的引文网络至图书则有更为重要的意义，可以展现图书和学术期刊作为整合资源在学术界中的作用。[①] 这些图书的收录是在严格科学的标准基础上筛选出来的，可以提供重要的文献资料及其引文信息，这在一定意义上也带有图书评价的意义。图书收录原则的基本出版标准有：自然科学版的图书必须拥有本年度及前5年的版权，而社会科学版的图书则为7年；把同行评议出版作为图书被收录的首要前提，这可以保障图书的原创性与科学性；从文献著录信息来看，入选图书必须包括所有作者的地址信息与完整的参考文献书目信息，这为引文分析提供了更为全面的数据基础。图书收录原则中对图书内容的要求有：图书必须是原创性的研究内容或文献综述，并提供完整的参考文献；对于学位论文、教科书、系列图书、传记等具体不同类型的图书，具有更为具体详细的筛选标准，重点体现在收录的学术性、原创性与严谨性。

2. 学术著作与出版社定量评价指标设计

按照本书提出的评价理论，学术著作评价指标包括出版社载体指标与学术著作自身指标两种类型。其中，科学规范的出版社评价体系是引导学术图书市场健康发展的基本要求，出版社评价结果可以作为学术著作评价的间接指标和参考依据。对于学术著作的自身指标，表现形式与数据来源都较为丰富，比如图书销售册数、图书被引频次、馆藏借阅及荐购情况、图书再版情况、网络影响、书评文章等。

基于这一思路，这里设计出学术著作定量评价指标体系如表5-4所示。表中的一级评价指标包括图书出版情况、传播情况和声誉情况，二级评价指标包括出版社学术影响力、出版经费来源、图书销售册数、图书被引频次等，各指标权重是在专家咨询与调查研究的基础上强制性赋权。

[①] 科睿唯安集团科学与学术研究部：《科睿唯安发布2018年升级版〈期刊引证报告〉凸显全球最具影响力学术期刊》，https://mp.weixin.qq.com/s/m0h5lOwWfgXi74ivoOi2（访问日期：2018年6月27日）。

表 5-4　　　　　　　　　　学术著作定量评价指标体系

序号	一级指标	二级指标		数据来源
1	出版情况（20分）	出版社学术影响力（10分）		出版社评价
2		出版经费来源（10分）	国家或学术团体资助出版	自报、出版社调查、实物审定
3			出版社免费出版	
4			自费出版	
5	传播情况（60分）	图书销售册数（10分）		出版社销售记录
6		图书被引频次（15分）	被期刊论文引用	CHSSCD引文库检索
7			被图书引用	超星数据发现系统
8		翻译成他国文字（10分）		自报与核实
9		馆藏、借阅及读者荐购情况（10分）		图书馆查询
10		再版次数（15分）		自报与核实
11	声誉情况（20分）	网络声誉（10分）		网络检索
12		书评文章（5分）		自报与核实
13		报告会或书评会（5分）		自报与核实

在表 5-4 中，尽管出版社学术影响力指标是其中的重要指标与研究对象，但被赋予权重并不高。这主要考虑到，目前我国的学术出版社市场还不够成熟与健全，在市场经济大潮的冲击与经济利益的诱惑下，很容易出现学术影响指标表现较好的出版社也出版劣质图书的现象。在这种情况下，如果过分重视图书评价的出版社指标，可能会出现比当前备受诟病的简单化"以刊评文"弊端更严重的"以社评书"乱象。

但是，由于学术评价体系的功能之一就是要发挥积极引导作用，尽管出版社目前还存在各种问题与不足，仍然需要设计科学合理的出版社评价指标体系，通过定期客观测评结果来促进出版社系统的自组织优化功能形成，从而使出版社指标成为图书评价的有效指标。鉴于此，我们从文献计量角度设计了出版社评价的学术性指标、专业性指标和辐射性指标，试图从不同侧面反映出版社的综合学术影响力、分学科影响力及跨学科影响力。

一般情况下，出版了大量高学术影响力图书并对各学科论文产生综合影响的出版社属于学术出版社，而能揭示出版社这一学术属性的指标则为学术性指标。学术性指标又包括三个二级指标：总被引频次、册均被引频次、高被引图书数。在学术出版社中，对具体某一个或几个学科产生明显影响的出版社为专业性学术出版社，反映这一影响力的指标则为专业性指标。专业性指标又包括三个二级指标：分学科被引频次、分学科册均被引频次、分学科高被引图书数。如果有些出版社的图书对多个学科都产生明显影响，那么这些出版社可视为综合性学术出版社，其跨学科影响力指标则为辐射性指标。辐射性指标又包括三个二级指标：跨学科数、跨学科指数、高被引跨学科数。

因此，本研究设计的出版社学术影响力评价体系共涉及三个一级指标、九个二级指标要素，具体如表5-5所示。

表5-5　　　　　　　　出版社学术影响力指标要素

指标序号	一级指标	二级指标	评价结果
1	总影响力：学术性	总被引频次	学术性出版社
2		册均被引频次	
3		高被引图书数	
4	分学科影响力：专业性	分学科被引频次	专业性出版社
5		分学科册均被引频次	
6		分学科高被引图书数	
7	跨学科影响力：辐射性	跨学科数	综合性出版社
8		跨学科指数	
9		高被引跨学科数	

● 总被引频次、分学科被引频次：指出版社自1949年以来所出版的全部图书在某一统计时段（这里设为5年）被全部学科论文或分学科论文引用的总次数。这是一个较为客观的绝对量指标，可以直观显示各出版社被引用和受重视的程度及其在学术交流中的作用和地

位。一般来说,被引总次数侧重于反映出版社的"长期历史"的学术影响力情况,此指标有利于历史悠久的、出版规模较大的出版社。

● 高被引图书数、分学科高被引图书数:指出版社在某一统计时段(这里设为 5 年)出版的总体高被引图书数量或分学科高被引图书数量,而高被引图书是指该时段的总被引频次或分学科被引频次居于前 3% 的图书。该指标用来反映出版社所出版的总被引或分学科被引频次较高的图书种数,是综合考虑出版社的图书数量与质量的指标。

● 册均被引频次、分学科册均被引频次:指出版社在一定时间窗口和数据范围内(这里是 5 年的引文数据)所出版的平均每一种图书,被总体论文或分学科论文引用的平均频次(这里的"册均"是指"平均每一种图书")。该指标可以消除出版社创社时长和规模大小的影响,用以比较不同历史时长、不同规模的出版社,计算公式如下:

$$册均被引频次 = \frac{某出版社 5 年间出版图书在该段时间被引用的总频次数}{某出版社在该时间段出版的图书品种总数}$$

$$分学科册均被引频次 = \frac{某出版社 5 年间出版图书在该时段被某一学科论文引用的总次数}{某出版社在该时间段出版的图书品种总数}$$

● 跨学科数:指出版社被引用的跨学科数量,用来反映出版社在学术论文中产生影响的学科跨度与辐射程度。

● 高被引跨学科数:指出版社的学科被引频次位居前 10 位的学科数,该指标用来反映出版社在学术论文中产生较强辐射力的学科数量。

● 跨学科指数(Interdisciplinary Index):这一指标用来测量引用该出版社的学术论文在各个学科中的分散程度,即学科跨度。跨学科指数的上限为"1",跨学科指数越接近"1",表明该出版社的跨学科性较强,"0"表明引用该出版社的每篇论文仅仅属于一个学科。该指标是基于香农(Shannon)的熵理论建立起来的,具体计算公式

如下：①

$$E = -(\sum_{i=1}^{N} P_i \log_{10} P_i \div \log_{10} N)$$

在公式中，P_i 表示在引用该出版社的论文中，每个学科论文数占所有论文总数的比例，N 表示引用该出版社论文所涉及的学科数量。

（二）学术著作综合评价指标

学术著作综合评价指标，是指将定量评价指标与定性评价指标相结合，指标体系包括用于定量评价的间接指标与用于定性评价的直接指标。其中，用于定量评价的间接评价指标，在上文中已经有所阐述。

1. 用于定量评价的间接指标

按照信息哲学的信息中介理论，间接评价指标就是评价对象的评价参照客体，而定量评价方法则以这些评价参照客体作为评价依据。这种评价方法通过学术著作的间接评价指标来评价学术著作本身，评价对象的特点与属性以信息中介的形式客观呈现出来。

2. 用于定性评价的直接指标

按照信息哲学的信息构建理论，专家主观定性评价不仅是对价值关系系统的反映，而且是对它的观念性建构，即评价主体在思维中对评价客体的信息重组。评价者凭借大脑长期积累形成的专业知识与认知结构，按照正确反映评价客体的要求，把所选取的信息在大脑中重新组合而成为观念信息系统。这种评价主体再造评价客体的活动，体现了评价过程中评价主体的能动性和创造性。在学术著作评价中，设计直接评价指标的主要目的，则是为评价专家这一评价主体提供信息构建的客观框架，或者说是一个能正确反映评价客体的强制要求。

由于评价专家可以直接接触被评价的学术著作，便于从各个方面对学术著作进行全面审核与综合评判，因此在设计用于专家定性评价

---

① 马楠：《可视化工具在文献计量分析和科研绩效评价中的应用》，《数字图书馆论坛》2009 年第 10 期。

的直接指标时，一般对一级指标设置较为细致，二级指标则凭借专家经验与整体印象灵活把握，设计相对粗略。

3. 用于定量与定性相结合的综合评价

实践证明，学术著作的综合评价是一个复杂的系统工程，如果仅仅将间接定量评价与专家定性评价两种方法评价结果的得分加权合成，则会失之于简单化与操作化，因此还需要考虑其他社会因素，设计合理的评价程序与步骤。

第一步，基于海量的文献引文数据库，按照文献计量指标进行科学测算，并根据评价目标赋予指标权重进行指标分值合成，得到学术著作的间接指标定量评价结果。

第二步，基于国内外同行专家数据库，遴选出定性评审专家，组织专家按照直接指标体系对学术著作进行评判打分与综合评价，并按照专家信誉与熟悉程度加权汇总专家打分，得到直接指标定性评价结果。

第三步，采用自荐、推荐、遴选等形式确定评审专家委员会，将间接定量评价与直接定性评价的详细过程、资料数据及汇总得分结果，全部提交评审专家委员会充分讨论研究，评审专家实名投票并写出评审意见。

第四步，将评审专家委员会每位专家的评审意见与评审结果一起公示，并逐步积累形成专家评审意见数据库，以便随时备查。

第六章　应用对策研究成果评价指标体系

应用对策研究成果是指直接面向社会需要与时代问题而产出的学术研究成果，它作为社会科学研究的重要成果形式，充分体现了社会科学研究的"社会性"特点。2016年5月，习近平总书记在哲学社会科学工作座谈会上的重要讲话中指出："世界上没有纯而又纯的哲学社会科学。世界上伟大的哲学社会科学成果都是在回答和解决人与社会面临的重大问题中创造出来的。"《中共中央关于进一步繁荣发展哲学社会科学的意见》要求哲学社会科学界要成为党和政府工作的"思想库"和"智囊团"。党的十七届六中全会强调，应发挥哲学社会科学传承文明、服务社会、资政育人的作用。《教育部关于深入推进高等学校哲学社会科学繁荣发展的意见》指出，"要区别对待不同类型的研究成果……应用对策研究应以重大现实问题为主攻方向，研究成果要在提升国民素质上有所作为，解决经济社会发展重大问题上有所突破，为党和政府提供决策服务上有所建树"。

2015年1月20日，中华人民共和国中央人民政府网公布中共中央办公厅、国务院办公厅印发的《关于加强中国特色新型智库建设的意见》提出，"当前，全面建成小康社会进入决定性阶段，破解改革发展稳定难题和应对全球性问题的复杂性艰巨性前所未有，迫切需要健全中国特色决策支撑体系，大力加强智库建设，以科学咨询支撑科学决策，以科学决策引领科学发展"。中国特色新型智库建设的总体目标是："形成定位明晰、特色鲜明、规模适度、布局合理的中国特色新型智库体系，重点建设一批具有较大影响力和国际知名度的高端智库，造就一支坚持正确政治方向、德才兼备、富于创新精神的公共政策研究和决策咨询队伍，建立一套治理完善、充满活力、监管有力的智库管理体制和运行机制，充分发挥中国特色新型智库咨政建言、理论创新、舆论引导、社会服务、公共外交等重要功能。""深化成果评价和应用转化机制改革。完善以质量创新和实际贡献为导向的评价办法，构建用户评价、同行评价、社会评价相结合的指标体系。建立智库成果报告制度，拓宽成果应用转化渠道，提高转化效率。"

从当前新时代发展形势来看，迫切需要设计一套基于多元评价主体的、具有科学性、前瞻性与可行性的应用对策研究成果评价体系。因此，按照党和国家领导人讲话及相关文件精神，本书在调研与借鉴国内外相关研究文献与实际探索经验的基础上，尝试设计出应用对策研究成果评价指标体系与研究报告出版物评价指标体系，旨在为我国社会科学应用研究更好地发挥思想库功能提供思路与框架。

一般情况下，国家智库机构主要通过提供咨询、制造舆论、传播思想、改变观念来影响政府决策与社会公众。智库研究一方面帮助大众了解与思考相关政策议题；另一方面帮助决策者拓展视野，发现新的政策议题，形成新的政策思路。而且，由于研究文化与决策文化存在差异，研究者和成果受众在立场、地位和视角等方面也有分歧，他们之间往往不是线性的直接关系，更多的是一种"启蒙"或"渗透"的间接关系。因此，智库研究成果要直接影响决策也相当困难，还需要各种传播手段、报送途径及成果转化平台共同发挥作用。

随着国家对新型智库建设的高度重视，应用对策研究成果的产出数量与产出质量都显著提升。据悉，2015年全国共出版应用对策类研究报告2463种，其中经济类图书是研究报告类图书的出版重点。人文社科领域的研究报告类图书在出版数量上占绝对优势，占比达88.67%，占将近九成；科学技术领域研究报告类图书占比11.33%，只有一成多。[1] 大数据时代，人文社会科学研究模式正面临着快速转型：从单纯研究问题到不断解决问题；从只研究少量碎片化数据到系统分析纷繁多样的大数据；

---

[1] 杨育芬：《2015年研究报告类图书出版现状》，《中华读书报》2016年3月30日。

从各学者单打独斗到不断增多的集团化、跨领域的协同创新团队；从纯粹的学术内省到对整个社会产生重大影响。因此，社会科学研究价值取向及其成果评价标准，也将会更加注重决策咨询功能与社会效益评价。学术成果的社会效益，对人文学科是指对改善人际沟通关系从而建立更好的人际沟通方式所实际产生的积极效果，对社会科学是指对改善组织方式从而更合理更优化地配置人力资源所实际产生的积极效果。

但是，无论哪种类型的成果产出与社会效益，都要经历一个从隐性知识到显性知识（也即文献信息）的转变过程。这一过程包括几个阶段：调研阶段、思考阶段、形成文稿阶段、发表文稿阶段、同行认可阶段、社会检验阶段。与此相对应，成果评估可以分为两个阶段：论证性评估阶段与经验性评估阶段。在论证性评估阶段，其评估标准遵从逻辑标准，具体表现为主体对评估对象的认同情况，即评估对象是否得到学术界的认同及其所获认同的程度的高低。评判某科研成果是否得到学术界的认同，当以该成果是否公开发表于学术共同体所认同的载体为标准；评判学术界对其认同的程度的高低，则应以该成果公开发表后被学术界所转载和引用的频率为标准。在经验性评估阶段，其评估标准遵从事实标准，具体表现为评估对象的实践情况。而且，人文学科的实践与社会科学的实践是有区别的：人文学科的实践是交往实践，而社会科学的实践是组织实践。人文学科的实践主体是从事社会交往的个人，其实践情况是通过社会舆论形式表现出来的，对人文学科成果的经验性评估，当以社会舆论对该成果的评价为依据，首先看社会舆论对它的评价是否为积极评价，进而看积极评价的广泛性，这应通过社会调查方式来进行。社会科学的实践主体是一定的社会组织，其实践情况是通过组织结论形式表现出来的，这种组织结论不只是口头的或书面的结论，还包括为其组织所肯定的科研成果是否为其组织所采纳而转变成了其组织方法或组织形式（包括组织制度和组织行为规范），从而实际地造成了社会组织方式的某些积极变化，且在一定程度上促进了社会进步。总而言之，对于人文社会科学成果评价，应该把论证性评估和经验性评估结合起来，同时区分人文学科与社会科学在经验性评估中事实标准的不同之处，坚持以逻辑标准作为起码标准、事实标准作为最高标准的评价原则，由此引导人文学科和社会科学密切联系社会实际生活，努力反映和揭示社会生活规律，积极追求其实在的社会效益，以发挥其推动社会进步的独特作用。[1]

因此，对于应用对策研究成果的评价体系设计，应该紧紧围绕国家智库建设的总体要求，分析应用对策研究成果的特点，借鉴国内外先进经验，从多个评价主体的视角设计多元化的评价指标体系，同时注重逻辑标准与事实标准、工具性影响与概念性影响、过程评价与效果评价、参与指标与声望指标。

一 应用对策研究成果的特点

应用对策研究成果以调研报告、对策建议、方案设计、咨询报告等形式为主，一般具有如下特点：

第一，针对性和应用性强。应用对策研究成果来源于实践又应用于实践，始于发现问题而终于解决问题，具有较强的针对性和应用性，重在实际应用和指导工作，为利益相关者提供参考，更为强调的是经济效益和社会效益。因此，应用对策研究成果管理的关键是成果的社会转化，而其成果评价的重点和难点则在于社会价值判断。[2]

第二，成果转化形式多样。应用对策研究成果发挥作用，一方面可通过为决策者采纳或部分采纳而转化为政策措施，并直接作用于社会实践；另一方面可作为综合的知识体系和思维工具，影响包括决策者和一般公众在内的成果受益者的决策或启迪他们的思路，对成果受益者的行为起到参谋、咨询作用。例如，对经济建设和改革实践中遇到的问题，从理论和实践的结合上作出准确论述，为国家、地方和政府部门制定方针政策和战略决策提供理论依据；在调查研究的基础上，为政府机构决策提供对策、建议和实施方案；为人们提供科学文化知识，更新人们的政治观念、价值观念、法制观念，转变人们的思维方式、生活方式，强

---

[1] 周可真：《人文社会科学评价中的逻辑标准与事实标准》，《科学时报》2009年4月10日A4周末评论版。

[2] 吴桂鸿：《社会科学研究成果评价指标体系研究》，硕士学位论文，湖南大学，2006年。

化思想道德建设,以此提高全民族的科学文化素质和思想道德素质。[1]

第三,应用影响范围广泛。小到个人,大到一个地区、国家乃至全世界。但对于直接呈送领导的对策建议方案与咨询报告,仅限于小范围传阅。而且,应用对策研究成果的见效周期长短不一,短则几年,长则几十年才能由社会实践验证成果的确切价值。因此,对应用对策研究成果的社会价值评价,应综合考虑其影响范围、见效周期和使用对象,根据实际应用情况来实施评价,不宜直接采用针对公开出版物的文献计量评价方法。

二 应用对策研究成果评价探索

应用对策研究成果评价问题,是与国家新型智库建设与决策机制密切关联的重要研究课题。因此,国内外学者对此进行了不懈探索与实证研究,提出了各种评价思想与观点,可为当前我国应用对策研究成果评价指标体系设计提供借鉴参考。

1. 国外学者的实证研究

多诺万(Claire Donovan)和巴特勒(Linda Butler)[2]对澳大利亚五个经济部门的应用对策研究成果进行了对比与试验性研究评估。研究样本选择覆盖澳大利亚从事理论研究、应用和政策驱动研究以及专门从事研究或教学的经济学群体,共包括五个组织,这些组织具有跨学科性与高度的政策驱动性,融合了初级和资深的教学与研究职员的特点。该项研究是为了发掘一些重要指标的潜在价值,讨论运用这些指标时可能遇到的问题等。研究首先以非标准文献指标的形式鉴定了新的"质量"指标和新的"声望"指标;然后再进行新的"用户参与"或"影响力"指标的测验;为了提供参照,也计算了标准的文献计量指标。经济团体研究的资深专家们支持"用户参与"这一指

---

[1] 任全娥:《人文社会科学成果评价研究》,中国社会科学出版社2010年版。
[2] C. Donovan, L. Butler, "Testing Novel Quantitative Indicators of Research Quality, Esteem and User Engagement: An Economics Pilot Study", *Research Evaluation*, 2007, 16 (4): 231–242.

标，特别是在对有政策倾向和跨学科或多学科的研究单位进行评估时做进一步的开发。研究发现，影响力指标对于政策相关领域的研究是有益的，特别适用于社会科学研究。

沃尔特（Alexander I. Walter）[①]把应用类科研项目产生的社会影响看成三种互相作用的影响：项目的直接成果（产出）、提高决策能力的长期成果（效果）及连接直接成果与最终成果的中间成果（影响）三种类型。在此基础上设计了一个定量评估跨学科研究项目的社会影响力的模型，并采用设计问卷、定性访谈及对结果进行定量统计分析的方法验证了该模型对评估跨学科研究项目社会影响力的适用性。

马尔（Laura Meagher）等[②]把应用对策研究成果的影响力指标分为工具性影响和概念性影响。工具性影响，即对决策或实践者的直接影响，涉及用于具体决定和具体问题的解决方案；概念性影响，是指对决策和实践者知识、理解及态度的影响。他们认为，虽然很难精确衡量社会科学研究对公共政策和社会实践的非学术性影响，但可以通过代表着社会科学研究与研究成果使用者之间连通性的相似指标来反映非学术影响。研究采用的样本是由英国国家经济和社会研究委员会授予的心理学领域 134 个获奖项目（基金提供者没有指定的主题或学科，只让个人提交他们的研究思路）。运用概念模型，他们开发出了一个核心问题的框架，用来评估用户参与、实际影响及影响触发的过程。在"联系使用者会提高影响机会"的前提下，去寻找具有连通性指标或倾向于用户的相似指标，以及任何实际的或有潜在影响力的指标。他们采用了大量且详细的定性方法，包括项目案例研究、文档分析、小组讨论等，对项目研究的获奖者、学科带头人、研究成果使用者进行问卷调查和半结构化访谈，来识别成果在转化过程中发生的知识转移、专家意见及影响

---

① A. I. Walter, Sebastian Helgenberger, etc., "Measuring Societal Effects of Transdisciplinary Research Projects: Design and Application of an Evaluation Method", *Evaluation and Program Planning*, 2007 (30): 325 – 338.

② L. Meagher, etc., *Flows of Knowledge, Expertise and Influence: A Method for Assessing Policy and Practice Impacts from Social Science Research. Research Evaluation* (2008) Volume: 17, Issue: 3, Beech Tree Publishing, 2008: 163 – 173.

力传播,以此来评估社会科学研究对公共政策和社会实践的非学术性影响。研究表明,清晰完整的成果交流过程有助于成果使用者意识到成果的重要性并将其带入决策或实践,便于研究成果获取的活动和渠道,将促进使用者对成果的领会与使用。因此,在对社会科学研究成果的非学术影响进行评估时,应该把研究者和潜在用户或利益相关者都包括进来,综合采用非直线定性和定量方法进行影响力分析。

彼得(Viola Peter)和莱昂(Lorena Rivera Leon)[1]在一篇论文中构建了一个人文社会科学项目成果样本数据库,以此为样本运用引文分析与文献计量法评估欧盟人文社会科学项目出版物的影响,并设立了一个评估人文社会科学项目成果影响力的基本框架。在这篇文章中,研究报告被归类为除论文、著作以外的灰色文献中的一个组成部分,这类文献占到了研究出版物总数的45%,在各种形式的成果中居于首位。但由于评估的复杂性,他们只从论文、著作、作者网络的角度介绍了评估的方法,并没有对包括研究报告在内的灰色文献做单独的评估。

特朗布莱(Ghislaine Tremblay)等人[2]介绍了加拿大创新基金委员会开发的一套名为"效果评估研究"的用以评估研究机构成果及其影响的创新方法。该效果评估研究指标,包括机构研究成果产出指标及影响效果指标。按照这套评估研究成果影响效果的创新方法,在选定效果评估的特定主题后,研究机构需要完成一个名为机构信息文档的深度调查问卷,包括每一指标的一个或多个问题,来进行自我评估。尽管许多指标需要对研究机构进行定性判断(如主题研究中最重要的社会经济效益),但另有50个附加的问题需要获取定量数据(如教师人员和新招人员的数量)。针对每一项效果评估研究,加拿大创新基金委员会均组织了相应的专家小组,专家小组由4个成员组成,包括来自学术机构、公共和私人部门的资深加拿大专家和国际专家。

---

[1] V. Peter, L. R. Leon, *Evaluation of the Impact of Framework Programme Supported Social Sciences and Humanities Research: A Bibliometric Approach*, Springfield: EUR. Directorate-General for Research Science. Economy and Society, 2010.

[2] G. Tremblay etc., "The Canada Foundation for Innovation's Outcome Measurement Study: a Pioneering Approach to Research Evaluation", *Research Evaluation*, 2010, 19 (5), 333 – 345.

所选的专家要通过兴趣冲突筛选，并签订道德和保密协议，要求他们维护评审程序和效果评估研究文档的机密性。加拿大创新基金委员会尽力保证专家小组成员中至少有一位能代表最终用户，该用户须曾经经历过这一主题领域的知识转化。效果评估研究访问组由一位资深的加拿大顾问（一般是一位在学术研究领域有着深厚知识积淀的退休公务员或学者）来主持。专家小组要对机构信息文档和背景文档进行整体检查，这些文档包括项目领导者的简历、机构战略研究计划、最近的项目进展报告以及机构关于整体成就和挑战的年度报告等，所有这些在专家小组进行现场考察前都已准备好。随后专家小组对机构进行一天的访问并召开多次会议。在机构陈述后是一个问答会议，会上专家小组对主题活动的进展及影响进一步地了解，获得质量和影响评估的进一步证明。这一方法将定性和定量评估结合起来评价研究机构跨学科主题研究成果，实践证明是一种有效的评估模式。

斯特凡（P. L. Stefan）等[1]以两个学术成果形式高度不同的学科领域为对象，以行程设置、知识传播、社会影响和成果质量为四个象限，进行基于实际环境的研究项目评估，以此为基础提出了一套在实际环境中评估研究项目的方法和指标。在评估法学研究项目的成果质量和社会影响时，通过访谈和研讨会的形式与研究者和项目利益相关者进行交流，并特别强调利益相关者在评估社会影响中的作用，以此为基础来确定不同受众对研究项目质量的判断。确定这些质量标准不仅需要考虑成果影响力，还要考虑根据知识生产过程的不同阶段来确定不同的标准。

2. 国内学者的研究观点

叶蓬[2]对应用性研究报告的评估指标进行了详细分析，认为评估应用性研究报告可以采用选题来源、难易程度、社会价值、成熟程度（真实性或可行性）、采纳范围（采纳的级别及采纳的程度）、社会效益（经济效益及社会反响）、出版层次、获奖层次八个指标，通过确

---

[1] P. L. Stefan, etc., "Evaluation of Research in Context: An Approach and Two Cases", *Research Evaluation*, 2011, 2 (3): 1-19.

[2] 叶蓬：《人文社会科学研究成果评估指标体系分析》，《探求》2001 年第 1 期。

定指标权重计算出综合得分，根据分数将评估结果归为 A、B、C、D 四个从高到低的等级。在上述八个指标中，社会价值、采纳范围、社会效益三个指标的权重必须占总评估价值的 60% 以上。

邓毅①构建的研究报告类成果评价指标体系，选取课题来源、难易程度、社会价值、成熟程度、采纳范围、社会效益、获奖等级七个二级指标。其中，社会价值指标的权重最大，社会效益和采纳范围指标权重次之，而难易程度、成果成熟程度、获奖等级这几个指标的赋权则较低。

吴桂鸿②在其硕士学位论文《社会科学研究成果评价指标体系研究》中认为，调研报告和咨询报告属于应用开发成果，应选取课题来源、社会反响、采纳范围、难易程度、成熟度和效益度六个三级指标对此类成果进行评价。前三者为外在指标，后三者为内在指标。在外在指标中，由于社会反响是综合指标评价的反映，最能从外在特征体现成果的价值，因此对社会反响的权重赋值最大，其次是采纳范围指标，权重最小的是课题来源指标；内在指标中，效益度指标的权重最大，再者是成熟度指标，最后是难易程度指标。

何绍辉③分别针对领导批示成果、进入决策成果、舆论引领成果提出精准评价智库研究成果的思路。精准评价领导批示的智库研究成果，一方面，要区分领导批示的内容，对领导圈阅、批转以及明确肯定等情况进行分类处理；另一方面，考量领导批示后研究成果的采纳与反响等情况，对其后续发展进行跟踪和评价。精准地评价智库研究成果进入决策的情况，需要对成果进行细分，区分出是预先进行研究进而引起领导和部门关注然后进入决策，还是决策者交办任务后研究者再进行研究。智库研究除了提出对策建议或备选方案以供决策者参考之外，往往还承担着服务社会和公众的职责，更多的是一种思想政治教育、社会心态调适、社会焦虑疏导和社会矛盾化解的功能，对此类研究成果进行考核评价时，社会评价、专家评价等定性综合评价方法显得尤为重要。

---

① 邓毅：《社科成果评价指标体系探析》，《现代教育论丛》2004 年第 6 期。
② 吴桂鸿：《社会科学研究成果评价指标体系研究》，硕士学位论文，湖南大学，2006 年。
③ 何绍辉：《精准评价智库研究成果》，《中国社会科学报》2015 年 8 月 25 日第 4 版。

许梅华[①]在其硕士学位论文《我国人文社会科学成果评价指标体系研究》中,将人文社会科学研究分为基础理论研究与应用对策研究,构建出论文类成果评价指标体系与应用对策类成果评价指标体系。在应用对策类成果评价中,充分考虑了应用对策类成果应用性强的特点,将评价主体分为利益相关者、项目负责人和评审专家这三类评价主体,并从不同评价视角分别设计出应用对策类成果的评价指标体系。该论文是国家社科基金青年项目"人文社会科学成果评价体系设计与实证分析"的主要组成部分,本书的应用对策研究成果评价指标体系设计部分在此基础上进一步丰富与完善。

3. 国内外比较

从上述关于应用对策研究成果评价的研究文献中可看出,国外既侧重数据的准确性与研究方法的科学性,同时也比较重视它的咨询效果以及对包括公共部门和公众在内的各类成果使用者所产生的社会影响。也就是说,在项目研究成果评估实践中,研究成果的利益相关者对研究报告的评价是非常重要的评价主体。此外,国外倾向于采用多种评估方法相结合的综合性方法,开展评估工作时往往涉及的人员众多,程序复杂,以力求科学、全面、准确地反映成果的实际价值。

与国外相比,国内对应用对策研究成果的评价,主要采用专家定性评估的方法,或者采取定性评价与定量评价相结合的方法,设计一、二、三级评价指标体系,对各级指标赋予权重,通过计算得分进行评估,并按照得分划分成几个等级。在评价指标细化及权重赋值方面,各项研究采用的评价指标虽不尽相同,但大都包括经济价值和社会效益、可靠性和可行性以及采纳范围等指标,并对经济价值与社会效益赋予较高的权重或分值。与国外不同的是,国内偏重于通过评审专家的主观判断,并从被采纳的证明材料来进行社会效益的评价;但却不重视社会调查,不从项目成果相关主体的角度来对研究成果进行评价。以专家为主的评审方法忽略了项目成果真实的社会效益,容易造成评

---

① 许梅华:《我国人文社会科学成果评价指标体系研究》,硕士学位论文,华东师范大学,2012年。

价价值与成果实际价值不相符合，可能影响到项目成果为决策者或社会公众所采纳吸收的程度，进而影响研究成果社会效用的发挥。

三 应用对策研究成果评价指标体系设计

（一）设计的原则

应用对策研究成果评价指标体系设计，需根据成果特点与评价需求，遵循如下设计原则：

1. 针对性原则

不同的评价对象具有不同的特点，设计评价指标首先要明确应用对策研究成果的基本属性和各项特征，针对不同的属性和特征来确定相应的评价标准与评价指标。

2. 操作性原则

评价指标的设计不仅要考虑评估对象的特征，同时也要考虑指标的实际可操作性，指标的内容应明确，数量需适当。同时，保证同一参评项目中不同研究成果的各项指标间应具有一定的内在一致性，相互之间不会产生矛盾。

3. 普遍性与特殊性相结合的原则

应用对策研究成果评价指标的设计，一方面需符合普通人文社会科学成果的评价标准；另一方面要根据应用对策研究成果的特点，针对成果使用对象与不同利益相关者进行适当的修改和调整。

4. 引导性原则

应用对策研究成果的评价指标设计，应对被评价研究者个人或研究机构的行为具有一定的积极引导性作用，能提高研究者或研究机构的研究水平与成果效益，有助于形成良好的学术风气，产生与预期一致的社会效果。

（二）评价主体及评价内容

众所周知，应用性研究是一个运用理论分析来解决实际问题的过程，是在围绕特定目的或目标进行研究的过程中获取新的知识、技能或解决方案，从而为解决实际问题提供科学依据。因此，只有把理论和实践两者有机地结合起来，才能产生科学效果。应用对策研究成果作用的发挥，一方面可通过被决策者采纳或部分采纳，转化为政策措施并作用于社会实践；另一方面也可作为综合的知识体系和思维工具，影响包括决策者和一般公众在内的成果受益者，对成果受益者起到启迪、参谋、咨询作用。

本研究结合应用对策研究成果的特点和不同评价主体在成果评价中所起的作用，将应用对策研究成果的评价主体分为三类。第一类是成果受益者，主要包括领导决策者和一般公众，他们负责对研究成果的使用价值及实际效果的评判；第二类是成果评价第三方的评审专家，主要负责评判科研成果的科学性与创新性；第三类是成果自评方的项目负责人，主要负责评价项目实施过程及项目成果的传播交流等情况。应用对策研究成果的评价主体及评价内容如图6-1所示。

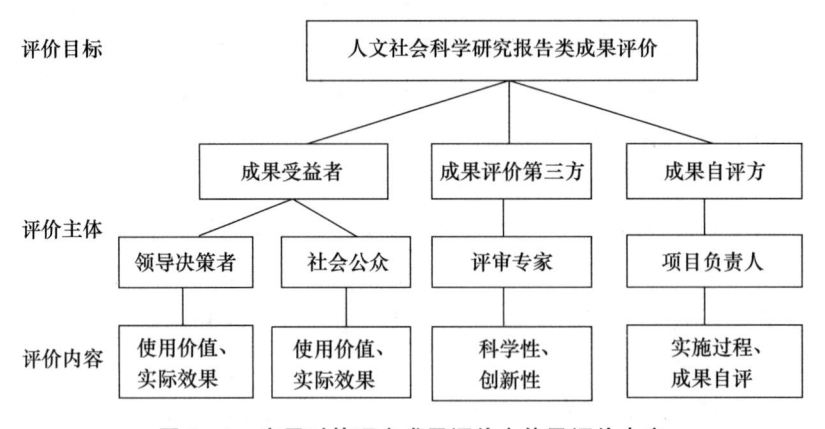

图6-1 应用对策研究成果评价主体及评价内容

项目成果所带来的使用价值与实际效果，主要通过成果受益者（领导决策者、社会公众等）的决策、行为态度或实际活动表现出来，因此应该重视项目成果受益者的评价。某一领域的权威专家，因其具有该领域的专业知识与丰富经验，可以对项目成果的科学性、创新性作出科学合理的判断。作为全程参与项目实施和成果生成的项目负责人，对项目成果的生成、转化过程都有较详细的了解，因此项目负责人对自身成果的客观评价也至关重要。

(三) 评价指标体系设计

本研究对应用对策研究成果的评价，主要从多个评价主体的视角设计多元化的评价指标体系，评价主体包括领导决策成果受益者、社会大众成果受益者、项目成果评审专家、项目成果负责人四类群体。

应用对策研究成果评价总分 T 的计算方式为：

$$T = S_1 \times R_1 + S_2 \times R_2 + S_3 \times R_3;$$
$$S_1 = S_a \times R_a + S_b \times R_b。$$

其中，T 为应用对策研究成果的总分，S_1 为项目成果受益者的评价总得分，S_2 为专家评价总得分，S_3 为项目负责人评价总得分。R_1 为项目成果受益者的评价在整个评价中所占的权重，R_2 为专家第三方的评价在整个评价中所占的权重，R_3 为项目负责人的评价在整个评价中所占的权重。在 S_1 中，S_a 为领导决策者评价的总得分，S_b 为一般公众评价的得分，R_a 为领导决策者评价在项目成果受益者评价中所占的权重，R_b 为一般公众在项目成果受益者评价中所占的权重。

在确定应用对策研究成果评价指标的要素构成之后，还需要根据各评价主体的评分相对于总体目标的重要性为其分配权重，最终形成评价指标体系。指标赋权如表 6-1 和表 6-2 所示，先采取对个别专家访谈的方法，根据专家访谈的结果进行两两比较和判断，采用一定的计算方法与 YaaphV11.3 软件工具，使用"1—9"的判断标度，赋予各因素一定数值，得到两两比较判断矩阵。

表 6-1　　　　目标层下的判断矩阵、权重及一致性检验

	R_1	R_2	R_3	W_i
R_1	1	2	3	0.5324
R_2	1/2	1	1/2	0.2473
R_3	1/3	2	1	0.2203

$\lambda_{max} = 3.0003$　　$[W_0 = (0.7356, 0.3487, 0.378553)^T]$
CI = 0.0086　　　　CR = 0.0121

结论：$R_1 > R_2 > R_3$。

表6-2　　　　一级指标（R_1）下的判断矩阵、权重及一致性检验

	R_a	R_b	W_{ij}
R_a	1	2	0.6722
R_b	1/2	1	0.3278
$\lambda_{max} = 2$ CI = 0	$[W_0 = (0.7703, 0.4367)^T]$ CR = 0		

结论：$R_a > R_b$。

根据表6-1、表6-2计算出各指标的权重系数，如表6-3所示。

表6-3　　　　　　应用对策研究成果各评价主体的评分权重

一级指标	权重	二级指标	权重	综合权重
成果受益者	0.5324	领导决策者	0.6722	0.4213
		社会公众	0.3278	0.1111
成果第三方 （评审专家）	0.2473			0.2203
成果自评方 （项目负责人）	0.2203			0.2473

最后，根据项目研究报告最终得分，确定应用对策研究成果的评估等级，可将研究报告的等级设置为优秀、良好、合格和不合格四类。

1. 成果受益者评价的指标体系设计

应用对策研究成果来源于实践又应用于实践，重在实际应用和指导工作，为成果受益者提供参考。作为研究成果受益者，领导决策者和一般公众因其行为决策、思想认识与知识积累等的不同会产生不同的影响。因此，领导决策者和一般公众对研究成果的评价，会存在不同的评价视角与评价结论。

我们将研究成果对成果受益者所产生的影响分为工具性影响和概

念性影响。工具性影响是指对成果受益者的决策或实践活动产生的直接影响或效益，涉及项目研究的具体方法或结论对于帮助成果受益者进行决策或解决具体问题的作用大小；概念性影响则是指项目研究所使用概念、结论等对成果受益者的知识提升、对事物发展或事件的理解及态度等方面的影响。我们把工具性影响和概念性影响作为一级指标，工具性影响包括研究重要程度、决策建议适用范围、采纳借鉴程度、具体效益水平四个二级指标，概念性影响则包括成果可获得性、知识转化程度两个二级指标。尽管领导决策者和一般公众都是项目的成果受益者，但二者的群体属性有很大的不同，评价的视角和侧重点也有较大差异，因此我们为领导决策者和一般公众分别设计了相应的评价指标体系。

- 领导决策者的评价指标体系

应用对策研究成果通过特定的上报程序到达领导决策层，决策者对研究成果的咨询建议价值进行判断与批示，这决定了研究成果被采纳或对决策产生的影响。决策者对研究成果的价值判断，一般从国家和社会的宏观角度出发，评估该研究成果所涉及的问题是否与国家重大经济社会文化问题紧密相关；然后，还要评估研究所提出决策建议的适用范围和适用对象，判断它是否适于作为决策的整体方案或决策参考依据。研究成果被整体采纳或部分采纳后，还要看其对解决实际问题的实际效用和价值，这可由它最终产生的实际效益水平来反映。由于应用对策研究成果的实际效用价值，往往不能在应用初期就准确地表现出来，需要通过成果应用的过程和长期效果反映出来，因此在评估应用对策研究成果的工具性影响时，主要以研究重要程度、决策建议适用范围、采纳借鉴程度和具体效益水平作为评估研究成果价值的重要指标。应用对策研究成果的概念性影响包括成果可获得性与知识转化吸收程度。研究成果要通过一定的上报程序才能到达领导决策层，成果上报程序的繁简程度及所需时间长短，直接关系着项目研究成果能否被领导者及时发现和采纳。成果中的对策建议只有为决策者所理解和吸收，才能有助于影响他们对事物的认知或态度，进而作出相应的决策。因此，应用对策研究成果的上报途径及其为领导决策者理解和吸收程度应作为成果概念性影响评价的重要指标。

根据领导决策者评价指标的重要程度，分别赋予相应的权重，得到领导决策者的评价指标体系如表 6-4 所示。

因此，领导决策者的评价总得分 S_a 的计算公式为：

$$S_a = \sum (S_{ai} \times R_{ai})(i = 1,2,\cdots,6)$$

其中，S_{ai}（i＝1，2，…，6）为领导决策层评价中各项二级指标对应的得分，R_{ai}（i＝1，2，…，6）为它们所对应的权重。需要说明的是，此处给的权重只是为区分不同指标的重要性而粗略给出，在实际操作中应该根据评价成果的具体情况作出相应调整。

表 6-4　　　　　　　　领导决策者的评价指标体系

一级指标	二级指标	权重	指标描述	领导决策者打分 [A：8—10 分（极好），B：5—7 分（较好），C：2—4 分（一般），D：1 分（差）]	得分
工具性影响	研究重要程度	0.30	研究所涉及国家问题的重要程度	A. 涉及国家重大经济、社会或文化发展的问题；B. 涉及省、市重要经济、社会或文化发展问题；C. 涉及区、县或一般性经济、社会或文化发展的问题；D. 无关于社会、经济、文化发展等问题	
	决策建议适用范围	0.16	研究的决策建议所面向的范围、适用对象	A. 对国家宏观战略决策产生重要影响；B. 对部门、地区、企业决策或管理产生重要影响；C. 对个人决策、管理产生影响；D. 无政策建议或虽有而无影响	
	采纳借鉴程度	0.18	研究中的方法、结论或建议被采纳的程度	A. 作为决策或解决问题的整体方案；B. 作为决策或解决问题的重要依据；C. 方法、结论或建议得到肯定并部分得到采纳或借鉴；D. 无采纳借鉴价值	
	具体效益水平	0.16	研究所产生实际效益的大小	A. 取得重大经济或社会效益；B. 有较大的（包括潜在的）经济或社会效益；C. 有一定经济或社会效益；D. 无经济或社会效益	

续表

一级指标	二级指标	权重	指标描述	领导决策者打分 [A: 8—10分（极好），B: 5—7分（较好），C: 2—4分（一般），D: 1分（差）]	得分
概念性影响	成果可获得性	0.10	研究成果上报程序的繁简程度，成果上报至领导决策者所需时间长短	A. 成果上报程序简单，上报时间短；B. 成果上报比较复杂，但所需时间短；C. 成果上报比较复杂，所需时间也较长；D. 成果上报极其复杂，所需时间过长	
	个人吸收程度	0.10	成果对领导决策者个人在知识积累或提升、事物认知或态度的改进等方面的影响程度	A. 有很大提升或改进；B. 有较大提升或改进；C. 有所提升或改进，但程度较小；D. 毫无提升或改进	

● 社会公众的评价指标体系

尽管社会公众与领导决策者都是应用对策类研究项目的成果受益者，但是，研究成果对两者产生作用的方式有很大差异。对于领导决策者，研究成果主要是通过上报至领导决策者，并被其采纳借鉴，影响领导决策者作出重大决策而起作用。对社会公众的影响，很大程度上是通过领导决策者采纳了研究建议后作出决策，并应用到实践中去，从而影响社会公众的生活。因此，在此要将社会公众对成果的评价标准与领导决策者区别开来。应用对策研究成果来源于实践（群众）又应用于实践（群众）的特点，决定了其在实施的过程中需要通过与公众交流而产生影响。我们也将应用对策研究成果对社会公众的影响分成工具性影响和概念性影响，但判断的角度与领导决策者具有很大程度的不同，他们更关注项目成果对其自身所处的环境或日常生活、个人的行为或思想等方面所发挥的作用。所以，对于社会公众，研究的重要程度和适用范围主要从研究所涉及问题与公众的相关程度来判断。社会公众是否参与到项目中来，是否与项目实施相关人员有所互动，即公众的参与度与接触研究成果的便利程度直接影响公众对项目的了解和吸收，从概念性影响上反映出项目成果对公众作用的大小。一般公众获取项目成果的相关信息，不像领导决策者那样有专门的上报渠道，他们主要从参与项目实践，或从全国性的报纸、电视、广播、网络、手机等多种媒介获得相关信息，这决定了成果的可获得性与知识转化途径要从媒体宣传报道等媒介上来评价。

根据公众评价中各项二级指标的重要程度，分别为其赋予相应的权重，得到社会公众的评价指标体系如表6-5所示。

因此，一般公众的评价总得分 S_b 的计算公式为：

$$S_b = \sum (S_{bj} \times R_{bj})(j = 1,2,\cdots,6)$$

其中，S_{bj}（j=1，2，…，6）为公众评价中各项二级指标对应的得分，R_{bj}（j=1，2，…，6）为它们所对应的权重。需要说明的是，此处给的权重只是为区分不同指标的重要性而粗略给出，在实际应用中需根据具体情况作出相应调整。

表6-5　　　　　　　　社会公众的评价指标体系

一级指标	二级指标	权重	指标描述	社会公众打分 [A：8—10分（极好），B：5—7分（较好），C：2—4分（一般），D：1分（差）]	得分
工具性影响	研究重要程度	0.10	研究所涉及问题与公众个人生活的相关程度	A. 对个人经济、社会或文化生活有重大影响的问题；B. 对个人经济、社会或文化生活有较大影响；C. 对个人经济、社会或文化生活有所影响，但较小；D. 对个人经济、社会或文化生活无影响的问题	
	研究结论适用范围	0.16	研究结论、总结的规律所面向的范围、适用对象	A. 对全国各个地区的人民普遍适用；B. 决策建议对多数地区的人民普遍适用；C. 决策建议对少部分地区的人民普遍适用；D. 决策建议只适用于极少数的特定对象	

续表

一级指标	二级指标	权重	指标描述	社会公众打分 [A：8—10分（极好），B：5—7分（较好），C：2—4分（一般），D：1分（差）]	得分
	公众参与度	0.18	公众是否参与到项目中来，与项目实施相关人员是否有互动，对项目的具体情况是否了解，参与、交流或了解的程度如何	A. 有可观数量的公众参与到项目中并与项目负责人有较多的关于项目的交流；B. 有少数公众参与到项目实施中并对项目有一定了解；C. 有公众没有参与到项目实施中，但与项目负责人有交流；D. 既没有公众参与到项目中，也与项目负责人无任何相关的交流、互动	
	吸收借鉴程度	0.16	研究中的方法、结论或建议被吸收的程度	A. 被人们作为日常准则、行为规律；B. 被人们作为日常行为、判断的重要依据；C. 为人们所肯定并有部分在日常生活中得到吸收或借鉴；D. 无吸收借鉴价值	
	具体效益水平	0.20	研究所产生实际效益的大小	A. 使人们的经济、社会生活获得极大改善与提高；B. 有较大的（包括潜在的）改善与提高；C. 有一定改善与提高；D. 无改善与提高	
概念性影响	成果可获得性与转化途径	0.20	成果使用者接触研究成果的便利程度	A. 可从全国性的报纸、电视、广播、网络、手机等多种媒介获得相关信息；B. 可从地区性的报纸、电视、广播、网络等获取；C. 只能通过网络检索或与项目负责人交流而获得部分信息；D. 成果保密性强，几乎无法获取成果相关消息	

综上，成果受益者评价的总分 S_1 可表示为：

$$S_1 = S_a + S_b = \sum (S_{ai} \times R_{ai}) + \sum (S_{bj} \times R_{bj})$$

$$(i = 1, 2, \cdots, 6; j = 1, 2, \cdots, 6)$$

2. 专家评价的指标体系设计

专家评价指标体系设计，需综合考虑应用对策类项目研究报告的特点及专家评价视角。专家一般主要评价研究报告的科学价值和创新价值指标及其相应的二级指标。科学价值指标的二级指标包括研究规范性、学科建设价值、科学进步价值和咨询建议价值；创新价值指标的二级指标包括理论创新、方法创新和观点创新。首先，研究报告是项目主持人采用一定的研究方法，对某一具体问题进行系统研究所得出的成果，因此研究规范性是对研究报告最基本的要求，包括问题的描述准确性、研究方法适用性、研究过程的公正性以及数据是否有效等方面的内容。其次，项目研究是在一定的学科理论指导下进行的，而学科理论也需要从研究实践中总结规律，丰富和发展原有的学科理论，因此，在强调应用对策研究成果实际社会价值的同时，也不能忽略研究报告的学科建设价值和科学进步价值。再次，咨询建议价值，是从专家的视角来判断研究是否提出了与政策、管理或实践等相关的建议或咨询意见，它与政策、管理或实践的相关程度如何，将产生何种程度的预期效果。最后，对于应用对策性研究而言，创新价值至关重要，包括理论创新、方法创新、观点创新，这有助于研究项目的顺利开展，提高项目研究的效率，开发出新的适用领域，扩大研究的应用范围。

根据专家评价中各项二级指标的重要程度，分别为其赋予相应的权重，形成专家评价的指标体系如表 6-6 所示。

因此，专家评价总得分 S_2 的计算公式为：

$$S_2 = \sum (S_{2k} \times R_{2k}) \qquad (k=1, 2, \cdots, 7)$$

其中，S_{2k}（$k=1, 2, \cdots, 7$）分别为专家评价中各项二级指标的得分，R_{2k}（$k=1, 2, \cdots, 7$）为它们所对应的权重。需要说明的是，此处给的权重只是为区分不同指标的重要性而粗略给出，在实际应用中需根据具体情况作出相应调整。

表6-6　　　　　　　　　　专家评价的指标体系

一级指标	二级指标	权重	指标描述	专家打分 [A: 8—10分（极好），B: 5—7分（较好），C: 2—4分（一般），D: 1分（差）]	得分
科学价值指标	研究规范性	0.08	问题描述是否清晰、准确、易于理解，研究目的是否明确，采用的研究方法是否符合相应的问题和目标，是否采用了广泛、综合的研究方法，研究过程是否客观、公正，所获得的数据或信息是否最佳、有效	A. 具有很强的研究规范性； B. 具有较好的研究规范性； C. 研究规范性一般； D. 不具有研究规范性	
	学科建设价值	0.12	研究发现是否对相关领域的学科理论有所提升或开创了新的学科，其学科贡献程度如何	A. 具有高度的学科建设价值； B. 具有较大的学科建设价值； C. 学科建设价值一般； D. 不具有学科建设价值	
	科学进步价值	0.13	研究发现是否对相关领域知识与科学进步有所促进，其促进作用的程度如何，是否经得起时间检验	A. 具有高度的科学进步价值； B. 具有较大的科学进步价值； C. 科学进步价值有待提高； D. 不具有科学进步价值	
	咨询建议价值	0.13	研究是否提出了与政策、管理或实践等相关的建议或咨询意见，它与政策、管理或实践的相关程度如何，将产生何种程度的预期效果	A. 具有高度的咨询建议价值； B. 具有较大的咨询建议价值； C. 咨询建议价值一般； D. 无咨询或建议性价值	
创新价值指标	理论创新	0.18	是否创立了新的理论体系，建立新的规范和标准，在理论上取得重要突破，总结出新的规律，或者修正、丰富和发展了现有的理论	A. 具有突出的理论创新； B. 具有较大的理论创新； C. 理论创新程度一般； D. 无创新理论	
	方法创新	0.18	研究方法和数据、信息获取上是否具有创新性，如是否应用和开发了新的方法或以新的方式应用旧方法，将旧方法应用于新问题、新领域且有适用性，数据、信息获取方式是否更加简单、有效	A. 方法新颖且具有高度适用性； B. 方法有所创新且有较广的适用性； C. 方法创新程度和适用性一般； D. 无创新方法	

续表

一级指标	二级指标	权重	指标描述	专家打分 ［A：8—10 分（极好），B：5—7 分（较好），C：2—4 分（一般），D：1 分（差）］	得分
	观点创新	0.18	是否针对实际问题提出了新见解、新观点，见解或观点是否具有启发性，是否得到同行的认可或获奖，研究视角是否新颖	A. 观点创新并得到同行认可； B. 观点创新，得到较多同行认可； C. 观点创新程度一般； D. 无创新观点	

3. 项目负责人评价指标体系设计

项目负责人作为整个项目实施过程的主持者，其活动贯穿于项目的申请、实施、结项以及项目跟踪的始末，因此项目负责人也是应用性研究项目的重要评价主体之一。项目负责人评价指标包括项目的难易程度、合作程度、成果交流与人才培养情况。其中，项目的难易程度反映了项目所涉及问题的复杂程度，是衡量对项目投入资金和精力大小的依据，也可在一定程度上反映项目的内在价值，包括研究问题的复杂程度、资料数据收集难度及项目实施难度等。项目在研究过程中是否具有实质性的国际合作、跨部门或跨学科合作，可在一定程度上反映出项目涉及面的广泛性，以及它在促进国际合作、部门或学科间合作与交流中所起的作用。项目成果在科学会议或团体会议上参加展示或交流及其引起的反响程度，则体现了成果的流动性和影响范围。最后，通过参与项目实施，可促进人才培养，包括学科带头人的产生、研究生的培养等。

根据项目负责人评价中各项指标的重要程度，分别为其赋予相应的权重，得到项目负责人的评价指标体系如表 6 - 7 所示。

因此，项目负责人评价总得分 S_3 的计算公式为：

$$S_3 = \sum (S_{3m} \times R_{3m}) \quad (m = 1, 2, \cdots, 4)$$

其中，S_{3m}（m = 1，2，…，4）分别是项目负责人评价的各项指标得分，R_{3m}（m = 1，2，…，4）则是它们所对应的权重。需要说明的是，此处给的权重只是为区分不同指标的重要性而粗略给出，在实际应用中需要根据评价成果的具体情况作出相应调整。

表6-7　　　　　　　　项目负责人评价的指标体系

评价指标	权重	指标描述	项目负责人打分 [A：8—10分（极好），B：5—7分（较好），C：2—4分（一般），D：1分（差）]	得分
难易程度	0.30	研究问题的复杂程度，资料或数据收集难易程度，项目实施的难易程度	A. 问题复杂，调研规模大，数据搜集、处理难度极大；B. 问题较复杂，调研难度和数据搜集、处理难度较大；C. 问题不太复杂，调研难度和数据搜集、处理难度不大；D. 问题不复杂，调研难度和数据搜集、处理难度小	
合作程度	0.25	研究过程是否具有实质性的国际合作、跨部门或跨学科合作，合作程度如何	A. 项目有实质性的国际合作；B. 项目有跨部门合作；C. 项目有跨学科合作；D. 项目无任何合作	
成果交流	0.25	成果是否在科学会议或团体会议上展示或交流，在何种级别的会议，引起何种程度的反响	A. 成果在全国性的科学会议或团体会议上展示并引起重大反响；B. 成果在全国性的科学会议或团体会议上展示并引起较大关注；C. 成果在地区或本学科领域团体会议上展示并引起关注；D. 成果无任何展示或交流	
人才培养	0.20	通过项目的实施，促进人才培养的程度	A. 在项目研究中培养出学科带头人；B. 因项目研究培养出更多的博士生、硕士生；C. 提升项目参与者的研究和实践能力；D. 无人才培养和提升效果	

4. 小结

本研究的应用对策研究成果评价指标体系，主要是按照不同评价主体而设计的，尽量反映出研究成果在不同生产阶段的价值特点。

首先，成果受益者是体现应用对策类项目成果价值的主要载体对象。其中，领导决策者受益群体在项目立项阶段就已经起到决定性作用，很多项目是由其委托来做的。一般社会公众作为成果受益者，可以分为两个群体，一个是自主企业，他们对委托项目的评价方法完全可以采取市场化运作方式；另一个是公益性项目的受益大众，他们的受益方式主要是通过应用对策类项目的推广实施来实现（如文化共享工程）。至于成果被采纳后的政策导向效应，并由此带来的社会公众受益，则是一个非常滞后的评价过程，需要等待社会实践检验与人类历史评判。其次，项目负责人是从项目立项开始至项目成果产出始终贯穿全过程的评价主体，其评价客体不仅是研究成果，还包括研究过程。最后，项目评审专家则是在项目成果产出之后结项阶段的评价主体，其评价客体主要是研究成果本身。

总而言之，不同评价主体在成果不同生产阶段的评价活动，共同形成了应用性项目成果的评价指标体系。在实际应用中，还要根据具体的评价主体、评价客体、评价阶段与评价目标，灵活调整各评价指标的权重并进行分值合成。

四　研究报告出版物评价指标体系设计

（一）研究报告出版物与皮书系列

如前文所述，研究报告一般是指在实际调查研究的基础上形成的分析报告，属于可供科学决策参考使用的决策咨询与应用对策研究成果，而研究报告出版物则是应用对策研究成果的公开出版与传播形式。"皮书"在内容上可以作为研究报告的别称，在功能上可以指公开传播的研究报告出版物，是从内容与功能的角度对研究报告的概念分解。因此，研究报告出版物与"皮书"概念具有交叉和重叠，二者的评价指标体系可以互相借鉴。

"皮书"最早是以白皮书的形式出现在18、19世纪的英国，源于政府部门对某个专门问题的特定报告，通常这种报告在印刷时不作任何装饰，封面也是白纸黑字，所以称为"白皮书"。皮书按颜色分有蓝皮书、绿皮书、黄皮书、白皮书等。一国政府或议会正式发表的重要文件或报告，各国依其习惯使用不同颜色的封皮，白色的叫白皮书,蓝色的叫蓝皮书(如英国政府),还有红皮书(如西班牙政府)、黄皮书(如法国政府)、绿皮书(如意大利政府)等。使用白皮书和蓝皮书的国家最多,特别是白皮书已经成为国际上公认的正式官方文书。在不少国家,政府发布报告时使用白皮书已基本成为惯例,比如,我国的《中国的民族区域自治》白皮书、《2004年中国的国防》白皮书等。皮书作为一种专题性研究报告,以定期连续发布的方式,通过媒体的话语转换和传播引导社会舆论,引起决策者的关注和吸纳,最终影响决策,基本上涵盖了智库的主要功能和作用方式。目前,皮书研创出版已经成为中国特色新型智库建设的重要抓手和智库成果发布平台。

据中国图书在版编目(CIP)数据库统计数据显示,2015年全国共有345家出版单位出版研究报告类图书2463种。其中,以"皮书系列"品牌在业界获得口碑的社会科学文献出版社,出版品种高达385种,远高于其他出版单位。在前10家出版单位中,除社会科学文献出版社之外,还包括中国金融出版社(86种)、科学出版社(84种)、中国社会科学出版社(70种)、经济管理出版社(55种)、人民出版社(44种)、经济科学出版社(42种)、中国经济出版社(40种)、中国农业出版社(38种)、中国人民大学出版社(36种)。[①]

社会科学文献出版社在十几年前推出了经济蓝皮书,用蓝色作为封面代表学术的严谨慎重,此后又每年推出世界政治经济方面的分析报告,选用黄色封面,以示有所区别;农业问题类的皮书通常用绿色封面,既表示农村的颜色,也表示生态的含义。近几年来,该出版社推出了大型系列皮书,它们由一系列权威研究报告组成,在每年的岁末年初对每一年度有关中国与世界的经济、社会等各个领域的现状和发展态势进行分析和预测。皮书系列的内容涉及经济、社会、文化、金融、法制、医疗、房地产、旅游、人才、教育等经济社会生活的方方面面,具有极强的现实针对性和原创性。为了更加专业地对皮书进

[①] 杨育芬:《2015年研究报告类图书出版现状》,《中华读书报》2016年3月30日第6版。

行持续性评价,社会科学文献出版社于2009年成立了皮书评价研究中心,于2014年更名为皮书研究院。皮书评价得分及排名在2008年"第九次全国皮书工作会议"上首次发布以来,参评的皮书数量逐年递增,截至2015年,皮书参评数量达308种。自2015年起,皮书的评价做了两个方面的调整:第一,考虑不同的学科特点,加分项部分设置了评价评级、社会调查以及模型分析与预测三项内容;第二,将科学计量方法引入皮书的评价中,由于评价的是当年度的皮书,采用引文的方式显然不够合理,因此采用皮书数据库的下载率作为科学计量的指标,同行评议能充分发挥专家的特长和优势,文献计量则给专家评议的主观判断提供了客观数据参考。[①]

社会科学文献出版社认为,皮书应具有固定的特性,这些特性同时也是该社皮书系列图书的出版准入标准与初步评价指标,具体如下[②]:

● 必须是专业资讯类产品。皮书不是一种供普通大众阅读的出版物,而是一种供某专业或与之相关人员查阅的资料,是资讯类专业研究报告。

● 必须是周期性的连续出版物。皮书的出版不是一次性的,而是连续性的,一次性的产品不能被称为皮书。所以皮书都要有一定的时间跨度,并且是一个跨度连着一个跨度。

● 产品的论域必须是某个特定的地域或领域。这里所谓领域包括学科和行业,其中学科可以是交叉性的边缘学科,行业也可以是新兴的行业。

● 必须使用社会科学的视角和方法。皮书所论及的领域本身也许并不属于社会科学的范畴,如医疗卫生、能源等,但皮书的作者必须用社会科学(如经济学、社会学、政治学等)的视角来审视对象,用社会科学的定量方法(如模型、个案、统计、问卷等)来处理对象。

● 必须有总报告。皮书是反映某地域或领域存在状况和发展态势

---

① 张艳丽、蔡继辉:《学术图书评价实证研究——以应用性研究成果皮书内容评价为例》,《出版广角》2016年第7期。

② 中国皮书网(http://www.pishu.cn/pspjpj/zbtx/161365.shtml),访问日期:2015年10月12日。

的研究报告，这一任务单靠个别学者难以完成，必须依靠学术团队的力量，而总报告正是整个团队认识的反映。

● 作者在相关业内必须具有权威性。皮书的作者团队应该是有影响力的研究机构人员，有常设的课题组，主编为国内著名学者。

总而言之，只有符合上述所有要求，研究报告才可以作为皮书系列在该社出版。但要成为该社的品牌皮书与获奖皮书，还必须在皮书出版之后接受更为细致的高标准评价指标体系的检验。每年年初，社会科学文献出版社对在该社出版的所有皮书进行评价，评选出优秀皮书报告，下半年公布评价结果。优秀皮书评价指标体系分为两部分：直接指标与间接指标。直接指标即内容质量评价指标，占评价总值的60%；间接指标即媒体影响力和经济效益评价指标，占评价总值的40%。在间接指标设计中，针对不同的学科领域与研究问题设计相应的媒体报道监测指标评分表，包括国际问题类、宏观经济类、社会政法类、文化传媒类、行业报告类、区域发展类。

（二）研究报告出版物评价指标体系设计

皮书评价指标体系是从出版社的观察视角而设计的评价指标体系，评价主体是出版社主编及编辑团队，注重皮书的可出版性与传播广泛性，以及评价指标数据的可获取性与评价体系的可操作性。与皮书相比，普通研究报告出版物既具有研究报告的成熟性、时效性、实践性、价值性，又具有学术著作的创新性、科学性与传播性。因此，研究报告出版物的评价指标体系，需要通过间接评价指标体系及直接评价指标体系分别反映。

1. 研究报告出版物的间接评价指标体系

我国社会科学研究中的最大问题就是社科成果的转化与价值发挥不充分，只看到成果出来后，通过了哪一级或专家鉴定，在国内或国际什么样的出版社出版，然后就是有关职能部门的承认、奖励、报奖、评职称等好处接踵而来。但这些成果是否能为学术的进步、社会的发展起到一定的推动作用，是否实现了服务社会、资政育人、传承文明的社会价值，是否能引领学术研究的发展方向，对这些问题的重视显得不够。改革现有社科研究成果的评价模式,不能仅以课题结项与报告出版作为唯一的评价手段,还应强调社科研究报告出版后的社会价值与客观评价,使社科研究成果真正走向社会,发挥服务社会、资政育人、传承文明的社会价值。

20世纪以来,我国社会科学研究管理系统逐步建立了课题招标制度、经费资助制度、科研奖励制度、科研考核制度等一整套相对稳定的科研管理制度。这些制度的建立和健全对科研成果质量和学术水平的提高、人才队伍建设等方面起到了一定的推进作用,但是这些制度在执行和落实过程中仍然遇到许多问题。其中,如何解决目前科研成果评价体系中存在的问题,如何建立以能力和业绩为导向并与社会接轨的学术评价体系,是科研管理工作面临的大问题。目前,科研机构管理部门逐步把科研成果的转化与社会价值纳入考核指标体系,以推进科研成果的社会转化,使科研成果发挥出应有的社会效用与实践价值。

研究报告出版物的评价指标体系,在一定程度上与著作评价相似而权重不同。这是因为,二者均为系统研究后的成果出版物,都进入了公开的文献传播渠道,可以直接采用文献计量方法进行间接指标评价。从指标权重来看,学术研究报告出版物比学术著作更侧重于社会价值与社会传播,二者指标权重大于学术价值指标的权重。按照上述思路,这里设计出研究报告出版物的间接评价指标体系,如表6-8所示。

表6-8 研究报告出版物的间接评价指标体系

一级指标	一级指标权重	二级指标	二级指标权重	三级指标	三级指标权重
学术价值	0.1434	被引情况	1.0000	SSCI、A&HCI被引	0.5667
				CHSSCD或CSSCI被引	0.4333
媒体影响	0.3874	报道覆盖率	0.3125	地域覆盖率	0.3571
				跨媒体覆盖率	0.3444
				网络覆盖率	0.2985

续表

一级指标	一级指标权重	二级指标	二级指标权重	三级指标	三级指标权重
社会价值	0.4692	报道深度	0.3579	内容被专题通讯报道	0.2715
				观点被中央电视台评论	0.3329
				媒体专访作者	0.1999
				观点被传统媒体或网络媒体发表评论	0.1957
		报道时续性	0.3296	报道时效性	0.3555
				报道持续时间	0.6445
		被译成其他文种	0.6250	被译成其他文种	1.0000
		再版或印刷多次	0.2385	再版或印刷多次	1.0000
		被采纳程度	0.1365	中央和国家采纳	0.6072
				省级党政和中央部委采纳	0.2638
				省属部、委、厅、局及市州委、市州政府采纳	0.1290

表6-8中，研究报告出版物的"学术价值"指标，借鉴了学术成果评价通用指标"被引情况"，"社会价值"指标借鉴了学术著作评价的"被译成其他文种"、"再版或印刷多次"和"被采纳程度"等评价指标，"媒体影响"指标则主要借鉴社会科学文献出版社皮书评价的"媒体报道"监测指标，包括报道覆盖率、报道深度、报道时续性二级指标。在该指标体系的三个一级指标中，社会价值与媒体影响的指标权重大于学术价值的指标权重，强调了应用对策研究成果的社会价值与传播效果，以区别于基础研究成果的评价指标。

2. 研究报告出版物的直接评价指标体系

研究报告出版物的直接定性评价，一般是针对出版前或出版初期（间接指标尚未充分形成）的科研产出，评价方法主要依靠学科领域专家的定性综合判断，判断依据是研究报告本身所具备的综合品质，并预期该报告的后期出版质量、传播效果与社会价值等。

在直接评价指标要素中，一般应以研究报告的社会价值、成熟完备性、创新程度作为一级指标，二级指标包括领导批示情况、资料准确性、方案成熟性等。在一级评价指标的权重设置中，研究报告的社会价值指标与成熟完备性指标，可以体现出报告的宗旨与质量，因此这两个指标的权重应该大于创新程度指标权重。在二级指标权重设置中，因社会科学研究成果的起点与终点应该是社会实践与社会效益，而领导批阅与采纳则是社会效益发挥的重要环节，所以二者的指标权重都应该给予较高配置。此外，调研资料和数据的准确性，以及研究方案的成熟性、适用性或可操作性，则是研究报告实现其社会价值的基础保障。

第七章　人文社科成果评价体系实证研究

本章节在前文所设计的论文评价指标体系、图书评价指标体系及出版社评价指标体系的基础上，对获奖成果、单篇优秀论文、学术著作及出版社的相关评价指标进行局部的实证研究与方法探索，以便更直观地阐述人文社科成果评价问题。

一　获奖成果评价结果验证

国内对于科技奖励与成果评奖的作用，主要有四种看法：社会对科研劳动成果的承认；社会按照利益交换原则付给科学劳动者的报酬；社会对科研劳动者的激励手段；科学系统的一种自我控制机制。[①] 还有人认为，国内学界热衷评奖，学者热衷拿奖，社会热衷办奖，主要根源还在于利益与资源分配问题，如职称评定、丰厚奖金，以及拿奖所带来的荣誉和对本人学术水平的认可。[②] 如果从科学社会学的角度来看待这一问题，任何一项科研成果尤其是社会科学成果，其价值一般体现在两个方面：一是该成果为社会和人类发展作出贡献；二是社会为此而回馈给作者的个人收益或者是精神上的安慰与成就感。在各系统各层次举办的优秀成果评奖机制下，成果评价结果与利益分配具有必然的联系，属于一种奖励性评价。因此，为了保证成果质量评

---

① 王炎坤、钟书华：《科技奖励论》，华中理工大学出版社2000年版，第27页。
② 陈静、刘方圆：《从学术评奖看学风》，《中国社会科学报》2010年7月29日。

价与奖励性评价的一致性，专家定性判断与定量指标评价之间不仅需要有机结合，还应该相互验证与协调优化。

在本书的第五章，主要研究设计了包括核心论文、经典论文、优秀论文与获奖论文的复合层次论文评价指标体系。其中，优秀论文评选是在被引指标的基础上增加了发表期刊与转载指标，属于间接指标评价；获奖论文评选则是在优秀论文的基础上增加同行评议与评奖委员会意见，属于综合评价。不过，在现实评价实践中，获奖论文一般采取专家直接定性评价的形式，较少将定量评价出来的优秀论文作为获奖论文评选的基本门槛。那么，究竟定量指标测评出的优秀成果与专家评审出的获奖成果之间存在多大程度的相关性？这里尝试通过实证研究进行评价验证与结果分析，从而为专家综合定性评价提供信息参考。

（一）评价标准与指标要素

一般情况下，人文社科成果评价都要涉及科学性、创新性与价值性三大评价标准。[①] 这些评价标准需要通过概念化分解而转化为具体评价指标要素，再通过权重赋值形成评价指标体系。因此，在评价指标体系设计的实际操作中，需要依据评价标准对评价指标作适当的调整，进行指标要素的合并或分解。比如，人文社科成果评价的学术价值标准、科学创新标准与社会价值标准，可以转化并分解为相应的二级指标要素与三级指标要素。

1. 学术价值标准与相应指标要素

论文的学术价值标准可以分解为"被引指数"和"下载指数"两个指标要素，这是因为论文被引用或被下载是论文被学术界使用的两种主要形式，它意味着论文发表之后对学术共同体产生了作用，价值主体与价值客体之间产生了知识转移并形成了价值关系。同时，"被引指数"和"下载指数"分别通过指标"绝对被引""学科被

[①] 任全娥：《人文社科研究成果的评价标准：科学性、创新性与价值性》，《中国社会科学报》2009年5月7日。

引"和"绝对下载""学科下载"来反映。"绝对被引"和"绝对下载"是指单篇论文被引用或被下载的绝对频次;"学科被引"和"学科下载"旨在消除不同学科论文之间的学科差异。"学科被引"是指在一定的时限内,单篇论文的被引总频次与论文所在学科的篇均被引频次之比;"学科下载"是指在一定的时限内,单篇论文的下载频次与论文所在学科的篇均下载频次之比。对于同时属于多个学科的论文,"学科被引"则用该论文被引总频次与这几个学科篇均被引频次的平均数之比计算出来,"学科下载"的算法与此类似。

2. 科学创新标准与相应指标要素

学术成果的科学性是价值性的基础与前提,而创新性是学术成果的基本要求与生命所在。一般情况下,论文的科学性指标与创新性指标构成都要涉及新颖性检索、文摘收录、发刊级别及获奖层次等。因此,按照可操作原则,这里将成果的科学性与创新性这两个指标合并为一个"科学创新性"指标,通过"期刊指数"和"转载指数"这两个指标来反映。这里的"期刊指数"取值观测点为刊载论文的期刊影响因子,"转载指数"则是对该论文被全文转载或摘要转载情况的赋权计算。

3. 社会价值标准与相应指标要素

公开发表的人文社科研究论文不同于对策研究报告,其社会价值相对于学术价值与科学创新性来说,并非标志性指标,但也是显示论文质量的一个重要方面。从因果关系来讲,具有创新性的研究更容易产生良好的学术价值或社会价值;从评价指标体系的设计及操作性来讲,学术价值指标的评价数据较创新性指标和社会价值指标更方便获取。因此,在评价指标体系设计中,"社会价值"指标、"学术价值"指标与"科学创新性"指标,三者共同构成论文类成果评价指标体系的一级指标,只是社会价值指标权重略低。

人文社科成果的社会价值指标,可以分解为"社会反响"和"采纳情况"两个二级指标。但由于成果"采纳情况"的数据不易获取与确定,这里仅采用"社会反响"指标来表示。"社会反响"的数据采集充分利用网络信息交流工具,采用百度搜索结果来反映学术论文在网络空间的传播范围与社会影响。

(二) 评价指标体系设计

学术评价指标体系一般包括指标要素和指标权重两部分，因此在确定好论文评价标准及指标要素构成之后，还需要根据各指标相对于总体目标的重要性为各指标分配权重，最后构建出完整的评价指标体系。

首先，在对评价标准与评价指标进行目标分解与指标构成分析的基础上，采用主成分分析方法，找出其中的各级关联指标，建立论文评价指标的递阶层次结构图，如图7-1所示。

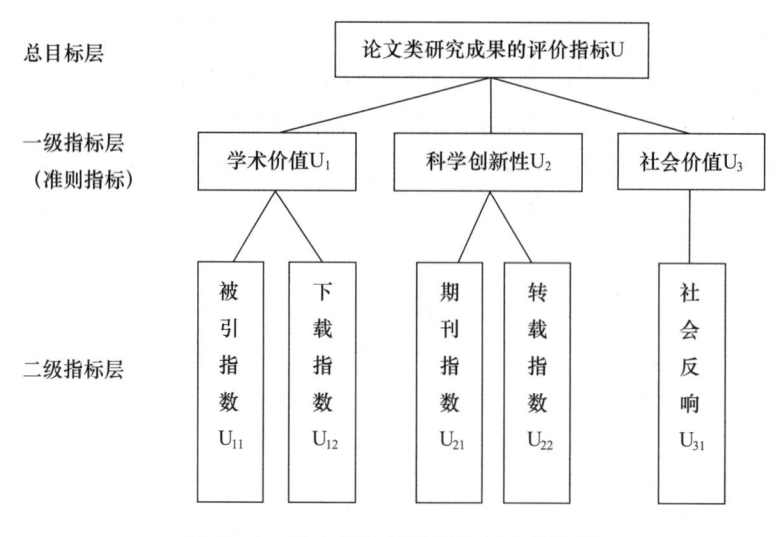

```
总目标层                    论文类研究成果的评价指标U

一级指标层          学术价值U₁      科学创新性U₂      社会价值U₃
(准则指标)

二级指标层    被引指数  下载指数  期刊指数  转载指数  社会反响
              U₁₁      U₁₂      U₂₁      U₂₂       U₃₁
```

图7-1 论文评价指标递阶层次结构图

然后，按图7-1所示的指标体系递阶层次结构，对评价对象进行全面分析，以上一层的某一因素为准则，对下一层有支配关系的全部因素进行两两比较与判断，使用"1—9"的判断标准，赋予各因素一定数值得到两两比较判断矩阵。最后，采用YaaphV11.3软件工具，算出各指标的权重系数，形成论文类成果评价指标体系，具体见表7-1。

表 7-1　　　　　　　　　　论文类成果评价指标体系

一级指标	权重	二级指标	权重	三级指标	权重	综合权重
学术价值	0.6434	被引指数	0.8733	绝对被引	0.1667	0.0937
				学科被引	0.8333	0.4682
		下载指数	0.1267	绝对下载	0.3667	0.0299
				学科下载	0.6333	0.0516
科学创新性	0.2074	期刊指数	0.2500			0.0519
		转载指数	0.7500	A 类转载	0.400	0.0622
				B 类转载	0.300	0.0467
				C 类转载	0.200	0.0311
				D 类转载	0.100	0.0156
社会价值	0.1492	社会反响				0.1492

在表 7-1 中，转载指数包括 A、B、C、D 四类转载形式，A 类转载是指我国四大文摘期刊，包括《新华文摘》《中国社会科学文摘》《人大复印报刊资料》《中国高校文科学报文摘》；B 类转载是指各种报纸类综合性社会科学文摘，如《文摘报》等；C 类转载是指各种专业期刊的文摘栏目，如《经济研究参考》《学术界》等；D 类转载指各种非正式出版的期刊文摘，如《社会科学研究参考资料》等。

（三）评价结果验证[①]

1. 评价对象与数据来源

由于人文社科成果研究周期较长，引文评价指标数据具有较强的时间滞后性，本实证研究为了引文指标价值的充分形成，选取中国社会科学院第六届优秀科研成果中的 43 篇中文学术论文作为分析样本。按照中国知网（CNKI）的分类方法，这些论文共涉及金融、经济体制改革、政治学、世界历史和考古等 25 个学科。

实证数据来源包括 CNKI 数据，以及网络搜索引擎数据、被转载数据等。其中，"被引指数"与"下载指数"的数据来源，可以通过分类统计

[①] 任全娥、龚雪媚：《中国人文社会科学论文评价指标体系实证研究》，《社会科学管理与评论》2011 年第 2 期。

CNKI 中每篇论文的被引情况和下载情况获得，并据此计算出学科被引和学科下载的指标数值，具体计算方法在下文详细讨论；"期刊指数"采用论文发表期刊的影响因子数值，可以通过各种期刊影响因子年度报告查询获取；"转载指数"可以从人文社会科学转载数据库中检索出论文被转载情况，再对转载期刊赋值后计算出论文的转载指数得分；"社会反响"指标可以通过百度搜索引擎对论文标题进行加双引号限定检索，检索结果大致反映出论文主题在社会上的受关注程度与社会反响。

2. 学科被引与学科下载

在上述"被引指数"与"下载指数"评价指标体系中，学科被引指标与学科下载指标的权重较大，分别为 0.4682、0.0516，直接影响到综合评价结果，因此需要重点研究。论文的学科被引指标，也可以叫作论文的学科影响因子（Paper Impact Factor, PIF），计算过程较为复杂，关键是计算学科篇均被引频次。

因此，论文的学科影响因子指标的计算公式可以表示为：

$$PIF_a = CIT_a / \frac{1}{n} \sum_{k=1}^{n} CIT_k$$

在公式中，PIF_a 表示某篇论文 a 的学科影响因子；CIT_a 表示该篇论文的总被引频次；$\frac{1}{n} \sum_{k=1}^{n} CIT_k$ 表示该篇论文所在学科的学科篇均被引频次；n 为该篇论文所在学科的论文总量；k 表示该学科文献序号。论文的学科下载指标与学科篇均下载的计算公式与该公式相同。

首先，通过统计 CNKI 数据库中相关论文数据，专门探讨学科篇均被引和学科篇均下载的三种计算方法：第一种计算方法是对学科论文总体进行计算，将该学科论文的总被引频次和总下载频次进行统计，然后分别除以学科发文总量，从而得到篇均被引和篇均下载的数值；第二、三种方法是针对高质量论文进行统计，分别选取学科核心区的前 20% 和前 30% 的论文作为统计对象。所谓"学科核心区"，是指在某一学科内，按照单篇论文累计被引频次从高到低排序，被引频次大于等于 1 的那部分高被引论文区域。三种计算方法所得的学科篇均被引与篇均下载情况如表 7-2 所示。

表 7-2　获奖论文所在学科的学科篇均被引和篇均下载数值

论文编号	学科	篇均被引（次） 总体 2003年	篇均被引（次） 总体 2004年	篇均被引（次） 20% 2003年	篇均被引（次） 20% 2004年	篇均被引（次） 30% 2003年	篇均被引（次） 30% 2004年	篇均下载（次） 总体 2003年	篇均下载（次） 总体 2004年	篇均下载（次） 20% 2003年	篇均下载（次） 20% 2004年	篇均下载（次） 30% 2003年	篇均下载（次） 30% 2004年
1	中国政治与国际政治	1.36	1.34	16.83	15.1	13.07	11.85	45.59	61.64	288.99	351.67	253.34	311.98
2	金融	2.72	2.63	23.95	21	18.24	16.15	52.05	76.06	262.14	336.15	227.7	296.42
3	经济体制改革	1.9	2.21	19.7	19.77	14.98	15.07	42.27	63.92	235.71	302.2	203.63	261.84
4	经济理论及经济思想史	5.05	5.31	32.86	28.19	24.67	21.63		156.19		468.98		400.04
5	考古	1.01	1.05	9.08	7.38	7.21	6.04	50.54	66.54	176.51	176.29	157.01	161.21
6	世界历史	2.03	1.79	9.26	7.95	7.61	6.65		135.79		295.2		272.02
7	世界文学	2.27		10.76		8.67		179.17		399.4		367.99	
8	财政与税收	1.32		16.13		12.63		30.84		181.73		158.76	
9	工业经济		0.79		13.95		10.86		28.85		257.46		215.51
10	农业经济	1.87	2.38	22.37	20.1	17.04	15.71	27.99	70.62	208.13	324.79	174.62	288.23
11	投资	0.71		12.26		9.58		21.94		169.5		145.57	
12	信息经济与邮政经济		2.69		21.5		17.98		77.46		328.25		299.49
13	行政法及地方法制	2.34		25.09		19.16		56.2		320.98		273.6	
14	行政学及国家行政管理	5.3		23.33		19.7		155.44		376.62		345.98	
15	政治学		3		22.47		17.62		93.24		441.64		368.37
16	人口学与计划生育												

续表

论文编号	学科	篇均被引（次）						篇均下载（次）					
		总体		20%		30%		总体		20%		30%	
		2003年	2004年	2003年	2004年	2003年	2004年	2003年	2004年	2003年	2004年	2003年	2004年
17	社会学及统计学		2.74		23.04		18.09		101.45		492.12		420.01
18	中国古代史		2.16		8.47		7.06		106.6		212.1		188.14
19	中国近现代史	1.74		9.81		7.99		80.74		248.6		213.14	
20	中国通史	1.93		9.98		8.07		91.95		249.57		219.75	
21	中国文学	0.82	0.93	7.67	6.98	6.21	5.71	55.86	74.42	241.71	340.45	236.05	298.04
22	中国语言文字	4.44		26.68		20.2		136.5		477.83		395.77	
23	宗教		0.93		6.31		5.34		67.77		317.28		274.64
24	哲学		2.53		11.26		9		134.89		303.58		271.64
25	旅游		3.33		23.03		17.88		109.11		478.65		399.9

注：论文样本仅用于学术探讨，为避免争议，本表中的论文题目从略，以论文编号代替。本表中的分析样本为中国社会科学院第六届优秀科研成果奖的获奖论文。

表 7-2 显示，按学科发文总数、总被引频次和总下载频次计算出的篇均被引次数并不能很好地反映出学科差异，从而降低了不同学科间论文的可比性。以经济体制改革和中国古代史为例，这两个学科的 2004 年论文篇均被引分别为 2.21 次和 2.16 次，差别不大，但论文被引频次分布却呈现明显差异：经济体制改革领域共发表了 23202 篇论文，论文最高被引次数有 792 次，37.57% 的论文都存在被引的情况；中国古代史领域共发表了 3119 篇论文，论文最高被引次数有 33 次，64.16% 的论文都存在被引的情况。这说明经济体制改革领域论文影响面较宽，读者范围较广，高质量论文多，同时低质量的论文也多；中国古代史领域论文的读者需要具有一定的专业知识，影响范围较小，同时论文总量也较小，但高质量论文比例相对较高。因此，如果直接对学科所有论文统计出篇均被引频次和篇均下载频次，无法通过消除学科差异实现不同学科间的论文比较，不适宜被引指数与下载指数的计算。由于选取样本是高质量获奖论文，因而选取前 20% 和前 30% 学科核心区论文进行统计较为合适，通过计算高质量论文的篇均被引频次和篇均下载频次，体现出学科特点。

需要进一步探讨的是，学科核心区的比例选取与论文综合评价结果之间的关系。在基于学科总体的综合评价结果中，获得一、二等奖的论文居于前半部分，后半部分均是三等奖论文，具体到个别奖项时，一等奖论文排在部分二等奖论文之后，部分三等奖论文排在二等奖之前。在基于 20% 核心区的综合评价结果中，获得一等奖论文的排名有所上升，但获得二等奖论文的排名具有不同程度的下滑，甚至滑到了排名的后半部分。在基于 30% 核心区的综合评价结果中，获得一等奖论文的排名较 20% 核心区排名下降了一位，而二等奖论文排名有所提升。

由此可见，核心区论文比例值设置得越小，一等奖论文排名越靠前，而二等奖论文排名则会逐渐下降，而且个别二等奖论文还会低于三等奖论文排名。同时，因一等奖论文仅有一篇，二等奖论文就被认为是杰出论文群体代表而不宜排名太过靠后。鉴于此，这里选用 30% 的学科核心区来计算样本论文的学科篇均被引和学科篇均下载。

3. 综合评价结果

利用上文讨论的评价指标体系对选定的43篇论文样本进行指标统计，得到每篇论文的各指标分值，并经过指标的无量纲化处理之后，计算出综合得分。最后依据综合得分进行排序，得到获奖论文综合评价结果，如表7-3所示。

为了更直观地展示获奖论文的综合评价结果，我们对论文的三个奖项等级分别给予编号，将综合得分及各单指标得分以折线图的形式表示，如图7-2所示。从图7-2中的折线图可以大致看出综合值与单指标值的相关性，以及各单指标之间的相关性。如果用SPSS软件来计算，则在0.01显著性水平下，论文的综合值与绝对被引、学科被引、绝对下载、学科下载这四项指标均表现出强相关，相关系数分别为0.902、0.917、0.774、0.869；综合值与期刊指数、转载指数与社会反响这三项指标表现出中度相关，相关系数分别为0.45、0.595、0.503。从单指标之间的相关性来看，前四项指标绝对被引、学科被引、绝对下载、学科下载之间表现出强相关，后三项指标期刊指数、转载指数、社会反响之间表现出弱相关或不相关。需要说明的是，这里的被引指数与下载指数高度相关（$r=0.977$，$p<0.01$），部分原因是选取的样本集中于高质量获奖论文，这些论文更容易引起人们的关注与参阅、下载与引用，所以下载指数与被引指数的表现较为一致。

4. 结果分析

从表7-3与图7-2可以看出，获奖论文的综合评价排序结果与其获得奖项级别具有一定的相关性，从而验证了获奖成果评价的科学合理性。虽然有个别成果的奖项排序表现异常，但也基本符合成果评奖的综合判断与整体平衡原则。

（1）从总体排名上看，根据综合评价指标体系得到的排名结果与奖项等级之间的相关程度较高，具有合理性。获得一、二等奖的论文在综合评价结果排名中基本位于前十名，三等奖论文主要排在后半部分。但同时也存在个别异常数据：有两篇二等奖论文分别居于第24位和第26位，而排名第1位的是三等奖论文，这可能与研究主题及

第七章 人文社科成果评价体系实证研究 | 179

表 7-3　获奖论文评价结果[1]

论文编号	作者单位	奖项	所属学科	被引指数 绝对被引	被引指数 学科被引	下载指数 绝对下载	下载指数 学科下载	期刊指数	转载指数	社会反响	综合得分
1	法学所	三等奖	行政法及地方法制	1.0000	1.0000	1.0000	1.0000	0.3545	0.6667	0.4673	0.8352
2	金融所	二等奖	财政与税收	0.2611	0.3718	0.1706	0.3504	0.1423	1.0000	0.1160	0.4019
3	世经政所	三等奖	金融	0.3628	0.3576	0.4303	0.5756	0.3474	0.6667	0.2055	0.3964
4	经济所	二等奖	经济体制改革	0.2301	0.2762	0.3418	0.5175	1.0000	0.6667	0.2198	0.3761
5	农发所	三等奖	金融	0.2920	0.3252	0.4564	0.4598	1.0000	0.6667	0.0163	0.3750
6	人口所	三等奖	人口学与计划生育	0.4513	0.4605	0.7266	0.5830	0.2208	0.0000	0.0950	0.3353
7	世经政所	二等奖	经济体制改革	0.3717	0.4462	0.2305	0.3533	0.2474	0.0000	0.3144	0.3286
8	世经政所	三等奖	投资	0.3496	0.4002	0.5384	0.5595	1.0000	0.0000	0.0113	0.3186
9	工经所	三等奖	经济体制改革	0.1947	0.2323	0.3796	0.4374	0.4010	0.6667	0.2081	0.3165
10	院部	一等奖	政治学	0.0531	0.0485	0.3763	0.3191	0.0224	0.6667	1.0000	0.3094
11	语言所	二等奖	中国语言文字	0.2168	0.1929	0.7865	0.5855	0.1178	0.6667	0.0016	0.2744
12	人口所	三等奖	社会学及统计学	0.1903	0.1891	0.6419	0.4462	0.3114	0.6667	0.0025	0.2688
13	当代中国所	三等奖	工业经济	0.1283	0.2124	0.2181	0.3145	0.0059	0.6667	0.1796	0.2650
14	世界史所	三等奖	世界历史	0.0885	0.2391	0.2806	0.3103	0.0041	0.6667	0.1089	0.2648
15	金融所	三等奖	金融	0.2035	0.2006	0.1250	0.1728	0.1502	0.6667	0.0476	0.2442

[1] 任全娥、龚雪娟：《中国人文社会科学论文评价指标体系实证研究》，《社会科学管理与评论》2011年第2期。

续表

论文编号	作者单位	奖项	所属学科	被引指数 绝对被引	被引指数 学科被引	下载指数 绝对下载	下载指数 学科下载	期刊指数	转载指数	社会反响	综合得分
16	农发所	三等奖	农业经济	0.2832	0.2988	0.2988	0.5358	0.2238	0.0000	0.1628	0.2389
17	哲学所	三等奖	考古	0.0487	0.1213	0.1055	0.2302	0.5654	0.6667	0.0469	0.2164
18	社会学所	三等奖	经济理论及经济思想史；哲学	0.0841	0.0987	0.3392	0.2966	0.5654	0.6667	0.0133	0.2145
19	院部	三等奖	中国语言文字	0.1372	0.1221	0.4935	0.3631	0.1178	0.6667	0.0049	0.2140
20	民族所	三等奖	行政学及国家行政管理	0.1372	0.1287	0.1484	0.1632	0.0750	0.6667	0.1187	0.2113
21	历史所	三等奖	中国古代史	0.0664	0.1690	0.1517	0.2597	0.1217	0.5000	0.0000	0.1874
22	外文所	三等奖	世界文学	0.0664	0.1377	0.1361	0.1016	0.0394	0.6667	0.0075	0.1869
23	拉美所	三等奖	经济体制改革	0.0708	0.0850	0.0514	0.0892	0.0495	0.6667	0.1433	0.1802
24	历史所	二等奖	中国通史	0.0487	0.1085	0.0000	0.0096	0.0359	0.6667	0.0395	0.1673
25	农发所	三等奖	经济体制改革	0.0133	0.0158	0.1953	0.2260	0.2593	0.6667	0.0474	0.1504
26	民族所	三等奖	中国政治与国际政治	0.0973	0.1477	0.4993	0.4764	0.5654	0.0000	0.0057	0.1480
27	文学所	三等奖	中国文学	0.0575	0.1810	0.3145	0.3141	0.0180	0.0000	0.1433	0.1381
28	近代史所	三等奖	中国近现代史	0.0221	0.0498	0.2344	0.3413	0.1217	0.3333	0.0425	0.1145
29	西亚非所	三等奖	中国政治与国际政治	0.0044	0.0061	0.0169	0.0234	0.0056	0.6667	0.0012	0.1091
30	世经政所	三等奖	金融	0.0310	0.0345	0.1510	0.1504	0.3474	0.0000	0.0805	0.0614
31	历史所	三等奖	旅游；考古	0.0310	0.0466	0.1120	0.1192	0.1217	0.0000	0.0969	0.0550

续表

论文编号	作者单位	奖项	所属学科	被引指数 绝对被引	被引指数 学科被引	下载指数 绝对下载	下载指数 学科下载	期刊指数	转载指数	社会反响	综合得分
32	财贸所	三等奖	信息经济与邮政经济	0.0133	0.0249	0.0592	0.1558	0.2593	0.0000	0.0032	0.0367
33	外文所	三等奖	世界文学	0.0177	0.0367	0.0547	0.0352	0.0394	0.0000	0.0616	0.0335
34	外文所	三等奖	世界文学	0.0133	0.0275	0.0853	0.0602	0.0394	0.0000	0.0498	0.0293
35	新闻所	三等奖	中国文学	0.0088	0.0256	0.0762	0.1032	0.1005	0.0000	0.0041	0.0263
36	民族所	三等奖	宗教	0.0133	0.0447	0.0430	0.0471	0.0000	0.0000	0.0001	0.0259
37	西亚非所	三等奖	中国政治与国际政治	0.0177	0.0269	0.0501	0.0439	0.0056	0.0000	0.0018	0.0186
38	俄欧亚所	三等奖	中国政治与国际政治	0.0133	0.0201	0.0228	0.0176	0.0805	0.0000	0.0021	0.0167
39	西亚非所	三等奖	中国政治与国际政治	0.0133	0.0201	0.0046	0.0000	0.0056	0.0000	0.0355	0.0164
40	考古所	三等奖	考古	0.0044	0.0132	0.0286	0.0801	0.0664	0.0000	0.0060	0.0159
41	考古所	三等奖	旅游；考古	0.0088	0.0133	0.0527	0.0558	0.0202	0.0000	0.0211	0.0157
42	经济所	三等奖	中国近现代史	0.0044	0.0100	0.0234	0.0440	0.0179	0.0000	0.0115	0.0107
43	考古所	三等奖	考古	0.0000	0.0000	0.0098	0.0471	0.0664	0.0000	0.0047	0.0069

注：评价结果仅用于学术探讨，为避免争议，本表中的论文题目从略，以论文编号代替。本表中的作者单位均为中国社会科学院各研究所简称。

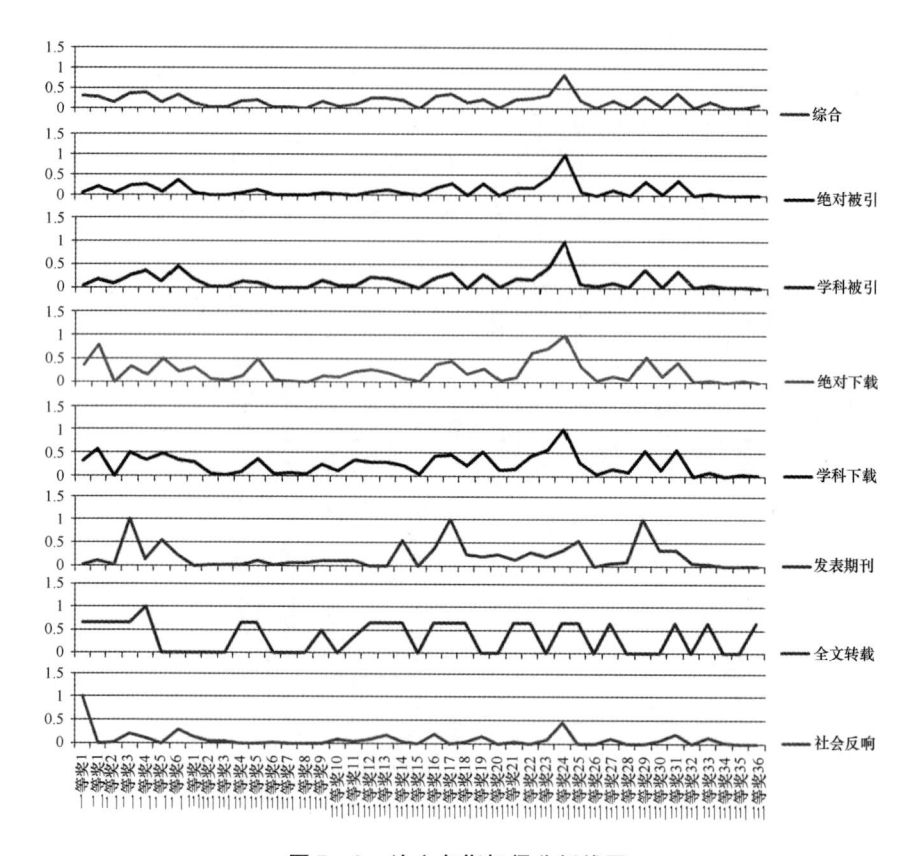

图 7-2 论文各指标得分折线图

传播范围等因素有关。在具体评价时，建议将数据表现异常的论文单独抽出来，结合其他各种指标进行更为细致的综合评价。

（2）按论文所属学科分类排序，各学科论文的排名与其所获奖项完全一致。这进一步说明，指标体系中的被引指数与下载指数的计算需要分学科进行，同时认真研究学科核心区划分方法，以及核心区的篇均被引与篇均下载的计算方法。

（3）按作者单位对论文进行分类后排序，各单位的论文排序情况与获得的奖项大体一致，个别单位之间的排序位次有所异常。例如，中国社会科学院院部、经济所和金融所的论文排序与论文获得的奖项完全一致；世经政所、民族所和历史所的论文排序与获得奖项个别不一致，各有一篇三等奖论文排在二等奖论文之前。此外，各单位之间的获奖等级与个数也存在差异，这种差异性因素较为复杂，既与评奖过程中的人为因素有关，也与各单位整体发文情况有关。

综上所述，论文综合排序与奖项分布在整体上是一致的，个别不一致的地方存在多方面的原因：首先，论文之间的学科差异难以彻底消除，需要进一步研究学科篇均被引和篇均下载的计算方法；其次，社会反响这一指标的分值是根据搜索引擎的搜索结果来计算，而网络搜索结果往往缺乏稳定性；最后，论文的奖项安排可能会受到一些社会因素的干扰与影响，如各研究单位之间的名额平衡以及作者的学术地位等。

二 单篇优秀论文评价实证分析

在人文社科成果评价中，单篇论文评价作为微观层面的成果评价方式，逐渐引起国内外学界的关注和研究。长期以来，科学管理部门对学术论文采取"以刊评文"的评价方法，通过学术论文的母体文献的属性或质量进行论文评价，比如期刊的影响因子、所在分区、被知名检索平台收录等因素。这些载体评价指标代表了期刊特定时间段的质量水平与学术影响，但对于个性化特点非常明显的单篇论文评价，同时还需要结合单篇论文的自身表现来"以文评文"。

因此，除了采用期刊载体指标进行"以刊评文"，学术论文评价的另一重要指标应是直接对论文本身的影响力进行测评。论文被引用可以体现出论文的学术价值，较高的被引频次说明文章具有较高的影响力。但应注意的是，由于学科自身特点的差别，不同学科之间的被引频次差异很大，需要区分各学科特点才具有可比性。随着数字出版的发展，出版形式逐渐多样化，科研成果的发布已不再局限于在传统期刊上发表，越来越多的原创性最新学术成果发表在OA数字出版平台上，这类论文无法按照旧有的评价体系进行评价，而是更加注重对论文本身的评价。

在单篇论文定量评价研究方面，安德拉斯（S. Andras）[①]在赫希（Jorge Hirsch）提出的科研人员 h 指数的基础上，提出了单篇文献的 h 指数，基本概念为：在论文 P 的所有引文中，有 n 篇引文每篇至少被引用了 n 次，那么论文 P 的 h 指数就是 n。博尔内曼（L. Bornmann）等[②]提出的"成功论文"（Successful Paper，SP）也是对单篇论文评价的一种探索，是指一篇论文的被引用次数超过该文章参考文献数量的论文，指出文献第一次被引用的间隔时间越短其影响力越高。国内学者丁颖等人[③]借鉴谷歌的 Pagerank 算法就单篇论文的引文指标进行加权设计，并考虑了引用间隔权重和引用期刊权重对 Pagerank 算法作了改进。此外，国内外学界还提出了"F1000 论文""表现不俗论文""领跑者论文"等概念及其评价方法。

本书在第五章提出的复合层次指标论文评价方法，包括核心论文、高被引论文、经典论文、权威论文、优秀论文与获奖论文的评选方法也都属于单篇论文评价。其中，优秀论文评价是在被引用指标的基础上增加了其他定量评价指标，属于相对综合性的客观评价。因此这里以本书所界定的优秀论文评价为例进行数据统计与实证分析，以期为单篇论文评价提供一种分析视角与实践路径。

如前文所述，优秀论文评选不必考虑各种社会利益与资源分配因素，它是获奖论文的参评门槛与前提条件。优秀论文评价需要在被引指标的基础上增加发表期刊、转载情况与社会反响等综合性客观指标；而获奖论文的评选涉及的因素更为复杂，不仅有论文质量因素，还会有利益平衡与社会建构因素，评价结果在很大程度上受到评价目

[①] S. Andras, "Using the H-index for Assessing Single Publication", *Scientometrics*, 2009, 78 (3): 559-565.

[②] L. Bornmann, H. D. Daniel, "The Citation Speed Index: A Useful Bibliometric Indicator to Add to the H-index", *Journal of Informetrics*, 2010, 4 (3): 444-446.

[③] E. Yan, Y. Ding, "Weighted Citation: An Indicator of an Article's Prestige", *Journal of the American Society for Information Science and Technology*, 2010, 61 (8): 1635-1643.

标与评价主体的影响。由此可见，由于优秀论文是获奖论文的参评资格与合法前提，即经过综合性客观指标筛选出的论文成果（对于个别数据异常的优秀论文可以申请单独评审）才有资格参评获奖论文，那么这一评选机制将会在一定程度上限制获奖论文评选中的人为干扰因素，使获奖论文在保证质量的前提下实现各种关系协调与评价目标。

优秀论文评价特点是多指标综合评价，不仅要考虑文献被引情况、发表期刊质量及二次文献全文转载情况，还要考虑网络传播与社会影响等，也就是说要兼顾到学术论文的科学性、创新性与价值性。由此可见，优秀论文评选相对较为复杂，一般都要面对测评指标的多元化与细分化，以及不同学科论文之间的可比性问题。

本章主要针对这些问题设计细化指标，并分别选取单学科优秀论文及多学科优秀论文作为评价对象样本进行实证分析，尝试从多角度展示单篇优秀论文的评价指标、评价方法与评价步骤。

（一）单学科优秀论文

1. 指标体系设计

按照本书的评价理论与评价方法，优秀论文综合评价指标体系的一级指标包括学术价值指标、科学创新性指标与社会价值指标，二级指标包括被引指数、期刊指数、转载指数与社会反响，三级指标包括绝对被引、相对被引、转载级别等。其中，相对被引指标的计算方法是本研究设计的重点和难点。为了从多角度揭示这一指标，这里借鉴雷德斯朵夫（L. Leydesdorff）等人[1]提出的"六等级百分比区间"来设计相对被引指标，并结合绝对被引、期刊指数、转载指数与社会反响各指标，通过对指标权重赋值形成单篇优秀论文的综合评价指标体系，如表7-4所示。

---

[1] L. Leydesdorff, L. Bornmann, etc., "Turning the Tables in Citation Analysis One More Time: Principles for Comparing Sets of Documents", *Journal of the American Society for Information Science and Technolog*, 2011, 62 (7): 1370–1381.

表7-4 单篇优秀论文综合评价指标体系

一级指标	权重	二级指标	权重	三级指标		权重	综合权重
学术价值	0.6434	被引指数	0.6434	绝对被引		0.2667	0.1716
				相对被引：六等级制中所在区间与对应分值	50th 以下：1	0.7333	0.4718
					50th—75th：2		
					76th—90th：3		
					91th—95th：4		
					96th—99th：5		
					top1：6		
科学创新性	0.2074	期刊指数	0.2500			0.2500	0.05185
		转载指数	0.7500	A类转载	0.4000	0.7500	0.15555
				B类转载	0.3000		
				C类转载	0.2000		
				D类转载	0.1000		
社会价值	0.1492	社会反响	0.1492			0.1492	0.1492

表7-4中，"被引指数"包含两个三级指标：绝对被引与相对被引。绝对被引是指单篇论文被引用的总频次，是一种绝对值指标；相对被引是用六等级制的方法来多角度反映论文的相对被引情况。六等级制法是将单篇文献的被引频次与其所在学科其他文献的被引频次进行比较，并以区间的形式反映其在全学科被引中所处的位置，以此来体现论文的相对被引情况。六等级制所采用的具体方法，是在同一参考系内，将引文数少于某一篇文章引文数的文献的数量表示成百分数，百分数四舍五入为整数。

"六等级百分比区间"指标的引文等级分为如下六个等级：

一等级：50th以下（百分比少于50%的论文）；

二等级：50th—75th（百分比在［50%；75%］区间的论文）；

三等级：76th—90th（百分比在［76%；90%］区间的论文）；

四等级：91th—95th（百分比在［91%；95%］区间的论文）；

五等级：96th—99th（百分比在［96%；99%］区间的论文）；

六等级：top1（百分比在99%以上的论文）。

落在不同等级区间的论文，其权重值也不同。每篇论文的被引初始得分由各论文的被引次数与等级权重值及对应区间的分值的乘积相加获得。假设每个在50%以下等级的论文的分值算作1，每上升一个百分比区间分值加1，则在前top1区间的论文的分值为6。"六等级制"分区被引评价指标的引入，一方面从相对被引的角度对成果的被引进行评价，弥补了被引指数下"绝对被引"指标的不足；另一方面也从学科整体的角度来评价单篇论文在整个学科交流中的价值和地位。

2. 评价样本与数据来源

本实证研究的评价样本为单篇优秀论文，并假设获奖论文必然是优秀论文，选取教育部第五届高等学校科学研究图书情报与文献学优秀获奖论文作为评价对象。该学科领域的优秀论文共有11篇，所获奖项包括一等奖和三等奖（因二等奖成果均为学术著作或研究报告，不作为评价样本）。

本次评价实证的数据来源，主要包括中国知网引文数据库、"百度"搜索引擎、转载数据库及期刊影响因子报告。通过中国知网引文数据库可以检索并计算出论文的"被引指数"；通过期刊引证评价报告发布的影响因子数据可以获得论文的"期刊指数"；通过人文社会科学转载数据库可以检索出论文被转载情况，并根据设定权重赋值计算出论文的"转载指数"；通过百度搜索引擎对论文标题进行双引号限定检索，检索结果的数量可以大致反映出论文主题在社会上的受关注程度与社会反响情况。

3. 数据处理与指标统计

通过上述的数据来源，分别检索、处理与统计被引指数、期刊指数、转载指数和社会反响的评价指标数据。其中，数据处理最为复杂的评价指标是被引指数，需要处理样本论文的绝对被引情况以及在固定时间内图书情报学科领域论文的被引情况，并据此计算样本论文的绝对被引指标及其在"六等级制百分比区间"相对被引指标。

首先计算被引指数。分别以这些样本论文的篇名为检索词进行标题检索，从中国引文数据库中获取论文的绝对被引指标数值。为了计算相对被引指标数值,判断这些论文在"六等级制"中所处的区间,还需获得图书情报学科所有学科论文的学科总被引频次,再根据论文所在不同区间为其赋予不同权重分值,从而得到论文的绝对被引和区间分值,最后形成"六等级制"下样本论文的绝对被引与相对被引统计结果。

然后,处理和统计其他指标数据,即期刊指数、转载指数与社会反响指标。通过上文所述的各种相应检索手段,统计得到样本论文的各指标原始数据,如表7-5所示。

表7-5　　　　　　　　样本论文的各指标原始数值

论文编号	被引指数 绝对被引频次(次)	被引指数 六等级制值	期刊指数	转载指数	社会反响(次)
1	27	6	4.6318	0.2	242
2	8	2	4.6318	0	341
3	8	2	4.6318	0.2	206
4	60	6	4.6318	0.6	345
5	461	6	1.3097	0	62600
6	5	2	1.1913	0.2	484
7	30	6	2.2903	0.1	259
8	17	5	2.2903	0.2	542
9	32	6	2.2903	0.1	285
10	21	5	2.2903	0.3	364
11	5	2	0.1633	0	284

4. 评价结果

将表7-5中的指标数据进行无量纲化处理,并按照各指标权重进行加权计算,得出每篇样本论文的综合得分。依据综合得分进行排序,结果如表7-6所示。

表 7-6　　　　　　　　　样本论文综合评价结果

综合排序	论文编号	获奖等级	被引指数 绝对被引	被引指数 相对被引	期刊指数	转载指数	社会反响	综合得分
1	5	三等奖	1.0000	1.0000	0.2828	0	1.0000	0.807261
2	3	一等奖	0.0174	0.3333	1.0000	0.3333	0.0033	0.731086
3	4	一等奖	0.1302	1.0000	1.0000	1.0000	0.0055	0.702356
4	1	一等奖	0.0586	1.0000	1.0000	0.3333	0.0039	0.586127
5	9	三等奖	0.0694	1.0000	0.4945	0.1667	0.0046	0.535954
6	7	三等奖	0.0651	1.0000	0.4945	0.1667	0.0041	0.535148
7	10	三等奖	0.0456	0.8333	0.4945	0.5000	0.0058	0.505265
8	8	三等奖	0.0369	0.8333	0.4945	0.3333	0.0087	0.478275
9	6	三等奖	0.0108	0.3333	0.2572	0.3333	0.0077	0.225467
10	2	一等奖	0.0174	0.3333	1.0000	0	0.0054	0.212907
11	11	三等奖	0.0108	0.3333	0.0353	0	0.0045	0.161633

注：本届该学科领域的获奖论文共有 11 篇，所获奖项涵盖一等奖和三等奖，因二等奖成果为研究报告和学术著作，不在本表统计范围。

5. 分析与讨论

按照论文复合层次评价机制，优秀论文与获奖论文既有区别又有联系，后者应该在前者的基础上遴选而出。从表 7-6 中的论文奖项等级与综合排序结果可以看出，单篇优秀论文与获奖论文之间排序总体一致但偶尔会存在少许偏差。在四个一等奖论文中有三个都在综合排序中名列前茅，其中一个出现偏差排名靠后；有一篇三等奖论文的综合排序跃居第一位。出现偏差的这两篇论文，需要单独做个性化全面分析与内容评价。以那篇排序靠后的一等奖论文为例，该文由于文摘期刊转载指数为零而影响了综合得分，但从内容上讲，该文与其他三篇一等奖论文属于同一系列论文，而且内容上具有连贯性，学术质量应该均属上乘。这同时也反映出客观测评指标在优秀论文遴选方面的局限性，因此要在单篇论文评价时特殊关照个体差异。

再看那篇排序第一位的三等奖论文样本，其转载指数为零，期刊指数也不是最高，似乎不是期刊编辑和审稿专家特别偏爱的学术成果。然而，这篇论文的被引用指数和社会反响指数的两指标得分在样本论文中遥遥领先，在学术界和大众评价中人气极其旺盛。其中缘由正如该文作者本人所言："由于论文发表于该领域研究热潮之初，同时具有相当的系统性和研究深度，因此本文发表后的三年多时间里一直受到图书馆学情报学研究者的关注。这篇论文几乎成为研究人员撰写该领域的学术论文、学术专著或学位论文必须引用的文献。"① 由此可见，一篇论文的选题是否具有时代意义与创新价值，对论文广泛传播与发挥影响力非常重要。但是，由于成果价值的形成需要一个过程，其间会受到各种因素的影响，而期刊发表和转载都需要对遴选论文作出即时评价，因此可能有所偏差，而这一偏差反过来又可能影响到评奖专家的判断与获奖结果。

总而言之，在具体评价实践中，评价目标是多样的，评价主体是多元的，评价结论也是各异的。专家定性评价与文献计量评价，只是直接指标与间接指标、即时评价与延时评价的差异，二者在实质上是互为因果、互相影响的，起决定作用的仍然是成果自身的优秀程度。不论是成果的载体指标还是自身表现指标，都是学术交流机制中形成的一种信任传递形式，可能会受到各种各样的非学术因素影响，也存在这样或者那样的弊端。这就给我们一个启示：成果评价需要区分过程评价与最终评价，也要区分优秀成果评价与获奖成果评价。优秀论文只是客观指标表现方面的优秀，而获奖论文评价则是在评价目标与评价环境综合作用下产生的过程评价，因此不要期望一次评价解决所有的评价问题，只有经过长期历史与实践的检验才是最终的评价结果。

（二）多学科优秀论文

以上是对某单一学科的优秀论文评价，不涉及消除学科之间差异的问题，但是人文社科的学科结构非常复杂，学科之间存在的差异性也很明显。因此，多学科人文社会科学优秀论文评价指标设计，还要同时考虑单篇论文所属学科的文献知识交流特点，通过细化微观指标

---

① 中国高校人文社会科学信息网，http：//www.sinoss.net/2010/0314/19509.html（访问日期：2015 年 9 月 16 日）。

来实现多学科之间的可比性。这在本章第一节也有所讨论。

这里将略去上述单学科优秀论文评价过程中的期刊指数、转载指数与社会反响等指标的实证研究,而把研究重点放在不同学科论文的被引用与被下载指标的细化方面。根据第五章中关于不同学科半衰期及文献类型比例计算结果,并考虑人文社科的学科差异性而设计出被引用与被下载的相对指标,以期通过文献计量方法消减人文社科成果评价中的学科偏差。

1. 实证样本与数据来源

本次实证研究,旨在通过实例展示说明多学科单篇优秀论文的评选方法与步骤,而非验证评价指标的信度与效度,不追求评价结果的准确性与可用性。针对人文社科成果价值形成周期较长的特点,本研究实证样本与数据来源历时较久,均为经过时间检验的满足研究条件的高质量论文。

这里,为了选取文献半衰期较长的样本论文,本研究以某单位官方网站公布的资深专家群体的学术论文成果作为实证分析样本,而且学术成果的学科覆盖面尽量涉及人文社科各个学科领域。首先,以中国知网(CNKI)文献数据库为检索对象,按照资深专家名单进行作者检索,以检出的论文为基础数据构建论文样本集。然后,对样本集数据进行初步筛选与学科分类,按照学科类别核查样本论文所在学科的半衰期及文献类型比例(各学科引文半衰期及文献类型比例参见前文第五章)。最后,经过对每一篇论文的发表时间与所在学科半衰期进行分学科核对,得到发表时间大于半衰期的符合评价条件的有效样本论文共34篇。

2. 关键指标测评与操作步骤

对于多学科论文评价,通过"被引指数"与"下载指数"消除学科差异是关键操作环节。为了计算样本论文的"被引指数"与"下载指数",本实证的指标计算方法与操作步骤如图7-3所示。

3. 测评结果

本次实证研究充分考虑人文社科成果的学科特点,不仅设计出通用的学科篇均被引和学科篇均下载指标,计算出优秀论文的被引指数

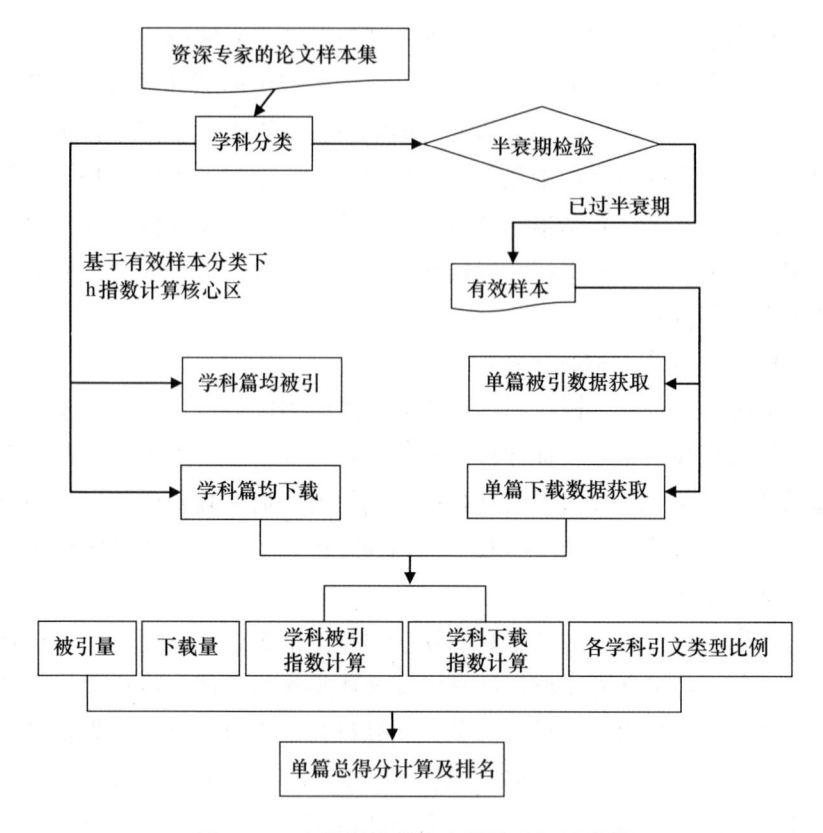

图 7-3　多学科单篇论文评价实证流程图

与下载指数,而且将指标计算结合不同学科的引文半衰期与文献类型比例,突出了人文社会科学成果在文献计量评价指标中的复杂性与多样性。具体指标体系与测评结果见表 7-7。

4. 研究结论

本次研究针对人文社科成果评价中长期存在的文献计量方法缺陷,尝试引入不同学科的半衰期差异及文献类型差异因素,将其作为各指标数值合成的权重配置依据。通过计算各学科半衰期,并按照不同评价时间窗口计算指标数值,试图解决人文社会科学理论发展周期不一致、引文半衰期统计"一刀切"的问题(如 2 年影响因子、3 年影响因子、5 年影响因子)。从文献类型差异来看,人文社会科学

表7-7 多学科单篇论文文献计量指标测评结果

论文编号	学科分类	学科半衰期（年）	论文被引频次	论文下载频次	学科篇均被引频次	学科篇均下载频次	期刊类型比例	学科被引指数	学科下载指数	总得分
1	中国语言文字	5.4	142	4479	95.2143	2218.5536	34.46%	4.3278	5.8586	232.5679
2	宏观经济管理与可持续发展	2.8	196	4221	136.2658	3815.3797	43.20%	3.3295	2.5609	227.4424
3	宏观经济管理与可持续发展	2.8	316	3788	136.2658	3815.3797	43.20%	5.3680	2.2982	226.2422
4	企业经济	2.8	234	3499	103.1290	3229.5806	43.20%	5.2523	2.5079	200.7971
5	宏观经济管理与可持续发展	2.8	280	2652	136.2658	3815.3797	43.20%	4.7565	1.6090	167.6763
6	宏观经济管理与可持续发展	2.8	93	2482	136.2658	3815.3797	43.20%	1.5798	1.5058	130.2242
7	马克思主义	4.7	35	2568	45.5385	1221.9615	14.01%	5.4859	15.0003	129.7031
8	经济体制改革	2.8	77	2244	118.7778	3504.6111	43.20%	1.5006	1.4822	116.7681
9	经济体制改革	2.8	94	1835	118.7778	3504.6111	43.20%	1.8319	1.2120	100.4442
10	农业经济	2.8	81	1841	67.1667	1708.9375	43.20%	2.7916	2.4937	99.6315
11	宏观经济管理与可持续发展	2.8	61	1918	136.2658	3815.3797	43.20%	1.0362	1.1637	98.9160
12	经济理论及经济思想史	2.8	73	1634	61.5152	1809.0000	43.20%	2.7470	2.0909	88.7765
13	行政法及地方法制	3.5	74	1508	42.0333	1351.2333	23.94%	7.3538	4.6617	86.6217
14	政治学	3.4	27	1688	34.5652	1465.0000	21.92%	3.5636	5.2565	85.4380
15	法理、法史	3.5	17	1464	44.5385	1538.1538	23.94%	1.5944	3.9757	72.0303
16	中国政治与国际政治	3.4	35	1335	56.7714	2274.5714	21.92%	2.8125	2.6776	69.4349
17	农业经济	2.8	110	1038	67.1667	1708.9375	43.20%	3.7910	1.4060	67.1545

续表

论文编号	学科分类	学科半衰期（年）	论文被引频次	论文下载频次	学科篇均被引频次	学科篇均下载频次	期刊类型比例	学科被引指数	学科下载指数	总得分
18	经济理论与经济思想史	2.8	61	1103	61.5152	1809.0000	43.20%	2.2954	1.4114	61.9547
19	民商法	3.5	18	1221	55.5152	1780.2121	23.94%	1.3544	2.8650	60.6126
20	工业经济	2.8	46	898	100.3864	2371.6591	43.20%	1.0607	0.8765	49.2968
21	工业经济	2.8	55	815	100.3864	2371.6591	43.20%	1.2682	0.7955	46.8922
22	宏观经济管理与可持续发展	2.8	46	789	136.2658	3815.3797	43.20%	0.7814	0.4787	43.9931
23	中国语言文字	5.4	37	655	95.2143	2218.5536	34.46%	1.1277	0.8568	36.7340
24	政党及群众组织	3.4	2	478	54.1935	1797.2903	21.92%	0.1684	1.2133	22.7380
25	中国语言文字	5.4	4	444	95.2143	2218.5536	34.46%	0.1219	0.5808	21.3637
26	中国政治与国际政治	3.4	5	378	56.7714	2274.5714	21.92%	0.4018	0.7581	18.6582
27	中国政治与国际政治	3.4	9	330	56.7714	2274.5714	21.92%	0.7232	0.6619	17.2348
28	经济体制改革	2.8	13	276	118.7778	3504.6111	43.20%	0.2534	0.1823	14.9258
29	中国政治与国际政治	3.4	10	143	56.7714	2274.5714	21.92%	0.8036	0.2868	8.7133
30	经济理论与经济思想史	2.8	0	176	61.5152	1809.0000	43.20%	0.0000	0.2252	8.2021
31	中国政治与国际政治	3.4	2	135	56.7714	2274.5714	21.92%	0.1607	0.2708	6.7074
32	中国语言文字	5.4	1	116	95.2143	2218.5536	34.46%	0.0305	0.1517	5.5739
33	中国政治与国际政治	3.4	1	91	56.7714	2274.5714	21.92%	0.0804	0.1825	4.4502
34	经济体制改革	2.8	3	68	118.7778	3504.6111	43.20%	0.0585	0.0449	3.6449

成果的文献类型复杂，期刊论文类成果所占比例在整体上少于自然科学，如果简单以期刊论文引用指标来评价人文社科成果，难免会掩盖期刊论文之外其他文献的引用数据表现，这对于以专著和报告为主要成果类型的人文社科有失公允。本次实证重点在于阐明不同学科特点及其论文指标的设计思路，而数据统计结果仅供参考。在今后具体的评价实践中，还需要投入必要的人力、物力去积累储备大量全面可靠的评价数据与统计工具，以便可持续性地支撑新指标的探索与使用。

三 论文评价时段的描述分析

在评价实践中，有个问题一直无法绕开，那就是最佳评价时间的选择。这一点在前文内容中也略有阐述。按照哲学价值指标的评价理论依据，成果评价实质上就是成果价值判断，而成果价值的充分形成是需要时间的。我们知道，实践是检验真理的唯一标准，而社会科学研究成果是否真理以及如何检验其真理性，也都需要长期的社会实践。据了解，享有盛誉的诺贝尔奖，获奖成果大部分是至少 10 年甚至 20 年、30 年前的研究成果。这些成果可谓久经考验、历经锤炼。以诺贝尔经济学奖为例：1969 年第一届得主挪威奥斯陆大学的弗瑞希教授与荷兰经济学院的丁伯根教授，其得奖成果主要是 30 多年前的经济计量学模型；1970 年得主美国麻省理工学院的萨缪尔森教授，得奖成果主要是 20—30 年前的成果《经济分析基础》《线性规划和经济分析》《经济学》；而 1994 年得主美国普林斯顿大学的纳什教授，其得奖成果则是 44 年前发表的博士学位论文《非合作对策》。由此可见，如果想科学全面地评价一项基础研究成果、一名学者或者一个科研机构，必须要有充分的价值积累与时间保障。

不仅社会科学成果的社会价值与真理性检验需要充分的时间保障，其学术影响力的真正形成与充分发挥，也需要足够的时间积累。具体到学术论文的被引频次指标，在评价指标体系设计时就应考虑到不同学科的引文周期与引文规律，在引文的时间分布方面积极探索，从而最大限度地减少文献计量评价方法的局限性。为此，一方面，可以利用各种引文数据库持续跟踪论文的被引情况，实时了解成果个体被使用情况；另一方面，还需要研究不同学科论文的引文峰值与半衰期表现，为评价指标与评价方案提供时间分布依据。

本实证为了从多角度描述与分析人文社科论文的评价时段，选用美国科睿唯安的 WoS 及其基本科学指标数据库（Essential Science Indicators，ESI）为数据源，描述分析不同学科论文的引文峰值与半衰期以及高被引论文的引文时间分布规律，以期从评价时间角度探索人文社科成果评价问题。

（一）各学科引文峰值与半衰期

本研究主要采取"共时法"分析学术论文在某一具体时间段的引文峰值分布情况，从方法论的角度为我国英文论文的评价实践提供参考。首先，按照引文数据库自带的学科类别，分学科对 WoS 引文数据库收录的我国 2010 年发表的英文期刊论文进行检索，采集与汇总这些论文的参考文献数据，包括参考文献的题目、作者、来源、卷期、年月等题录信息。然后，统计分析每个学科论文的历年被引频次，计算被引累计百分比，从中找出这些学科论文的引文峰值所在的三个年代时间点。最后，得到各学科领域论文的引文峰值，并计算出各学科论文的引文半衰期。

1. 各学科领域引文峰值分布

通过统计 21 个学科领域的共时被引表现及峰值分布发现：法学、图书馆学与情报学、商业金融领域、人类学、区域研究领域、国际关系领域、语言文字学、政治学、社会学、经济学这 10 个学科领域的引文峰值年分布较为集中；农业经济与政策领域、考古学、教育学、伦理学、社会工作领域、公共管理领域、哲学这 7 个学科领域的引文峰值年分布较为分散；跨学科社会科学领域、历史学、文学、亚洲研究领域这 4 个学科领域因来源期刊论文太少而引文峰值年表现不明显。

各学科领域论文被引峰值年统计结果如表 7-8 至表 7-28 所示。

表7-8　　　　　　　　　　法学论文被引峰值年统计结果

被引文献出版年	2010	2009	2008	2007	2006	2005	2004	2003	2002	…	1892	总被引
被引次数	82	227	239	200	179	164	154	108	100	…	1	2249
累计百分比（%）	3.65	13.74	24.37	33.26	41.22	48.51	55.36	60.16	64.61	…	100.00	
被引峰值年（前三年）		2	1	3								

表7-9　　　　　　农业经济与政策领域论文被引峰值年统计结果

被引文献出版年	2010	2009	2008	2007	2006	2005	2004	2003	2002	…	1943	总被引
被引次数	1	13	32	17	24	15	21	18	15	…	1	249
累计百分比（%）	0.40	5.62	18.47	25.30	34.94	40.96	49.40	56.63	62.65	…	100.00	
被引峰值年（前三年）				1		2		3				

表7-10　　　　　图书馆学与情报学论文被引峰值年统计结果

被引文献出版年	2010	2009	2008	2007	2006	2005	2004	2003	2002	2001	…	1921	总被引
被引次数	16	96	123	125	146	131	130	153	116	96	…	1	1908
累计百分比（%）	0.84	5.87	12.32	18.87	26.52	33.39	40.20	48.22	54.30	59.33	…	100.00	
被引峰值年（前三年）					2	3		1					

表7-11　　　　商业金融领域论文被引峰值年统计结果

被引文献出版年	2010	2009	2008	2007	2006	2005	2004	2003	2002	2001	…	1829	总被引
被引次数	20	87	98	97	145	115	108	119	113	98	…	1	1947
累计百分比（%）	1.03	5.50	10.53	15.51	22.96	28.86	34.41	40.52	46.33	51.36	…	100.00	
被引峰值年（前三年）					1	3		2					

表7-12　　　　人类学论文被引峰值年统计结果

被引文献出版年	2010	2009	2008	2007	2006	2005	2004	2003	2002	…	1877	总被引
被引次数	77	228	248	204	182	156	161	124	106	…	1	2406
累计百分比（%）	3.20	12.68	22.98	31.46	39.03	45.51	52.20	57.36	61.76	…	100.00	
被引峰值年（前三年）		2	1	3								

表7-13　　　　考古学论文被引峰值年统计结果

被引文献出版年	2010	2009	2008	2007	2006	2005	2004	2003	2002	…	1901	总被引
被引次数	1	6	4	7	10	7	2	4	5	…	1	81
累计百分比（%）	1.23	8.64	13.58	22.22	34.57	43.21	45.68	50.62	56.79	…	100.00	
被引峰值年（前三年）		3		2	1	2						

表 7-14　　　　区域研究领域论文被引峰值年统计结果

被引文献出版年	2010	2009	2008	2007	2006	2005	2004	2003	2002	2001	…	1935	总被引
被引次数	9	13	5	2	0	3	3	4	2	1	…	1	58
累计百分比（%）	15.52	37.93	46.55	50.00	50.00	55.17	60.34	67.24	70.69	72.41	…	100.00	
被引峰值年（前三年）	2	1	3										

表 7-15　　　　亚洲研究领域论文被引峰值年统计结果

被引文献出版年	2010	2009	2008	2007	…	1998	1997	…	1989	1983	1965	1963	…	1831	总被引
被引次数	0	0	0	1	…	2	1	…	1	1	1	1	…	1	10
累计百分比（%）	0	0	0	10.00	…	40.00	50.00	…	60.00	70.00	80.00	90.00	…	100.00	
被引峰值年（前三年）				2		1	2		2	2	2	2		2	

表 7-16　　　　教育学论文被引峰值年统计结果

被引文献出版年	2010	2009	2008	2007	2006	2005	2004	2003	…	1893	总被引
被引次数	4	29	22	27	25	25	32	16	…	1	290
累计百分比（%）	1.38	11.38	18.97	28.28	36.90	45.52	56.55	62.07	…	100.00	
被引峰值年（前三年）			2		3		1				

表7-17　　　　　　　伦理学论文被引峰值年统计结果

被引文献出版年	2010	2009	2008	2007	2006	2005	2004	2003	…	1925	总被引
被引次数	10	10	45	32	30	31	33	26	…	3	560
累计百分比（%）	1.79	3.57	11.61	17.32	22.68	28.21	34.11	38.75	…	100.00	
被引峰值年（前三年）			1	3			2				

表7-18　　　　　　　历史学论文被引峰值年统计结果

被引文献出版年	1987	1986	1985	1984	1983	1982	1981	1980	…	1872	总被引
被引次数	0	0	2	2	0	4	6	4	…	2	29
累计百分比（%）	0	0	6.90	13.79	13.79	27.59	48.28	62.07	…	100.00	
被引峰值年（前三年）			3	3		2	1	2		3	

表7-19　　　　　国际关系领域论文被引峰值年统计结果

被引文献出版年	2008	2007	2006	2005	2004	2003	2002	2001	2000	…	1958	总被引
被引次数	1	3	4	7	8	9	3	5	6	…	1	67
累计百分比（%）	1.49	5.97	11.94	25.37	37.31	50.75	55.22	62.69	71.64	…	100.00	
被引峰值年（前三年）				3	2	1						

表7-20　　　　　语言文字学论文被引峰值年统计结果

被引文献出版年	1992	1991	1990	1989	1988	1987	1986	1985	1984	1983	1982	1981	…	总被引
被引次数	0	1	0	4	11	7	6	5	4	4	4	5	…	69
累计百分比（%）	0	1.45	1.45	7.25	23.19	33.33	36.23	43.48	49.28	55.07	49.28	55.07	…	
被引峰值年（前三年）					1	2	3							

表7-21　　　　　文学论文被引峰值年统计结果

被引文献出版年	1992	1991	1990	1989	1988	1987	1986	1985	1984	1983	1982	…	1907	总被引
被引次数	0	0	0	1	2	4	0	1	1	0	2	…	1	20
累计百分比（%）	0	0	0	5.00	15.00	35.00	0.00	40.00	45.00	45.00	55.00	…	100.00	
被引峰值年（前三年）				3	2	1		3	3		2		3	

表7-22　　　　　哲学论文被引峰值年统计结果

被引文献出版年	2010	2009	2008	2007	2006	2005	2004	2003	2002	2001	2000	…	1903	总被引
被引次数	1	4	3	4	4	3	4	2	3	2	2	…	1	85
累计百分比（%）	1.18	5.88	9.41	14.12	18.82	22.35	27.06	29.41	32.94	35.29	37.65	…	100.00	
被引峰值年（前三年）		1	2	1	1	2	1	3	2	3	3			

表7-23　　　　　　　政治学论文被引峰值年统计结果

被引文献出版年	2010	2009	2008	2007	2006	2005	2004	2003	2002	2001	…	1936	总被引
被引次数	9	18	27	20	36	29	23	21	25	14	…	1	423
累计百分比（%）	2.13	6.38	12.77	17.49	26.00	32.86	38.30	43.26	49.17	52.48	…	100.00	
被引峰值年（前三年）			3		1	2							

表7-24　　　　　公共管理领域论文被引峰值年统计结果

被引文献出版年	2010	2009	2008	2007	2006	2005	2004	2003	2002	2001	…	1937	总被引
被引次数	0	4	7	6	6	9	4	4	12	6	…	1	105
累计百分比（%）	0	3.81	10.48	16.19	21.90	30.48	34.29	38.10	49.52	55.24	…	100.00	
被引峰值年（前三年）			3			2		1					

表7-25　　　　　社会工作领域论文被引峰值年统计结果

被引文献出版年	2010	2009	2008	2007	2006	2005	2004	2003	2002	2001	2000	…	1957	总被引
被引次数	4	10	12	27	28	40	35	33	42	39	34	…	1	451
累计百分比（%）	0.89	3.10	5.76	11.75	17.96	26.83	34.59	41.91	51.22	59.87	67.41	…	100.00	
被引峰值年（前三年）						2		1	3					

表 7-26　　　　　　　　社会学论文被引峰值年统计结果

被引文献出版年	2010	2009	2008	2007	2006	2005	2004	2003	2002	2001	2000	…	1936	总被引
被引次数	7	25	38	45	47	44	33	32	39	37	30	…	1	632
累计百分比（%）	1.11	5.06	11.08	18.20	25.63	30.38	35.60	40.66	46.84	52.69	59.65	…	100.00	
被引峰值年（前三年）				2	1	3					3			

表 7-27　　　　　　　　经济学论文被引峰值年统计结果

被引文献出版年	2010	2009	2008	2007	2006	2005	2004	2003	2002	2001	2000	…	1901	总被引
被引次数	63	247	354	314	392	334	325	316	311	289	249	…	1	5506
累计百分比（%）	1.14	5.63	12.06	17.76	24.88	30.53	36.43	42.17	48.24	53.49	58.01	…	100.00	
被引峰值年（前三年）			2		1	3								

表 7-28　　　　　　跨学科社会科学领域论文被引峰值年统计结果

被引文献出版年	2006	2005	2004	2003	2002	2001	2000	1998	1997	1996	…	1952	总被引
被引次数	1	4	3	2	4	2	1	1	2	4	…	1	27
累计百分比（%）	3.70	18.52	29.63	37.04	51.85	59.26	62.96	66.67	74.07	88.89	…	100.00	
被引峰值年（前三年）		1			1					1			

表 7-8 至表 7-28 所示的数据统计结果，展示了局部论文的分学科引文峰值分布情况，反映出引文峰值分布的学科特点及其差异

性。同时，由于引文年限与学科跨度较大，统计样本数据量有限，最终结果可能会受到各种偶然因素影响，因此需要更为深入系统的持续性研究。

2. 各学科引文半衰期计算

在文献计量学中，引文半衰期是指某学科（专业）文献在统计当年被引用的全部次数中，较新的一半是在多长一段时间内发表的。文献被引半衰期越大，说明被利用的速度越慢；被引半衰期越小，说明文献被利用的速度越快。计算公式为：$T_{0.5}$ =（累计百分比接近50%的年数）+（50% − Y_1）/（Y_2 − Y_1）。其中 $T_{0.5}$ 为引文半衰期，Y_1 为接近且不到50%的被引累计百分比，Y_2 为接近且超过50%的被引累计百分比。[①]

利用上述公式，参照前文的被引峰值年统计结果，分别计算出各学科领域的被引半衰期。结果如表7-29所示。

表7-29　　　　　　　　各学科被引半衰期

序号	学科	半衰期（年）
1	哲学	15.3
2	亚洲研究领域	10.0
3	伦理学	8.8
4	商业金融领域	8.7
5	社会学	8.5
6	政治学	8.3
7	经济学	8.2
8	公共管理领域	8.1
9	社会工作领域	7.9
10	考古学	7.9
11	图书馆学与情报学	7.3
12	语言文字学	7.1
13	历史学	7.1

---

① 邱均平：《信息计量学》，武汉大学出版社2007年版。

续表

序号	学科	半衰期（年）
14	跨学科社会科学领域	6.9
15	文学	6.5
16	农业经济与政策领域	6.1
17	人类学	5.7
18	教育学	5.4
19	法学	5.2
20	国际关系领域	4.9
21	区域研究领域	3.0

表7-29显示，区域研究这个学科领域的成果在不到4年的时间就被学术界引用了全部被引文献的一半，说明该学科领域的研究成果易于较快地被学术界引用和评价，具有区域特色的研究内容更易于引起国际学者的关注与讨论，因此实施"走出去"战略，需要更多地关注研究本土问题，才可能有助于实现国际化。

3. 研究结论

我国人文社科领域的学术成果评奖及优秀人才评选，大部分获奖论著的公开发表时间与得奖时间的间隔较短，而且在确定评价时间窗口方面也较少区分学科。甚至有些高等学校在评聘职称、评选博士生导师时，所有学科只看任现职以来近5年的科研成果，或者近3年发表的科研成果。对此有学者提出[①]：一个人评选教授时，如果仅看其任副教授以来的成果，不仅因为时间太短不能得到社会的充分检验，而且因为任副教授以前发表的成果毕竟反映出作者多年的研究积累与学术功底，是其后续发展的前期成果与重要基础，时间越久其内在价值就会越被充分认识。

为此，本研究通过实证分析，旨在探讨文献计量指标使用过程中存在的时间细化问题。研究结论：学术论文应区分学科领域进行评

---

① 顾海兵：《构建时间与空间双重制约的学术评价规则》，《光明日报》2004年6月8日。

价；各学科论文的评价指标设计，需要根据评价时间及学科特点等合理赋予指标权重，实施基于时间控制与学科控制的马赛克拼图式组合评价，逐步实现相对客观地揭示评价对象的属性。

从统计意义上，比较理想的被引时间峰值及被引半衰期计算方法应该是历时法，选取引文数据库历年期刊论文作为数据源来统计参考文献出现的频次。由于历时法对统计数据源的要求较高，这里采用共时法计算引文峰值与引文半衰期，旨在提出并分析评价周期在人文社科成果定量评价中的重要性，强调引文评价指标体系设计中的时间因素。但在具体评价实践中，需要设立专门项目组负责评价数据的及时采集与更新处理，采用历时法全面统计论文的被引半衰期，合理确定最佳评价时段。

(二) 高被引论文的引证时间分布[①]

一般情况下，高被引论文是指被引用频次相对较高、被引用周期相对较长的学术论文。由于高被引论文的被引频次能够较为客观地反映论文的影响力以及在学术交流中的作用和地位，高被引论文已成为国际上普遍采用的科研评价标准。基本科学指标数据库（Essential Science Indicators，ESI）是由美国科技信息所（ISI）推出的衡量科学研究绩效、跟踪科学发展趋势的基本分析评价工具。它是基于 WoS 而建立的计量分析数据库，已成为当今世界范围内普遍用以评价高校、学术机构、国家/地区国际学术水平及影响力的重要评价指标工具之一。ESI 对全球所有高校及科研机构的 SCIE（SCI 扩展版）、SSCI 库中每 11 年的论文数据进行统计，按被引频次的高低确定出衡量研究绩效的阈值，分别排出居世界前 1% 的研究机构、科学家、研究论文，以及居世界前 50% 的国家/地区和居前 0.1% 的热点论文。ESI 针对 22 个专业领域，通过论文数、论文被引频次、论文篇均被引频次、高被引论文、热点论文和前沿论文等六大指标，从各个角度对国家/地区科研水平、机构学术声誉、科学家学术影响力以及期刊水平进行全面衡量。

---

① 该部分的数据和图表由党亚茹教授帮助提供，特此鸣谢。

在国家、机构和科学家引文排位中，ESI 对每一位作者的贡献都给出具体的统计方法，即一篇 n 个作者/机构/国家合作的论文，将被统计 n 次，因此能很好地表现出每位学者对国家、机构的学术贡献程度，是体现国家/地区、机构国际学术声誉的重要标志。其中的高被引论文，是根据 ESI 统计被引频次排在相应学科领域前 1% 以内的论文，它从文献角度反映了论文影响力。

在社会科学领域，ESI 涉及的学科只有"经济学与商贸"和"社会科学总论"。因此，这里以这两个学科群的高被引论文为样本，尝试从多角度反映高被引论文的时间分布特征，发现国际范围内社会科学高被引论文的被引频次峰值分布、被引波态分布以及持续被引和单年度被引分布规律，以此来探讨社会科学论文评价中的学术价值形成的时间问题，为最佳评价时段的选择提供参考依据。

1. 社会科学领域高被引论文的被引峰值分布

早在 1965 年，普赖斯在对引文进行大量统计分析后就提出了"最大引文年限"的问题，并指出：文章被引用的峰值是该文章发表以后的第二年。这也就是说，当年发表的文献，所用的被引文献大量来自发表后前两年。"最大引文年限"基本反映了某一学科的科学文献最活跃、最有生命力的时期。这一重要参数的确定，不仅对于文献信息规律等理论研究产生重大影响，而且有利于有效地确定各学科领域的最佳文献管理与评价时限，对文献出版发行与成果评价工作都具有指导作用。

但是，由于学科差异及发展周期的不同，"最大引文年限"的确定需要统计分析具体学科的被引论文的引文峰值分布与变化情况。为了分析社会科学领域的引文峰值，这里根据 ESI 设定的基线（Baselines），按照 2014 年 3 月公布的 2003 年 1 月 1 日至 2013 年 2 月 2 日的数据，共选出 104878 篇高被引论文，其中涉及社会科学的论文共 6925 篇，包括 1864 篇"经济学与商贸"高被引论文和 5061 篇"社会科学总论"高被引论文。由于讨论的是论文的峰值变化，因此需计算出"经济学与商贸"和"社会科学总论"中每篇论文达到峰值的年度（发表当年为 0，发表后的次年为第一年……以此类推）时长，以此值作为论文峰值数来讨论高被引论文的被引峰值变化。

根据统计年度，ESI 涉及论文发表时间和论文被引用时间，假设论文发表年份为 n（$n = 2001$，2002，2003，…），该论文达到最高被引频次年份为 m（$m = 2003$，2004，2005，…），则该论文的峰值年度数为 $m - n + 1$。兼顾论文数量和被引频次，将两个学科的论文各分为 4 组，按被引频次排序后的前 100%、50%、10%、1% 文献绝对篇数分组，得到高被引论文峰值年度的篇数绝对值，如表 7-30 所示（数字用横线标识）。

表 7-30　　高被引论文峰值年度篇数（绝对值）

按被引频次排序后的篇数比重	\multicolumn{12}{c	}{被引峰值年度篇数}
	0	1	2	3	4	5	6	7	8	9	10	11	总计
\multicolumn{14}{c	}{社会科学总论}
100%	262	971	1009	756	608	454	385	273	186	144	13		5061
50%	5	78	223	350	474	426	382	273	186	144	13		2554
10%		2	8	31	46	72	101	92	74	73	5		504
1%				3	3	10	12	15	7	1			51
\multicolumn{14}{c	}{经济学与商贸}
100%	97	320	317	254	217	169	160	129	101	84	15	1	1864
50%			30	86	169	165	160	129	101	84	15	1	940
10%			3	3	14	32	30	48	43	13			186
1%				1		1	2	2	2	10	1		19
\multicolumn{14}{c	}{两个学科群}
100%	359	1291	1326	1010	825	623	545	402	287	228	28	1	6925
50%	5	78	253	436	643	591	542	402	287	228	28	1	3494
10%	0	2	8	34	49	86	133	122	122	116	18	0	690
1%	0	0	0	1	3	4	12	14	17	17	2	0	70

为了从整体上更清晰地表现被引峰值的趋向，下面给出这两个学科群合并后被引峰值年度的篇数相对值，如表7-31所示。

表7-31　　　　　　　　　高被引论文峰值年度篇数（相对值）

按被引频次排序后的篇数比重	被引峰值年度篇数百分比											
	0	1	2	3	4	5	6	7	8	9	10	11	>2
100%	5.18	18.64	19.15	14.58	11.91	9.00	7.87	5.81	4.14	3.29	0.40	0.01	57.03
50%	0.14	2.23	7.24	12.48	18.40	16.91	15.51	11.51	8.21	6.53	0.80	0.03	90.38
10%	0.00	0.29	1.16	4.93	7.10	12.46	19.28	17.68	17.68	16.81	2.61	0.00	98.55
1%	0.00	0.00	0.00	1.43	4.29	5.71	17.14	20.00	24.29	24.29	2.86	0.00	100.00

为了多角度了解被引峰值的分布趋势，图7-4中分别给出了两个学科4组被引峰值数的年度分布，其中，图7-4（a）给出"经济学与商贸"达到峰值年的篇数占当年比重的分布曲线，图7-4（b）给出"社会科学总论"达到峰值年的篇数占当年比重的分布曲线。

如表7-30、表7-31和图7-4所示，被引频次排名前1%的论文，被引峰值年度均超过2年，被引次数呈抛物线分布；被引频次排名前10%的论文，有98.55%的论文被引峰值年度超过2年；被引频次排名前50%的论文，有90.38%的论文被引峰值年度超过2年；6925篇社会科学高被引论文（本次计算的整体论文），有57.03%的论文被引峰值年度超过2年。因此可得出结论：超过一半的高被引论文，被引峰值大于2年，却被2年影响因子所评价，或者说，有超过50%的高被引论文没有对2年影响因子作出充分的贡献。

(a) 经济学与商贸

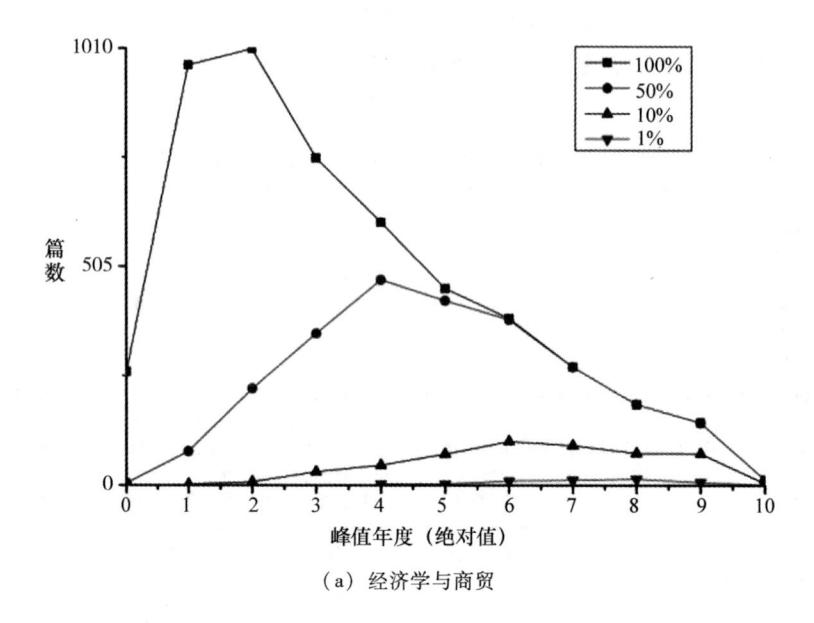

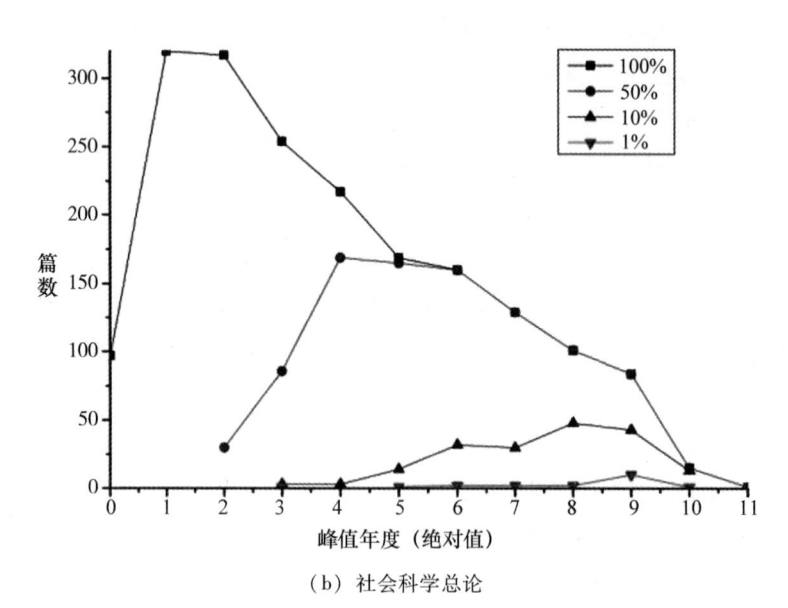

(b) 社会科学总论

图 7-4 "经济学与商贸"和"社会科学总论"高被引论文的峰值年度分布

从表 7-31 可以发现，大多数高被引论文发表时长与被引峰值年之间存在一定的正相关。将被引论文按被引频次进行分组后发现：按所有论文统计，其被引峰值出现在发表后 2 年；按被引频次的前 50% 论文统计，其被引峰值出现在发表后 4 年；按被引频次的前 10% 论文统计，其被引峰值出现在发表后 6 年；按被引频次的前 1% 论文统计，其被引峰值出现在发表后 8 年。

国内有学者针对自然科学领域的 400 篇高被引论文进行老化曲线分析，研究结果表明，被引次数较多的文章，一般被引用的时间周期较长，老化速度也较慢；而被引次数较少的文章则相反，并得到"快速上升、快速下降"和"缓慢上升、缓慢下降"两种老化曲线。[①] 同时，也有人研究发现，在同一学科内，高被引论文和低被引论文的被引峰值出现的时间并无差别。[②] 总之，这里不是为了证实被引峰值出现的年份晚其被引频次就高，而是为了指出在比较评价科研成果时，应考虑到不同学科的被引峰值的差异因素，这关系到能否准确评价论文成果的学术影响。

2. 社会科学领域高被引论文的被引波态分布

如上所述，高被引论文一般是指被引用频次相对较高、被引用周期相对较长的学术论文。由于高被引论文的被引频次能够在一定程度上反映论文的影响力以及在学术交流中的作用和地位，因此高被引论文成为国际上普遍采用的科研论文水平评价标准，同时也是研究论文被引频次波态分布的样本论文。波态分布，是指在科学研究逐年发展的过程中，科研成果增长与衰退交替出现而导致发展不平衡的一种状态。从数据的变化上表现为产出力或影响力的总量变化，由增长向衰退转变时出现波峰状，由衰退向增长转变时出现谷底状，而从发展曲线的变化上则表现为曲线的不规则波动。在长期发展中，这种波峰和谷底现象还呈现出周期性循环，循环过程时长

[①] 贺德方：《中国高影响力论文产出状况的国际比较研究》，《中国软科学》2011 年第 9 期。

[②] G. Abramoa, T. Cicerob, "Assessingthe Varying Level of Impact Measurement Accuracy as a Function of the Citation Window Length", *Journal of Informetrics*, 2011, (5): 659-667.

时短，呈不规则状态。①

与被引峰值分析不同，统计分析被引频次波态分布可以展现高被引论文的被引全过程。按照 ESI 设定的各学科高被引论文的基线或阈值，2003—2013 年"经济学与商贸"和"社会科学总论"的被引频次居前 1% 的高被引论文阈值如表 7-32 所示。

表 7-32　　　　　　两个学科领域被引频次居前 1% 的高被引论文阈值

学科领域	2003	2004	2005	2006	2007	2008	2009	2010	2011	2012	2013	总年度
经济学与商贸	161	141	128	100	84	61	45	32	19	9	4	76
社会科学总论	118	108	97	82	70	53	40	29	18	9	4	61

从表 7-32 可以看到 2003—2013 年"经济学与商贸"和"社会科学总论"两个学科群在不同年度进入高被引论文行列的基线值分布。"经济学与商贸"2003 年发表的论文被引频次达到 161 次即为高被引论文，此后以此类推直至 2013 年发表的论文；而"社会科学总论"的论文同样年度进入高被引论文的阈值分别是：2003 年发表的论文被引频次要达到 118 次，此后以此类推直至 2013 年发表的论文。从这两个学科在各年度的高被引论文阈值分布可知，"经济学与商贸"的被引半衰期比"社会科学总论"略长，而且年度被引频次分布呈起伏状态。

本研究主要以高被引论文为样本，考察论文被引频次的波动类型，探讨不同学科高被引论文的被引波态分布特点与规律。为便于观察，根据被引论文在不同年度的变化情况，采用论文被引态势曲线来

---

① 党亚茹：《中国科技论文产出力和影响力发展的波动分析》，《情报学报》2002 年第 1 期。

第七章 人文社科成果评价体系实证研究 | 213

表示论文被引的变化情况。按照文献计量研究惯例，将被引态势曲线分为指数型、单波（峰）型、双波（峰）型、多波（峰）型、迟滞型五种状态类型。各类型示意如图 7-5 所示。

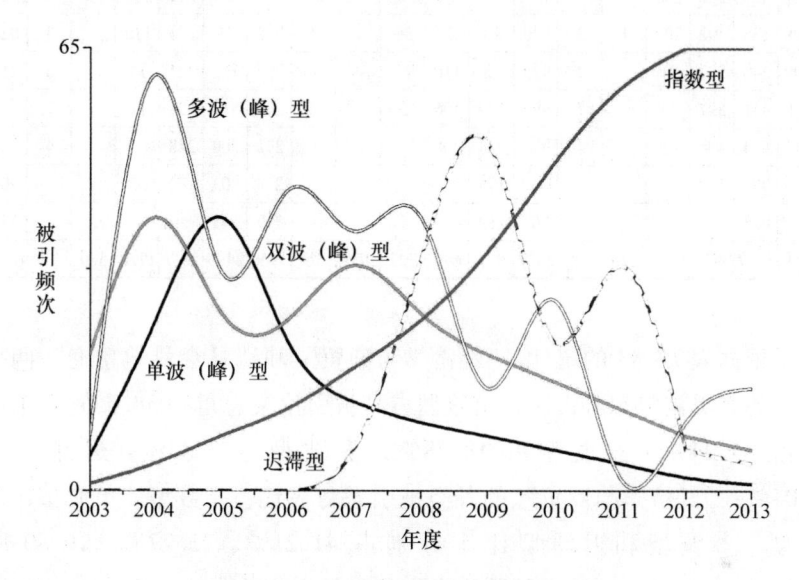

图 7-5 各种类型的论文被引波态

"经济学与商贸"和"社会科学总论"高被引论文的各年度被引态势分布的统计数据，如表 7-33 所示。

表 7-33 "经济学与商贸"和"社会科学总论"各年度被引态势统计

论文发表年	经济学与商贸、社会科学总论						经济学与商贸						社会科学总论					
	指数	单波	双波	多波	迟滞	总计	指数	单波	双波	多波	迟滞	总计	指数	单波	双波	多波	迟滞	总计
2003	4	56	178	268	25	531	3	31	40	51	5	130	1	25	138	217	20	401
2004	7	78	269	173	16	543	3	23	71	28	5	130	4	55	198	145	11	413
2005	27	156	278	107	11	579	9	54	57	15	1	136	18	102	221	92	10	443
2006	35	227	308	56	9	635	11	62	63	9	1	146	24	165	245	47	8	489

续表

论文发表年	经济学与商贸、社会科学总论						经济学与商贸						社会科学总论					
	指数	单波	双波	多波	迟滞	总计	指数	单波	双波	多波	迟滞	总计	指数	单波	双波	多波	迟滞	总计
2007	67	362	260	20	5	714	24	103	47	1	1	176	43	259	213	19	4	538
2008	136	492	206	1	5	840	58	121	30	1	2	212	78	371	176		3	628
2009	240	587	91		7	925	75	116	17		1	209	165	471	74		6	716
2010	441	537	13		7	998	130	106	2			238	311	431	11		7	760
2011	674	306			4	984	174	58				232	500	248			4	752
2012	999	122				1121	196	22				218	803	100				903
2013	667					667	119					119	548					548
合计	3297	2923	1603	625	89	8537	802	696	327	105	16	1946	2495	2227	1276	520	73	6591

根据表7-33的统计,"经济学与商贸"和"社会科学总论"两个学科的各类被引态势占比,指数型占高被引论文总量的38.62%,单波型占34.24%,双波型占18.78%,多波型占7.32%,迟滞型占1.04%;"经济学与商贸"的各类被引态势占比,指数型、单波型、双波型、多波型和迟滞型比重分别占41.21%、35.77%、16.80%、5.40%、0.82%;"社会科学总论"各类被引态势占比分别为37.85%、33.79%、19.36%、7.89%、1.11%。

下面以"经济学与商贸"和"社会科学总论"两个学科的高被引论文被引曲线表现为例,详细讨论指数型、单波(峰)型、双波(峰)型、多波(峰)型、迟滞型五种类型的被引曲线状态。

(1)指数型

指数型分为单调递增型和单调减少型。单调递增型,是指论文发表后即被科学界认可,一直持续被引,被引曲线表现为逐年递增态势;单调减少型,是指论文发表后被科学界认可,保持持续被引,但逐年减少,直至无引,不过高被引论文中较少见此种类型的被引曲线。

显然,"经济学与商贸"和"社会科学总论"高被引论文的被引态势主要以指数型居多,38.62%的论文均呈现指数型增长被引态势,反映了高被引论文学术影响力的持久性,表现在被引态势曲线上,即为单调递增。这里以两个学科中2003年发表的4篇高被引论文为例,以线图展示这些论文在10年中被引频次逐年增长的态势,如图7-6所示。

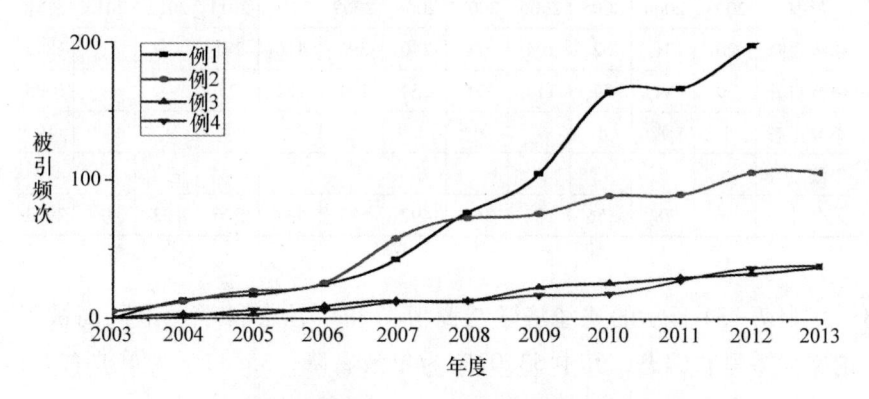

图 7-6 "经济学与商贸"和"社会科学总论"高被引论文
的指数型被引态势

从图7-7可以看到,这4篇高被引论文自发表以来,一直被学界持续性引用,曲线呈单调增长形态。其中,有2篇被引次数呈快速上升态势,2篇被引次数则呈现平稳增长态势。同时,在2篇被引次数呈快速上升的论文中,其表现也有所差异,例1表现为稳定高被引状态,例2前期被引次数增长较慢,到2006年后呈现被引次数增长速度加速趋势,到2008年后增长趋缓。

(2) 单波(峰)型

单波型分为正单波和单波偏态。正单波是指被引时间的中值为峰值,前段时间(峰值左侧)的被引逐年上升,后段时间(峰值右侧)的被引逐年下降,整个被引曲线呈正态分布状态;单波偏态包括前(左)偏态——左单波、后(右)偏态——右单波。单波型论文表现了论文被引的经典性和常态性,一般情况下,论文发表后才开始被科学共同体认可,随着论文信息的传播,渐次被学者引用,达到峰值后再逐渐减少被引用,直到该论文生命周期终止。

"经济学与商贸"和"社会科学总论"的2923篇高被引论文的单波型被引态势分布如表7-34所示。

表7-34　　　　"经济学与商贸"和"社会科学总论"
高被引论文的单波型分布

形态	2003	2004	2005	2006	2007	2008	2009	2010	2011	2012	2013	总计
单波右降	20	31	52	104	180	240	396	416	281	122		1842
单波右升	30	41	87	113	175	252	191	121	25			1035
单波正态	1	1	4	7	6							19
单波左升	5	5	13	3	1							27
合计	56	78	156	227	362	492	587	537	306	122	0	2923

表7-34显示的"经济学与商贸"和"社会科学总论"高被引论文大多呈右偏态，其中63.02%为单波右降，35.41%为单波右升；其他形态仅占1.57%。

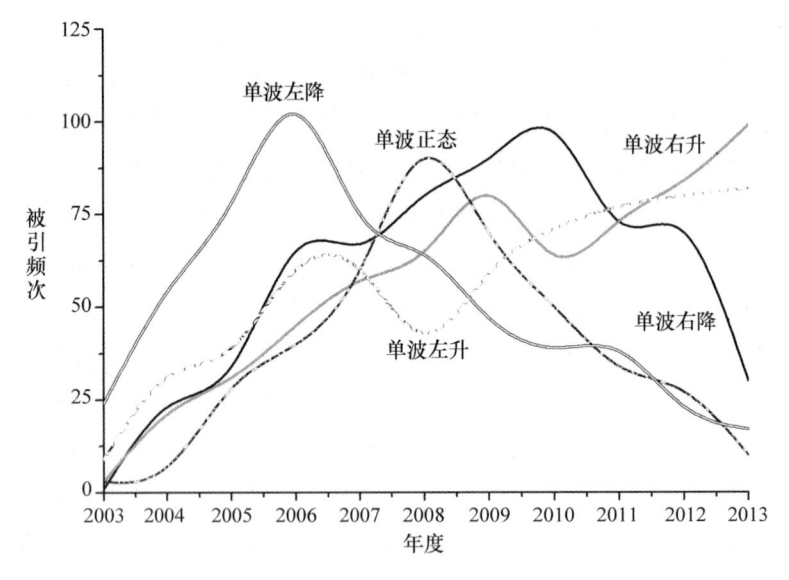

图7-7　"经济学与商贸"和"社会科学总论"
高被引论文单波型被引曲线

图7-7显示了"经济学与商贸"和"社会科学总论"单波型被引曲线图，是典型的单波各形态实例。从中可以看出，高被引论文随着时

间的推移会呈现出不同的单波被引态势：单波左升曲线状态在 2006 年达到峰值，然后呈下降态势，2008 年达到谷底后攀升；单波正态曲线在 2008 年达到峰值，然后下降，其曲线基本呈现正态状况；单波右降曲线在 2010 年以前一直为上升，而 2010 年后迅速下降；单波左升曲线自 2003 年以来虽然有小幅反复，但总体还是以上升趋势为主；单波右升曲线走势与单波左升曲线相像，也存在小幅震荡，但时间上比单波左升曲线滞后约 2 年，而且后期增长态势也强于后者。

（3）双波（峰）型

论文被引年度分布的双波型分为前双波、后双波和正双波。前双波（左双波）也叫双波降尾，是指有 2 个峰值，且 2 个峰值小于或等于引文时长的中值；后双波（右双波）也叫双波升尾，是指同样也有 2 个峰值，而 2 个峰值大于或等于引文时长的中值；正双波是指 2 个峰值分别在引文中值的前后。

"经济学与商贸"和"社会科学总论"的 1603 篇高被引论文的双波型被引态势分布如表 7-35 所示。

表 7-35　　"经济学与商贸"和"社会科学总论"
高被引论文的双波型分布

形态	2003	2004	2005	2006	2007	2008	2009	2010	2011	2012	2013	总计
双波正态	97	149	183	214	200	174	89	13				1119
双波降尾	3											3
双波升尾	78	120	95	94	60	32	2					481
合计	178	269	278	308	260	206	91	13	0	0	0	1603

表 7-35 反映出，自 2003—2013 年的 1603 篇呈双波型被引论文中，具有双波降尾特征的只占 0.19%，具有双波升尾型的占 30.01%，具有双波正态型的被引论文占 69.81%，这些都表现了高被引论文的应用规律大部分仍呈现正态特征。

图 7-8 反映出"经济学与商贸"和"社会科学总论"高被引论文三类双波型曲线实例。从被引频次的角度，"经济学与商贸"和

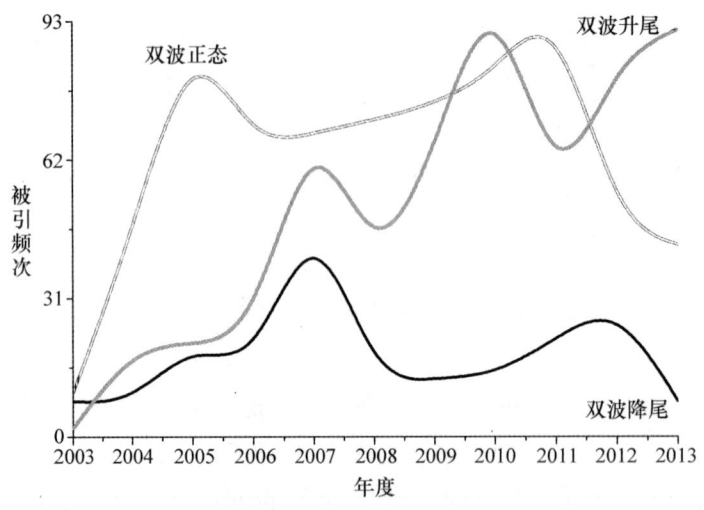

图7-8 "经济学与商贸"和"社会科学总论"高被引论文双波型被引曲线

"社会科学总论"学科领域的高被引论文具有双波升尾态势不断加强的趋势,被引用频次不断攀升,长期下去其生命周期可能会呈现多波态势。

(4) 多波(峰)型

多波型论文呈现出被引频次各年度忽高忽低的不规则形状,反映在波态曲线上呈多波或多谷状态。"经济学与商贸"和"社会科学总论"的625篇高被引论文的多波型被引类型分布如表7-36所示,分布曲线如图7-9所示。

表7-36　　　　"经济学与商贸"和"社会科学总论"
高被引论文的多波型分布

波态	2003	2004	2005	2006	2007	2008	总计
3峰3谷	148	118	92	44	17	1	420
4峰3谷	70	29	12	9	3		123
4峰4谷	42	22	3	3			70
5峰4谷	5	4					9
5峰5谷	3						3
合计	268	173	107	56	20	1	625

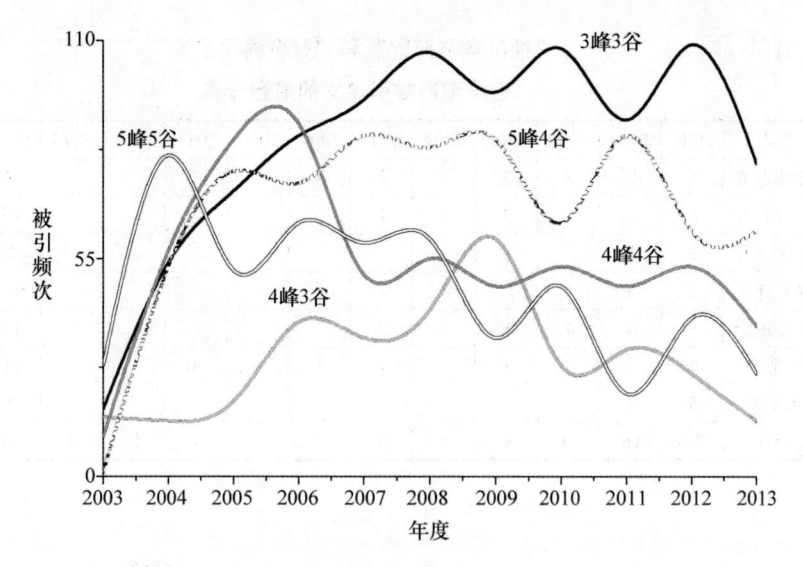

图 7-9 "经济学与商贸"和"社会科学总论"高被引论文多波型被引曲线

从表 7-36 和图 7-9 可以看出,"经济学与商贸"和"社会科学总论"高被引论文的多波型曲线状态呈现出多样化,各类型状态的篇数分布也不均匀。按表中数据计算,被引频次呈现 3 峰 3 谷的论文最多,所占比重为 67.20%,其后依次为 4 峰 3 谷、4 峰 4 谷、5 峰 4 谷、5 峰 5 谷的波态曲线,分别占比为 19.68%、11.20%、1.44%、0.48%。这说明,这些论文的被引频次波动变化还不算太过频繁,大部分是三个起伏状态。当然,较长时段的数据验证才能更加清晰地展现出被引曲线的全貌。

(5) 迟滞型

按照本研究给出的定义,发表后 3 年才开始被引用的论文为迟滞型被引论文,也就是所谓的"睡美人"论文。据统计,"经济学与商贸"和"社会科学总论"学科的高被引论文中仅有 89 篇属于此类论文,它们被"唤醒"后的波态被引文献篇数分布如表 7-37 所示,各种迟滞型被引频次分布曲线如图 7-10 所示。

表7-37　　"经济学与商贸"和"社会科学总论"
迟滞型高被引论文的篇数分布

形态	2003	2004	2005	2006	2007	2008	2009	2010	2011	2012	2013	总计
单波右降	1	2	3	3	1	1	4	1				16
单波右升	6	4	1	3	2	1						17
单波左升	1	1										2
双波降尾	5	3	1									9
双波正态	5	4	4	1	1	2						17
指数型	2		2	2	1	1	3	6	4			21
多波型	5	2										7
合计	25	16	11	9	5	5	7	7	4	0	0	89

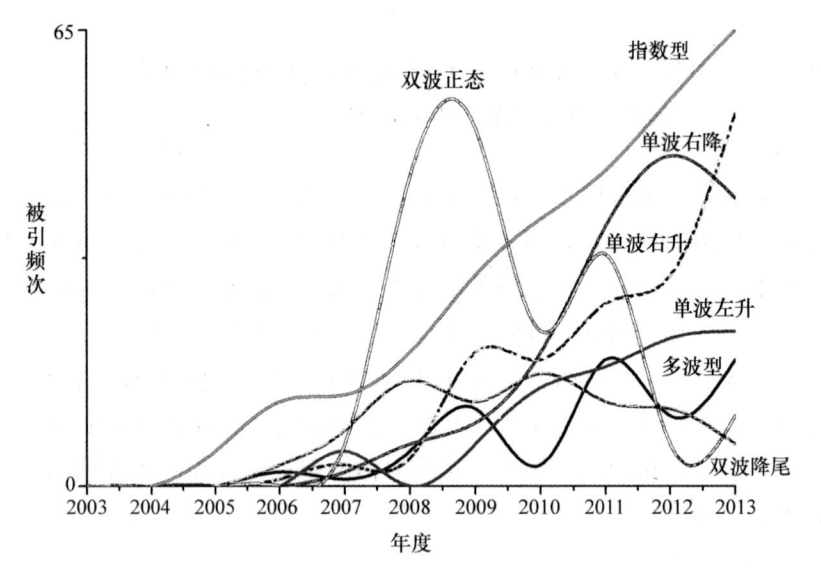

图7-10　"经济学与商贸"和"社会科学总论"高被引论文迟滞型被引曲线

虽然迟滞型论文在发表初期被引频次不多,一旦为人所识,引用率迅速发生变化。这类似于论文引用中的"睡美人"现象及"王子""唤醒"的引文机制。从表7-37可以计算出各种迟滞型被引论文所占比例分别为:23.60%(指数型)、19.10%(单波右升)、19.10%

(双波正态)、17.98%（单波右降）、10.11%（双波降尾）、7.87%（多波型）、2.25%（单波左升）。

(6) 结论

结合上述五种类型的高被引论文波态分布数据表与被引曲线图，分别计算出"经济学与商贸"和"社会科学总论"这两个学科论文被引波态分布类型的篇数占比统计，如表7-38所示，分布曲线如图7-11所示。

表7-38 "经济学与商贸"和"社会科学总论"波态分布占比（%）

学科	指数型	单波右降	单波右升	双波正态	双波升尾	多波型	单波左升	单波左降	双波降尾	单波正态
经济学与商贸	41.32	20.40	15.36	11.10	6.01	5.45	0.36	0.00	0.00	0.00
社会科学总论	38.14	22.17	11.42	13.96	5.66	7.98	0.33	0.00	0.05	0.29

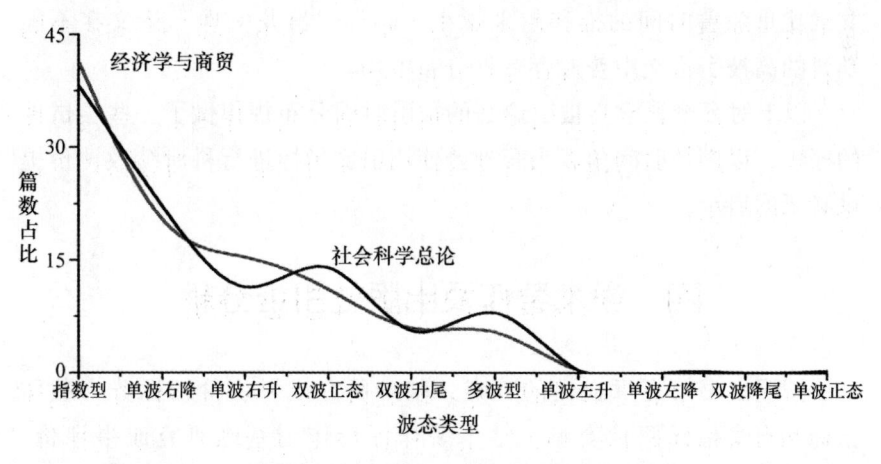

图7-11 "经济学与商贸"和"社会科学总论"波态分布曲线

从中可以看出，"经济学与商贸"和"社会科学总论"两个学科论文被引波动态势各有异同。相同点是两个学科呈指数型被引用的论文所占比重最高，其次是单波右降型，最后是双波正态型。在指数型被引论文中，"经济学与商贸"学科的高被引论文占41.32%，"社会科学总论"学科的高被引论文占38.14%，即两个学科的高被引论文中至少有三分之一以上都呈现指数型被引状态。

3. 研究结论

通过对高被引论文的引文时间分布数据进行统计与实证分析，可以得到如下几点研究结论：（1）在国际范围的社会科学高被引论文中，有超过一半的高被引论文被引峰值大于2年，这说明有超过一半的高被引论文没有对2年影响因子作出贡献；（2）大多数高被引论文的被引时长与被引峰值年之间存在一定的正相关性，论文的被引频次越高其被引峰值年份越推后；（3）关于论文被引时间分布的研究关系到能否准确选择最佳评价时间，在评价不同学科论文影响力时应考虑到不同学科被引峰值的差异；（4）随着信息社会的进步，高被引论文从发表到被引用的间隔时间不断缩短，在学术共同体交流的反应速度越来越快；（5）被引时间越长的高被引论文再次成为下一年度高被引论文的可能性越高，但高被引论文再次成为下一年度高被引论文的比重随着时间的推移越来越小，而且"昙花一现"论文在不同学科的高被引论文中普遍存在且分布不均。

以上对社会科学高被引论文的被引时间分布规律做了一些尝试性的探索，以期从时间角度为管理者使用引文指标进行科研绩效评价提供必要的启示。

四 学术著作及出版社引证分析

按照本书第五章提出的观点，基础研究成果评价指标分为载体指标和自身指标两种类型。学术著作评价作为基础研究成果评价，其与学术论文评价具有类似之处，在评价指标体系设计中也需要考虑学术期刊或学术出版社这类载体指标的评价结果。对学术著作评价来说，科学规范的学术出版管理与出版社评价体系是引导学术图书市场健康发展的基础因素，应该成为学术著作评价的间接指标或参考依据。

在具体评价实践中，还应避免因过分重视成果评价的载体指标而导致所谓的"以刊评文"或"以社评书"现象。同时，发挥学术评价的积极引导功能，设计科学合理的出版社评价体系，通过定期的测评结果来促进出版社的自组织优化，从而使出版社指标成为图书评价的有效指标之一。

按照第五章设计的图书定量评价指标及出版社引文评价指标，这里采用文献计量方法进行引文分析与实证研究。实证研究对象主要是我国1949年以来出版的图书及其出版社的被引情况与学术影响力，分析时段包括2007年至2011年及2012年至2016年两个5年时间段，学科覆盖范围包括人文社会科学学科群及自然科学和社会科学总体学科群两个部分。

（一）数据来源、指标说明与学科分类

1. 数据来源

第一部分数据来源是中国人文社科引文数据库（CHSSCD）2007年至2011年的5年引文数据。该数据库共收录730多种主要人文社科学术期刊作为来源期刊，涉及引文数据230多万条。相比于学术论文参考文献的期刊字段，学术论文参考文献的图书字段和出版社字段显得更为复杂，更需要进行引文数据的字段清洗与数据规范。具体到出版社字段而言，主要针对以下几种情况进行数据规范：（1）作者在论文写作中，对参考文献的使用与标注有时会出现与原文不符或拼写错误，需要更正；（2）引文数据库加工过程中，数据录入错误也难以完全避免，需要更正；（3）近几年我国出版社频频出现改制、改名现象，也导致了出版社在被论文引用时参考文献标注不一致，需要统一规范出版社名称，比如改制后的出版社有限责任公司，统一按"出版社"名称统计。

第二部分数据来源是中国知网引文数据库2012年至2016年的5年引文数据，旨在及时跟踪与反映2012—2016年最新5年的出版社数据变化，同时从更广泛的学科领域（包括社会科学和自然科学）

来观察分析出版社的被引情况。中国引文数据库是依据中国知网（CNKI）收录数据库及部分未收录重要期刊的文后参考文献和文献注释为信息对象建立的，具有特殊检索功能。中国引文数据库的数据来源于 CNKI 收录的中国期刊全文数据库、中国博硕士学位论文全文数据库、国内外重要会议论文全文数据库及部分未收录重要期刊的文后参考文献和文献注释。该库主要功能包括引文检索、检索结果分析、作者引证报告、数据导出、数据分析器及高被引排序等。数据分析器包括作者分析器、机构分析器、期刊分析器、基金分析器、地域分析器、出版社分析器，本次数据统计工具主要使用出版社分析器。其中，出版社分析器针对每个出版社统计各年的图书出版情况，揭示出版社的各年被引频次的变化趋势，并计算 h 指数等指标。

由于中国引文数据库的数据规范质量与统计功能较好，可以直接采用该数据库的数据检索与指标统计功能，因此本次实证直接按照前文设计的测评指标对该数据库收录的出版社进行统计分析，节省了数据清洗与字段规范工作。

2. 指标说明

在本书的第五章，分别探讨了学术著作的定量评价指标与综合评价指标，定量评价指标包括图书出版情况、图书传播情况、图书声誉与价值三部分。其中，图书出版情况主要是指出版社学术影响力，出版社学术影响指标包括学术性指标、专业性指标与辐射性指标。学术性指标包括总被引频次、高被引图书数等；专业性指标包括分学科被引频次、分学科高被引图书数等；辐射性指标包括跨学科总数、跨学科指数、高被引跨学科数。

3. 学科分类

本书采用将总被引指标与分学科被引指标分别统计的研究路径，旨在从多角度揭示图书和出版社被学术论文引证情况。在分学科统计中，主要按照该学科施引文献所属的学科类别进行学科划分。依据这一分类体系，不仅从总被引角度统计出高被引图书和高被引出版社，还分别统计出各学科的高被引图书、高被引出版社及其各引证指标。

在出版社指标统计中，专业性指标和辐射性指标都需要依据一定的学科分类体系进行指标计算与统计分析。统计专业性指标，要通过论文的学科分类体系，统计出不同学科论文中的高被引出版社；统计辐射性指标，要在论文学科分类的基础上，计算出版社在论文参考文献中的跨学科数、高被引跨学科数与跨学科指数。

第一部分的高被引学术图书和高被引学术出版社的分学科指标统计，采用的学科分类体系是中国人文社会科学引文数据库的学科分类体系，主要以《中国图书馆分类法》（第五版）的分类体系为基础划分学科类目。根据统计需要，共划分为25个一级学科，包括马克思主义、哲学、心理学、宗教学、统计学、社会学、人口学、管理学（含科学学、人才学）、民族学、政治学、法学、军事学、经济学、新闻学与传播学、文化学、图书馆·情报与文献学、教育学、体育科学、语言学、文学、艺术学、历史学、考古学、人文地理学、环境科学。

第二部分的高被引学术出版社的分学科指标统计，统计对象包括自然科学和社会科学总体论文文献，采用的学科分类体系是中国引文数据库自带的学科分类体系。该数据库学科分类基本上也是以《中国图书馆分类法》为基础框架进行拆分或合并，其学科分类体系相对比较细致繁杂，包括一级学科分类和二级学科分类，而且二级学科分类还根据引文数量的大小再次进行拆分与合并。为了较为准确深入地反映引用文献的学科归属，本研究采用该分类体系的二级学科分类体系，共划分为173个二级学科，其中人文社会科学大约有82个二级学科。

（二）学术著作引证分析

学术著作引证分析主要采用第一部分数据来源对图书被引频次进行实证研究，研究对象是我国1949年以来出版的学术著作，统计分析其2007—2011年被人文社会科学论文的参考引用情况，从中选出总体高被引著作及各学科高被引著作，并对位居前10位的学术著作信息进行列表展示。

统计发现，《马克思恩格斯全集》《马克思恩格斯选集》《毛泽东选集》《邓小平文选》《列宁全集》等伟人著作，作为人类科学世界观和方法论方面的经典文献，其在总被引和分学科被引指标中均表现突出。鉴于此，为了充分展示普通学术著作在总被引和分学科被引方面的持续性影响力，暂时将上述已经被社会公认的历史性经典著作设置为不参与被引排序。另外，在被引频次统计时不考虑学术著作出版时间长短，统一计算1949年以来出版的所有图书被引指标，旨在反映这些学术著作在某一时间段的人文社科总体及各学科论文的整体贡献情况，尝试从普通图书中发现阶段性经典学术著作。

首先，统计出总被引频次位居前10位的图书，排序结果如表7-39所示。

表7-39 总被引图书排序

序号	图书名称	出版年	出版社
1	正义论	1988	中国社会科学出版社
2	法理学：法律哲学与法律方法	2004	中国政法大学出版社
3	法哲学原理	1961	商务印书馆
4	国民财富的性质和原因的研究	1972	商务印书馆
5	政府论	1964	商务印书馆
6	美学	1979	商务印书馆
7	存在与时间	1987	生活·读书·新知三联书店
8	乡土中国·生育制度	1998	北京大学出版社
9	经济与社会	1997	商务印书馆
10	论美国的民主	1989	商务印书馆

注：排序结果仅作为本研究的实证分析样本，表中略去作者信息。下同。

然后，按照上文的学科分类体系，统计出人文社会科学25个学科的学术著作被引频次排序。限于篇幅，这里仅显示其中部分学科

(宗教学、心理学、社会学、语言学、环境科学、图书馆·情报与文献学)的高被引图书信息,如表7-40至表7-45所示。

表7-40　　　　　　　　　　宗教学学科高被引图书排序

序号	图书名称	出版年	出版社
1	道藏	1988	文物出版社/上海书店/天津古籍出版社
2	高僧传	1992	中华书局
3	太平经合校	1960	中华书局
4	藏外道书	1994	巴蜀书社
5	宋高僧传	1987	中华书局
6	中国道教史	1996	四川人民出版社
7	古兰经	1981	中国社会科学出版社
8	出三藏记集	1995	中华书局
9	中国佛教史	1981	中国社会科学出版社
10	宗教生活的基本形式	1999	上海人民出版社

表7-41　　　　　　　　　　心理学学科高被引图书排序

序号	图书名称	出版年	出版社
1	结构方程模型及其应用	2004	教育科学出版社
2	发展心理学	1995	人民教育出版社
3	现代教育与心理测量学原理	2002	高等教育出版社
4	记忆心理学	1999	华东师范大学出版社
5	自我	2004	人民邮电出版社
6	解读中国人的人格	2005	社会科学文献出版社
7	普通心理学	1996	北京师范大学出版社
8	认知心理学	1992	北京大学出版社
9	人格心理学	2000	中国轻工业出版社
10	儿童社会性发展	1999	北京师范大学出版社

表 7-43 社会学学科高被引图书排序

序号	图书名称	出版年	出版社
1	乡土中国·生育制度	1998	北京大学出版社
2	现代性的后果	2000	译林出版社
3	社会学概论新修	2003	中国人民大学出版社
4	实践与反思——反思社会学导论	1998	中央编译出版社
5	使民主运转起来——现代意大利的公民传统	2001	江西人民出版社
6	社会理论的基础	2008	社会科学文献出版社
7	正义论	1988	中国社会科学出版社
8	社会分工论	2000	生活·读书·新知三联书店
9	文化、权利与国家：1900—1942年的华北农村	2008	江苏人民出版社
10	治理与善治	2000	社会科学文献出版社

表 7-43 语言学学科高被引图书排序

序号	图书名称	出版年	出版社
1	语法讲义	1982	商务印书馆
2	认知语言学概论	2001	上海外语教育出版社
3	现代汉语	1991	高等教育出版社
4	汉语史稿	1980	中华书局
5	普通语言学教程	1980	商务印书馆
6	汉语口语语法	1979	商务印书馆
7	中国文法要略	1956	商务印书馆
8	隐喻学研究	2000	上海外语教育出版社
9	新编语用学概要	2000	上海外语教育出版社
10	认知语言学与汉语名词短语	1998	中国社会科学出版社

表 7-44　　　　　　　环境科学学科高被引图书排序

序号	图书名称	出版年	出版社
1	自然的理由：生态学马克思主义研究	2003	南京大学出版社
2	生态危机与资本主义	2006	上海译文出版社
3	生态社会主义：从深层生态学到社会正义	2005	山东大学出版社
4	马克思的生态学：唯物主义与自然	2006	高等教育出版社
5	我们共同的未来	1997	吉林人民出版社
6	哲学走向荒野	2000	吉林人民出版社
7	自然的控制	1993	重庆出版社
8	环境伦理学	2000	中国社会科学出版社
9	中国生态补偿机制与政策研究	2007	科学出版社
10	环境的思想——环境保护与马克思主义的结合处	1997	中央编译出版社

表 7-45　　　　　图书馆·情报与文献学学科高被引图书排序

序号	图书名称	出版年	出版社
1	信息资源共享	2004	高等教育出版社
2	图书馆学概论	1985	国家图书馆出版社
3	图书馆学导论	2003	科学出版社
4	信息计量学	2007	武汉大学出版社
5	图书馆学基础教程	2003	武汉大学出版社
6	图书馆学五定律	1988	书目文献出版社
7	现代图书馆学理论	1999	国家图书馆出版社
8	图书馆数字参考咨询服务研究	2004	国家图书馆出版社
9	图书馆学基础	2004	高等教育出版社
10	图书馆学导论	1988	武汉大学出版社

以上统计结果表明，在总体人文社科论文中被引频次较高的学术著作，基本上都是人文社会科学领域的经典著作；在分学科被引指标排名前10位的学术著作中，大部分属于本学科的基础性必读专业书籍，显示出较好的学科属性与集中效应。同时，本次统计的是图书出版之后的绝对被引频次，并不固定图书出版年的时间窗口，统计结果比较有利于出版时间久远的图书。因此，如果用于竞争性评估，还需要对图书出版时间与统计方法进一步限定与优化。

（三）高被引出版社引证分析

在本书的第五章第五节，从文献引证角度设计了出版社测评一级指标和二级指标，以便从不同侧面反映出版社的综合学术影响力、分学科影响力及跨学科影响力。这里主要针对出版社学术影响力指标进行引证分析与实证研究，分为两个部分。第一个部分主要考察我国出版社在2007年至2011年人文社会科学论文中的被引情况，统计遴选出362家人文社会科学高被引出版社及25个学科的分学科高被引出版社，并计算出其他指标数值。第二个部分主要考察这362家样本出版社在2012年至2016年整个学科的学术影响力，包括总体学科影响力、部分人文社会科学影响力以及跨学科被引影响力。[①]

1. 第一部分出版社引证分析（2007—2011年）

首先，按照总被引频次及分学科被引频次指标，统计出总体高被引出版社及各学科高被引出版社；其次，按照前文设定的指标体系计分析这些高被引出版社的其他引证指标；最后，对部分高被引出版社指标数值列表展示。限于篇幅，这里仅展示被引频次排名前15位出版社的总被引频次及高被引图书数、分学科被引频次及高被引图书数。

- 学术性指标：总被引频次及高被引图书数

如前文所述，总被引频次（或分学科被引频次）是指该出版社1949年以来所出版的全部图书在某一统计时段（这里设为5年）被

---

① 任全娥等：《中国出版社学术影响力研究》，科学出版社2019年版。

各学科（或分学科）论文引用的总次数；高被引图书数是指该出版社在1949年以来出版的高被引图书的数量，而高被引图书是指总被引频次或分学科被引频次居于前3%的图书。

按照总被引频次排序，居于h核心区的高被引出版社共有362家。这里选取前15家高被引出版社，列表展示其总被引频次与高被引图书数的指标数值，如表7-46所示。

表7-46　　　　　　　　高被引出版社指标数值

序号	出版社	总被引频次（次）	高被引图书数（种）
1	中华书局	164276	750
2	人民出版社	150051	305
3	商务印书馆	129874	724
4	北京大学出版社	71927	532
5	生活·读书·新知三联书店	66509	439
6	中国人民大学出版社	60513	352
7	法律出版社	58295	399
8	上海古籍出版社	56809	366
9	中国社会科学出版社	54670	483
10	上海人民出版社	48426	341
11	中国政法大学出版社	39487	282
12	社会科学文献出版社	38147	218
13	人民文学出版社	30258	182
14	科学出版社	25939	134
15	华夏出版社	20095	141

从表7-46可以看出，总被引频次排名前几位的均为老牌的知名综合性社会科学出版社，如中华书局、人民出版社、商务印书馆、北京大学出版社、生活·读书·新知三联书店。其后既有高被引影响力的综合性出版社，也有学科特点较明显的专业性出版社，如法律出版

社、上海古籍出版社、中国政法大学出版社等。而且，大部分出版社的总被引指标与高被引图书数指标之间存在较好的一致性，仅人民出版社存在偏差。

- 专业性指标：分学科被引频次及高被引图书数

按照前文的研究设计，分别统计出25个学科的高被引出版社及其分学科被引频次、高被引图书数。限于篇幅，这里仅选择其中代表性的6个学科领域的分学科被引指标排名前15位的出版社进行展示，并将其归纳为三种类型来分析高被引出版社指标分布特点。

第一种类型出版社的学科被引频次排序与高被引图书数排序在总体上较为一致，这种情况较为常见，具有普遍性。这里以马克思主义学科、哲学学科、政治学学科、考古学学科这四个学科领域的出版社为例进行展示，指标数值见表7-47至表7-50。

表7-47　　　马克思主义学科高被引出版社指标数值

序号	出版社	分学科被引频次（次）	高被引图书数（种）
1	人民出版社	15667	50
2	中央文献出版社	1787	13
3	商务印书馆	1539	21
4	生活·读书·新知三联书店	836	13
5	中国人民大学出版社	595	9
6	中国社会科学出版社	461	7
7	中共中央党校出版社	401	1
8	上海人民出版社	370	4
9	中央编译出版社	306	4
10	北京大学出版社	292	2
11	江苏人民出版社	258	3
12	社会科学文献出版社	228	13
13	重庆出版社	223	4
14	南京大学出版社	208	5
15	湖南出版社	187	2

表7-48　　　　　　　哲学学科高被引出版社指标数值

序号	出版社	分学科被引频次（次）	高被引图书数（种）
1	人民出版社	16935	60
2	商务印书馆	16633	156
3	中华书局	14358	117
4	生活·读书·新知三联书店	7619	80
5	上海古籍出版社	4671	34
6	中国社会科学出版社	4623	32
7	上海人民出版社	4300	37
8	北京大学出版社	3718	31
9	中国人民大学出版社	3426	30
10	上海译文出版社	2821	26
11	江苏人民出版社	1441	10
12	广西师范大学出版社	1410	12
13	华东师范大学出版社	1366	11
14	社会科学文献出版社	1364	7
15	华夏出版社	1306	7

表7-49　　　　　　　政治学学科高被引出版社指标数值

序号	出版社	分学科被引频次（次）	高被引图书数（种）
1	人民出版社	48433	113
2	商务印书馆	15074	125
3	生活·读书·新知三联书店	8760	69
4	上海人民出版社	8677	87
5	中国人民大学出版社	8641	87
6	中国社会科学出版社	8162	74
7	社会科学文献出版社	7820	51
8	北京大学出版社	7048	60
9	中央文献出版社	6475	27
10	中华书局	3835	34
11	世界知识出版社	3585	33

续表

序号	出版社	分学科被引频次（次）	高被引图书数（种）
12	华夏出版社	3546	36
13	中共中央党校出版社	3045	7
14	中央编译出版社	2817	16
15	法律出版社	2810	7

表7-50　考古学学科高被引出版社指标数值

序号	出版社	分学科被引频次（次）	高被引图书数（种）
1	中华书局	10227	109
2	文物出版社	9880	132
3	科学出版社	5269	64
4	上海古籍出版社	2776	31
5	中国社会科学出版社	1231	12
6	商务印书馆	1228	9
7	上海人民出版社	880	10
8	中国大百科全书出版社	873	5
9	生活·读书·新知三联书店	872	12
10	北京大学出版社	809	5
11	三秦出版社	609	
12	齐鲁书社	579	2
13	人民出版社	551	5
14	紫禁城出版社	542	4
15	上海书店	512	3

从表7-47至表7-50可以看出，在马克思主义学科、哲学、政治学、考古学4个学科领域中，出版社的学科总被引排序与高被引图书数排序基本一致，说明正是本专业高被引图书促使其成为该学科的专业性高被引出版社。其中也略有偏差，比如社会科学文献出版社在马克思主义学科中的高被引图书数指标表现优于分学科被引频次指标表现，而人民出版社在哲学学科中的指标表现则与之相反。中国社会

科学出版社作为一家综合性社会科学出版社,在多个学科的指标排序中都稳居第五位、第六位,显示出国家级高端出版社在这几个一级学科中的稳固影响力,该社同时发挥了专业性学术出版社与综合性学术出版社的双重职能。

第二种类型出版社的学科被引频次与高被引图书数这两个指标的数值排序几乎一致,仅个别出版社存在偏差。这种情况仅在社会学领域出现,具有一定的特殊性。社会学领域高被引出版社的指标数值如表7-51所示。

表7-51 社会学学科高被引出版社指标数值

序号	出版社	分学科被引频次(次)	高被引图书数(种)
1	社会科学文献出版社	2967	44
2	商务印书馆	2786	47
3	人民出版社	2707	17
4	生活·读书·新知三联书店	2560	44
5	上海人民出版社	1965	36
6	中国人民大学出版社	1813	28
7	北京大学出版社	1561	15
8	中国社会科学出版社	1504	19
9	华夏出版社	1232	28
10	江苏人民出版社	682	7
11	中央编译出版社	666	8
12	中华书局	634	7
13	译林出版社	607	12
14	广西师范大学出版社	584	11
15	上海译文出版社	523	8

表7-51表明,在社会学领域的学术研究与交流中,产生较大影响力的出版社主要是大型综合性社会科学出版社,反映了该学科对其他学科知识具有广泛的吸纳性与包容性。其中,社会科学文献出版社在社会学领域的分学科被引频次、高被引图书数指标中均位居第一,这也许跟其多年推出的"皮书系列"及出版社领导的学科背景有关。人

民出版社在社会学领域的总被引频次指标位居第三,而其高被引图书数指标的数值则相对较低,指标一致性存在偏差,这种情况值得进一步研究数据背后的形成机理。商务印书馆、生活·读书·新知三联书店及上海人民出版社等老牌的综合性出版社,在社会学总被引指标与高被引图书数指标的排序中均名列前茅,同时显示出较强的精品意识与专业影响力。中国人民大学出版社与北京大学出版社是两家知名大学出版社,依托所在大学母体的丰厚学术资源与学科优势,在社会学领域发挥了较为突出的影响力,展示出大学出版社的综合实力及学科特色。

第三种类型的学科高被引出版社具有较为明显的学科特色与专业标识,比较典型的学科为图书馆·情报与文献学,其高被引出版社的指标数值见表7-52。

表7-52　　图书馆·情报与文献学学科高被引出版社指标数值

序号	出版社	分学科被引频次（次）	高被引图书数（种）
1	中华书局	4810	72
2	国家图书馆出版社	4174	61
3	上海古籍出版社	2183	26
4	武汉大学出版社	1568	32
5	商务印书馆	1219	8
6	北京大学出版社	1074	9
7	科学出版社	985	15
8	科学技术文献出版社	773	17
9	清华大学出版社	712	9
10	中国人民大学出版社	593	6
11	人民出版社	526	7
12	上海科学技术文献出版社	479	5
13	齐鲁书社	442	5
14	中国社会科学出版社	415	4
15	机械工业出版社	391	3

从表7-52可以看出，在图书馆·情报与文献学领域的高被引出版社中，国家图书馆出版社（原北京图书馆出版社）、上海古籍出版社、科学技术文献出版社、上海科学技术文献出版社都是该领域学科特色较明显的专业性出版社。而武汉大学出版社、北京大学出版社、中国人民大学出版社均属于大学出版社，因其所属高校在图书馆·情报与文献学专业领域的教育和科研实力在全国名列前茅，这些大学出版社也因此出版了大量该专业领域的优秀图书，发挥了专业性学术出版社的功能和影响力。同时，中华书局和商务印书馆虽为大型综合性学术出版社，其在图书馆·情报与文献学领域也显示出强劲的专业优势与学术影响力。

● 辐射性指标：跨学科数、跨学科指数及高被引跨学科数

按照前文的指标设计，出版社的辐射性指标包括高被引跨学科数、跨学科指数及跨学科数。其中，高被引跨学科数是指出版社的学科被引频次位居前10位的学科数，该指标用来反映出版社在学术论文中产生较强辐射力的学科数量；跨学科指数用来测度引用该出版社的学术论文在各个学科中的分散程度，属于学科跨度相对指标。一般情况下，在人文社会科学领域的高被引跨学科数超过2个的出版社均可视为辐射性较好的综合性出版社。因此，按照高被引跨学科数指标排序，然后取排名前15位的高被引出版社（其中存在并列序号），列表展示其辐射性指标数值，如表7-53所示。

表7-53　　　　　高被引出版社辐射性指标数值

序号	出版社	高被引跨学科数	跨学科指数	跨学科数
1	商务印书馆	25	0.96	25
2	北京大学出版社	22	0.77	25
3	人民出版社	20	0.77	25
4	生活·读书·新知三联书店	18	0.74	25
4	中国社会科学出版社	18	0.71	25
6	中华书局	14	0.91	25
7	中国人民大学出版社	13	0.75	25
7	上海人民出版社	13	0.65	25

续表

序号	出版社	高被引跨学科数	跨学科指数	跨学科数
9	社会科学文献出版社	10	0.66	25
10	上海古籍出版社	9	0.54	24
11	科学出版社	8	0.51	24
12	中国统计出版社	4	0.35	25
13	上海译文出版社	3	0.28	25
13	人民教育出版社	3	0.23	25
13	中央文献出版社	3	0.14	23

从表7-53可以看出，高被引跨学科数排名靠前的出版社大部分为老牌的知名综合性出版社，仅有个别专业特色明显的出版社进入本表的跨学科排名。商务印书馆、北京大学出版社和人民出版社的高被引跨学科数位居前3名，其中商务印书馆在25个学科中均为高被引出版社。生活·读书·新知三联书店和中国社会科学出版社并列为第4名，二者的高被引跨学科数均为18，在18个学科中成为被引频次位居前十名的高被引出版社，显示出明显的优质学科跨度与专业辐射性。从相对指标跨学科指数来看，商务印书馆和中华书局的学科综合性最强，而商务印书馆在高被引跨学科数和跨学科指数中均位居第一，学术影响力覆盖到全部人文社会科学领域，跨学科质量和跨学科数量都属于佼佼者。从绝对指标跨学科数来看，高被引出版社的施引文献基本覆盖了全部25个人文社会科学大类，只有上海古籍出版社、科学出版社和中央文献出版社的学科覆盖分别为24个、24个和23个。

2. 第二部分出版社引证分析（2012—2016年）

为了较为全面地揭示和分析我国出版社学术被引影响力及其近期变化，第二部分出版社引证分析延续第一部分的统计方法和研究结果，采取中国引文数据库2012年至2016年的数据来源，统计分析自然科学和社会科学总体论文在5年间参考引证出版社的情况。在出版社样本选取方面，以前文的362家高被引出版社为研究样本，考察这些出版社在近期时段的学术性指标、专业性指标和辐射性指标的数据表现。

本次实证研究数据主要通过检索获取。在进行数据检索时，首先从出版社名称字段、出版时间与被引时间、一级学科与二级学科名称几个方面进行检索词限定（学科划分按照中国知网数据库的学科分类体系）。然后，逐个将362家样本出版社名称输入检索字段，并按照设定的指标进一步细化其他检索字段，以得到前后对应的指标数据。

● 出版社总被引频次

按照前文对高被引出版社的概念界定、指标设计与统计方法，共得到355家出版社（从362家出版社中舍弃7家数据不全的出版社）在自然科学和社会科学领域中的总被引频次。为了便于比较分析，这里按总被引频次进行出版社排序，并展示排名前20位的出版社指标数值，如表7-54所示。

表7-54　　　　　　出版社总被引频次指标数值

序号	出版社	总被引频次（次）
1	科学出版社	739943
2	中华书局	608645
3	北京大学出版社	543364
4	人民卫生出版社	536724
5	清华大学出版社	521724
6	商务印书馆	512329
7	机械工业出版社	505763
8	中国人民大学出版社	490549
9	人民出版社	464981
10	法律出版社	420023
11	化学工业出版社	353155
12	中国社会科学出版社	306360
13	电子工业出版社	286673
14	上海人民出版社	269514
15	中国建筑工业出版社	260461
16	社会科学文献出版社	233774

续表

序号	出版社	总被引频次（次）
17	上海古籍出版社	202332
18	中国政法大学出版社	194472
19	国防工业出版社	165257
20	生活·读书·新知三联书店	163619

从表7-54可以看出如下几点：第一，科学出版社作为横跨自然科学和社会科学的综合性出版社，在整体学科体系中的学术影响力独占鳌头，展示了综合性出版社的科学成果传播平台形象；第二，知名的社会科学领域出版社如中华书局、商务印书馆、人民出版社、中国社会科学出版社、社会科学文献出版社，不仅在人文社会科学领域而且在包括社会科学和自然科学在内的整个科学领域，均显示出强劲的学术影响力和出版竞争力，足见这些出版社的发展实力；第三，综合性名牌大学出版社如北京大学出版社、清华大学出版社、中国人民大学出版社，充分显示了其母体单位作为综合性大学，在自然科学和社会科学领域的综合研究实力和成果传播影响力；第四，专业性特点较为明显的自然科学出版社或社会科学出版社如人民卫生出版社、机械工业出版社、法律出版社，能突破自身专业领域的成果出版与传播藩篱，面向整个学科体系发挥出强大的综合学科辐射力与学术影响力，实属难能可贵。

● 出版社分学科被引频次

为了研究出版社的分学科影响力，参照上文总被引频次的数据来源与统计方法，统计得到高被引出版社在173个分学科（其中社会科学有82个）中的学科总被引频次。为便于对比分析，这里选取一部分人文社会科学领域的高被引出版社进行实证分析，将每个学科取排名前10位的出版社进行指标数值排序。

通过分学科被引频次统计结果发现，对引文意义上的专业性出版社而言，不同学科领域具有不同的表现形式和学科特点，大致可以归纳为三种类型：第一种类型是借助于大型综合性出版平台的专业性出版社；第二种类型是具有自身鲜明专业特点的专业性出版社；第三种类型是综合性和专业性平分秋色的专业性出版社。

第一种类型的专业性出版社如马克思主义学科的高被引出版社（见表7-55）、中国政治与国际政治领域的高被引出版社（见表7-56）。

表7-55　　　　　　马克思主义学科出版社被引频次排序

序号	出版社	学科被引频次（次）
1	人民出版社	144013
2	中央文献出版社	12199
3	中国人民大学出版社	5453
4	中共中央党校出版社	2669
5	中央编译出版社	2226
6	中国社会科学出版社	1982
7	商务印书馆	1965
8	北京师范大学出版社	1797
9	人民日报出版社	1597
10	湖南出版社	1586

表7-56　　　　中国政治与国际政治领域出版社被引频次排序

序号	出版社	学科被引频次（次）
1	人民出版社	77714
2	社会科学文献出版社	33536
3	中华书局	28284
4	上海人民出版社	24577
5	中国社会科学出版社	23878
6	北京大学出版社	19319
7	商务印书馆	16097
8	世界知识出版社	15671
9	中国人民大学出版社	12236
10	新华出版社	11231

第二种类型的专业性出版社中，具有明显专业特色的出版社居多，如音乐舞蹈领域的高被引出版社（见表7-57）、美术书法雕塑与摄影领域的高被引出版社（见表7-58）、戏剧电影与电视艺术领域的高被引出版社（见表7-59）。

表7-57　　　　　　音乐舞蹈领域出版社被引频次排序

序号	出版社	学科被引频次（次）
1	人民音乐出版社	38261
2	上海音乐出版社	27837
3	上海音乐学院出版社	6660
4	中央音乐学院出版社	4681
5	湖南文艺出版社	4596
6	上海教育出版社	3390
7	文化艺术出版社	3010
8	西南师范大学出版社	2303
9	中央民族大学出版社	2207
10	上海文艺出版社	1945

表7-58　　　　美术书法雕塑与摄影领域出版社被引频次排序

序号	出版社	学科被引频次（次）
1	人民美术出版社	14888
2	上海书画出版社	9034
3	上海人民美术出版社	8806
4	江苏美术出版社	8705
5	中国青年出版社	7866
6	中国人民大学出版社	5139
7	广西师范大学出版社	3475
8	中国美术学院出版社	3214
9	清华大学出版社	3028
10	文物出版社	2843

表7–59　戏剧电影与电视艺术领域出版社被引频次排序

序号	出版社	学科被引频次（次）
1	中国电影出版社	18657
2	北京大学出版社	8220
3	中国戏剧出版社	8195
4	中国广播电视出版社	7351
5	文化艺术出版社	6296
6	中国传媒大学出版社	4505
7	广西师范大学出版社	2164
8	复旦大学出版社	1958
9	上海文艺出版社	1824
10	中国人民大学出版社	1635

其余大部分属于第三种类型，即综合性出版社与专业性出版社几乎平分秋色，同时在不同的学科又各有侧重，仅排名先后略有不同。如表7–60所示的民族学专业出版社和表7–61所示的民商法专业出版社，大部分专业特色明显的出版社排名较为靠前，比综合性出版社发挥的专业影响力更大；如表7–62所示的图书情报与数字图书馆领域的专业出版社，从各方面表现出明显的专业特点，其所在单位武汉大学、北京大学与清华大学在国内图书情报与数字图书馆的教育和研究领域具有较强的专业优势，而上海古籍出版社、科学技术文献出版社、国家图书馆出版社及上海科学技术文献出版社，均为图书情报专业特色出版社。此外，在中国共产党、宗教学、中国语言文字、中国文学、社会学及统计学领域的高被引出版社中，中国社会科学出版社、中华书局、生活·读书·新知三联书店等知名综合性出版社发挥了明显的专业出版社影响力，有的甚至比本领域的专业出版社排名还要靠前，如表7–63至表7–67所示。

表 7-60　　　　　民族学学科出版社被引频次排序

序号	出版社	学科被引频次（次）
1	中央民族大学出版社	4140
2	中国社会科学出版社	2701
3	云南人民出版社	2697
4	云南民族出版社	2675
5	中华书局	2459
6	上海人民出版社	2136
7	人民出版社	1844
8	四川民族出版社	1764
9	云南大学出版社	1745
10	贵州民族出版社	1731

表 7-61　　　　　民商法学科出版社被引频次排序

序号	出版社	学科被引频次（次）
1	法律出版社	70693
2	中国政法大学出版社	41257
3	中国人民大学出版社	27369
4	北京大学出版社	14041
5	人民法院出版社	13378
6	中国法制出版社	10689
7	知识产权出版社	9152
8	群众出版社	3747
9	中国社会科学出版社	3291
10	社会科学文献出版社	2945

表 7-62　图书情报与数字图书馆学科出版社被引频次排序

序号	出版社	学科被引频次（次）
1	中华书局	2449
2	武汉大学出版社	1904
3	上海古籍出版社	1764
4	科学出版社	1755
5	北京大学出版社	1275
6	科学技术文献出版社	1196
7	国家图书馆出版社	869
8	清华大学出版社	866
9	商务印书馆	644
10	上海科学技术文献出版社	566

表 7-63　中国共产党学科出版社被引频次排序

序号	出版社	学科被引频次（次）
1	人民出版社	11784
2	中共中央党校出版社	9954
3	中央文献出版社	2908
4	中共党史出版社	1584
5	民族出版社	1485
6	上海人民出版社	1315
7	党建读物出版社	1208
8	中国方正出版社	1026
9	中国社会科学出版社	955
10	中国人民大学出版社	799

表7-64　　　　　　　宗教学学科出版社被引频次排序

序号	出版社	学科被引频次（次）
1	中华书局	11622
2	中国社会科学出版社	10443
3	上海人民出版社	9642
4	宗教文化出版社	6151
5	上海古籍出版社	4712
6	中国人民大学出版社	3982
7	北京大学出版社	3746
8	商务印书馆	3667
9	生活・读书・新知三联书店	3565
10	社会科学文献出版社	3525

表7-65　　　　　　中国语言文字学科出版社被引频次排序

序号	出版社	学科被引频次（次）
1	商务印书馆	99068
2	上海外语教育出版社	45167
3	北京大学出版社	41445
4	中华书局	30675
5	外语教学与研究出版社	24021
6	上海教育出版社	20187
7	中国社会科学出版社	13738
8	语文出版社	12897
9	上海古籍出版社	10781
10	北京语言大学出版社	8260

表7-66　　　　　　　中国文学学科出版社被引频次排序

序号	出版社	学科被引频次（次）
1	中华书局	113601
2	人民文学出版社	87444
3	上海古籍出版社	81065

续表

序号	出版社	学科被引频次（次）
4	北京大学出版社	34242
5	中国社会科学出版社	13569
6	上海文艺出版社	12486
7	作家出版社	11117
8	复旦大学出版社	9633
9	生活·读书·新知三联书店	8887
10	齐鲁书社	8511

表7-67　社会学及统计学学科出版社被引频次排序

序号	出版社	学科被引频次（次）
1	中国人民大学出版社	29458
2	社会科学文献出版社	20337
3	中国统计出版社	18590
4	华夏出版社	18228
5	上海人民出版社	17419
6	北京大学出版社	13959
7	商务印书馆	11573
8	生活·读书·新知三联书店	10471
9	中国社会科学出版社	7572
10	译林出版社	7106

● 跨学科辐射性指标

如前文所述，跨学科辐射性指标包括跨学科总数、跨学科指数和高被引跨学科数，这里选取数据表现及学科区分度均较好的跨学科总数指标和高被引跨学科数指标进行分析。跨学科总数，是指出版社被引用的跨学科总数量，用来反映出版社在学术论文中产生影响的学科跨度与辐射程度。高被引跨学科数，是指出版社总被引频次位居前10位的学科数量，用来反映出版社在学术论文中产生较好影响力与辐射力的学科数量。这两个指标排序位居前20位的出版社指标数值分别如表7-68和表7-69所示。

表 7-68　　出版社跨学科总数指标数值

序号	出版社	跨学科总数（个）
1	科学出版社	169
2	浙江大学出版社	162
3	清华大学出版社	161
4	复旦大学出版社	157
5	北京大学出版社	156
6	上海人民出版社	155
6	武汉大学出版社	155
8	化学工业出版社	149
8	海洋出版社	149
8	山东大学出版社	149
11	中国科学技术出版社	148
11	北京出版社	148
11	重庆出版社	148
14	湖南科学技术出版社	145
14	四川大学出版社	145
14	中山大学出版社	145
17	商务印书馆	144
17	华中科技大学出版社	144
17	厦门大学出版社	144
20	上海科学技术文献出版社	143

表 7-69　　出版社高被引跨学科数指标数值

序号	出版社	高被引跨学科数（个）
1	科学出版社	104
2	北京大学出版社	69
3	清华大学出版社	65
4	中国人民大学出版社	60
5	化学工业出版社	54
6	上海科学技术出版社	49

第七章　人文社科成果评价体系实证研究 | 249

续表

序号	出版社	高被引跨学科数（个）
7	中国社会科学出版社	41
8	上海人民出版社	36
9	商务印书馆	35
10	社会科学文献出版社	34
11	人民卫生出版社	33
12	国防工业出版社	32
13	科学技术文献出版社	28
14	电子工业出版社	27
15	复旦大学出版社	26
16	人民出版社	25
17	中华书局	24
18	生活·读书·新知三联书店	23
19	华夏出版社	21
19	中国建筑工业出版社	21

从表7-68和表7-69可以看出，科学出版社在跨学科总数和高被引跨学科数两个指标中均稳居第一，显示出在整个学科体系中的突出综合影响力。在中国引文数据库覆盖到的所有173个自然科学和社会科学二级学科中，科学出版社的被引影响力横跨169个学科，而且在104个学科中都属于排名前10位的高被引出版社。

表7-68还显示，跨学科总数排名前20位的出版社，均为科技领域的综合性出版社或综合性大学出版社，而人文社会科学领域出版社的跨学科总数则相对较少。这说明，自然科技领域的出版社可以向人文社科领域图书进行跨界出版，而人文社科领域的出版社则不易跨界到自然科技领域。在表7-69所示的高被引跨学科出版社中，有20家出版社在至少21个学科被引中位居前10名，这些高被引跨学科出版社，既包括科技类综合性出版社和大学出版社，也包括社会科学领域的老牌知名出版社如中国社会科学出版社、商务印书馆与社会科学文献出版社等。在数据统计中还发现，高被引跨学科出版社排序出现

了明显的"长尾现象"，即在357家出版社样本中，高被引跨学科数为1的出版社就有64家，而且有152家出版社的高被引跨学科数为0，说明能在多个学科中发挥学术影响力的高被引出版社仍然是少数。

3. 研究结论

通过以上两个5年时间段关于出版社引证指标的实证研究，可以得到如下几点结论。

第一，综合性出版社和专业性出版社在各学科引证中发挥的学术影响力具有交叉性，但对于实力派优质出版社来说，无论其总影响力还是分学科影响力都同样优秀。知名综合性出版社的学科总体被引指标和分学科被引指标，基本上都表现较好，兼具综合性学术出版社与专业性学术出版社的功能。另有一部分专业特色明显的学术出版社，不但在本专业图书的出版传播中发挥着应有作用，而且在总被引指标排序中也多次名列前茅，如法律出版社、中国政法大学出版社、人民文学出版社等，显示出强大的发展实力与学科影响力。

第二，某些专业性出版社在本学科的被引指标表现不突出、专业特点不明显，没有充分发挥专业出版社应有的主攻业务优势与学科影响力。在学术性出版社中，许多综合性出版社在多个学科领域的被引指标表现非常突出，产生了类似于专业出版社的学术影响力，发挥着较强的规模优势与综合效应；相比之下，一些专业性出版社对本专业领域的学术影响力则显得相对不足，存在专业特点不明显、主业优势缺失、盲目追求综合性的倾向。反观近几年，我国出版社在转企改制的过程中，为了保障出版集团的经济效益而过分重视图书在经济市场中所占份额，无形中挤压了图书在学术市场的影响力，这一问题应引起相关部门的足够重视与正确引导。

第三，比较前后两个部分的实证分析结果，可以从时间维度和学科维度发现我国出版社前后两个5年的指标增减与发展变化。从时间维度看，总被引指标位居前15名的出版社名单变化不大，排名先后次序略有变动，说明实力雄厚的老牌出版社具备可持续的竞争力与影响力。从学科维度看，人文社会科学领域的科研活动及其对图书的引证行为具有一定程度的同质性与稳定性，而包括自然科学和社会科学的整个学科体系的科研活动及其对图书的引证行为则显得更为复杂多变,体现在引证指标方面就是排序结果的分散性和多元化。

最后,本研究通过统计图书被引用情况来分析出版社的学术影响力,旨在将分析结果反过来再为图书评价提供参考,二者关系有些类似于期刊评价中的"以文评刊"与论文评价中的"以刊评文"关系。但相比较而言,图书成果的学术影响力涉及因素更多,除了被引用指标,还有图书借阅指标、图书发行指标、图书销量指标、图书评论指标,尤其近几年兴起的电子图书网络衍生指标。随着替代计量学成为国内外研究热点,针对图书所具有的线上传播浏览、线下深度阅读的典型特征,国外专家提出了包括谷歌图书引文、OCLC 的 WorldCat 馆藏、在线评论、在线高校课程大纲、出版商信誉、Mendeley 书签等"图书替代计量指标"。[1] 我国也有学者提出将"图书替代计量学"概念广义地界定为含引文指标、馆藏指标在内的一切在线图书影响计量指标及其应用。[2] 而且,在开展理论探讨的同时,相关实施平台建设也迅速发展,比如,2015 年 Springer 与 Altmetric.com 合作开发了 Bookmetrix 平台,2017 年 Elsvier 收购 Analytics 后,强化了 Scopus Article Metrics 计算模块的图书追踪分析功能。因此,本研究对出版社的学术影响力分析,属于文献计量与引文分析层面的一种研究方法和分析视角,而全面测评图书与出版社学术影响力还需要进一步的后续研究。

五 应用对策研究成果评价实践

(一) 国内应用对策研究成果认定与评估

随着国家和各级政府对应用对策研究成果的重视,并采取相应的评价办法与激励措施,各研究单位对相关成果的质量控制与评价实施

---

[1] M. Thlwall, K. Kousha, "Web Indicators for Research Evaluation. Part 3: Books and Non-standard outputs", *Professional Information*, 2015 (6): 724-736.

[2] 雷淑义、吕先竞:《我国人文社会科学学术图书 Altmetrics 评价:挑战及应用》,《图书情报工作》2017 年第 11 期。

也提上日程。国内高校系统和社科院系统积极探索与实践，根据各自功能定位与研究特点采取了不同的评价制度与实施办法。

高校系统的应用对策研究成果一般包括咨询报告、研究报告、政策建议与连续出版的皮书系列等，主要通过制定不同级别的打分标准对应用类研究成果进行评价与考核。比如，应用对策研究成果的级别认定标准通常分为六个大类：一是获中央政治局委员、国务委员以上领导批示，或被全国性法律、法规和制度、政策制定采纳，或被《成果要报》采用，或为省级以上领导集体授课，视同为重大奖励成果，并认定为 A1 级；二是获全国人大、政协专业委员会主任以上领导批示，或报送中共中央、国务院、全国人大常委会、全国政协常委会以上机构并获得批示，或被国家部委、省、自治区党委、政府制度与政策制定采纳，可认定为 A1 级；三是报送中共中央、国务院、全国人大常委会、全国政协常委会以上机构但未获批示，或由国家各部委采纳，由部委主要领导批示（有国徽章或有采用证明），或被副省级城市党委、政府制定政策以及地方性法规采纳，可认定为 A2 级；四是获省级和副省级党委、政府、人大、政协领导（包括正职与副职领导）批示采纳，或被地级市党委、政府制定政策以及地方性法规采纳，可认定为 A3 级；五是获省级和副省级党委、政府各部门或地级市主要领导（包括市党委、政府、人大、政协正职和副职领导）批示，可认定为 B1 级；六是连续出版的红（蓝、白）皮书，撰写 8 万字以上可认定为 B1 级（但在职称评审中，此类成果的认定不超过 2 篇）。

我国各社科院系统在地方经济与社会建设中发挥着不可替代的智库作用，应用对策研究成果作为社科院研究成果的主要形式，越来越受到科研管理部门的重视。据了解，目前社科院系统在应用对策研究成果评价方面取得了一定经验和共识，但同时也存在不少问题与困惑。为了解地方社科院系统对应用对策研究成果评价的认识和建议，我们围绕社会科学成果评价问题对地方社科院科研管理人员群体进行小范围访谈。由于访谈内容涉及主题广泛，这里借用扎根理论的分析方法，对相关访谈内容加以编码整理，形成访谈内容的开放编码范畴，如表 7-70 所示。

表7-70　　地方社科院成果评价问题访谈内容的开放编码范畴

编号	主范畴	概念要素
1	评价对象21	应用对策研究成果16、基础研究成果5
2	评价主体45	社会大众10、学术同行9、科研管理部门8、学术权威6、社会实践5、独立第三方4、行政领导3
3	成果主要形式19	提交领导参阅的研究报告8、研究文章5、公开传播的研究报告4、专著2
4	成果来源21	国家相关部门委托课题9、国家纵向课题5、自选课题4、企业委托横向课题3
5	课题管理20	责任相关者9、科研管理部门8、经费管理部门3
6	目前成果评价中存在问题73	基础研究成果与应用对策研究成果的评价重心不易平衡25、缺乏科学规范的应用对策研究成果评价体系15、对基础研究成果支持不够10、评价主体不好确定9、社会参与不足6、成果转化渠道不畅5、因领导批示语有时无法获知原件而使应用对策研究成果的质量认证困难3
7	对新评价体系的期待57	加强评价制度建设31、减少行政性评价7、社会参与评价6、加快科研评价信息平台建设5、第三方评价与监督5、法制化保护高端成果3
8	对社科评价的认知46	科研管理离不开科学的评价28、科研评价是资源分配的需要6、成果评价是科研评价的核心4、对评价结果要足够宽容3、一次评价就成定局属于过度评价3、评价社科成果本身就是一个伪命题2
9	成果评价在科研管理的应用领域21	成果评奖6、课题结项5、职称评审5、人才引进3、后期资助2
10	成果评价对项目管理的作用10	后期资助项目的参考依据4、结项时的最终成果认定3、立项时的前期成果审核2、立项后的阶段性成果审定1
11	评价结果对研究者个人的影响15	待遇提高5、职称评定4、分房加薪4、职务聘任2
12	我国社科院系统的成果评价建议28	加快制定决策咨询类成果评价办法8、加强面向问题的项目成果评价6、加强对策研究所需的基础理论成果评价5、加强跨学科类成果评价5、把横向委托课题成果纳入科研管理与评价体系4

注：表中文字后的数字表示提出或认同该议题的人数。

从表7-70的主范畴一列可以看出，编号6"目前成果评价中存在问题"是地方社科院科研管理部门最为关注的议题（该议题提出人数最多，为 73 人），其后依次为编号 7 "对新评价体系的期待"、编号 8 "对社科评价的认知"、编号 2 "评价主体"，以此类推。研究发现：在地方社科院系统，应用对策研究成果比基础研究成果更受重视；"社会大众"是当前比较缺失的社会科学成果评价主体，尤其是应用对策研究成果评价更需要社会评价的参与；在地方社科院成果评价中，还存在诸如"基础研究成果与应用对策研究成果的评价重心不易平衡"和"缺乏科学规范的应用对策研究成果评价体系"等各种共性问题；建议"加快制定决策咨询类成果评价办法"，"加强面向问题的项目成果评价"，"加强对策研究所需的基础理论成果评价"，"加强跨学科类成果评价"，"把横向委托课题成果纳入科研管理与评价体系"，等等，都是来自社科管理第一线的期待与心声，说明这些问题已经成为我国应用对策研究成果评价的现实问题。

（二）国外智库机构成果质量控制

国外的智库机构极为重视应用对策研究成果的质量控制与评价标准。美国智囊机构兰德公司认为，实际上并没有一套绝对的标准来评判与确认一项研究工作及其成果的质量，但却需要有一套公认的衡量高质量研究过程的通用标准及衡量高质量成果的特殊标准。[①]

1. 高质量研究过程的通用标准

● 研究选题应当精心细致地拟定

兰德公司的一贯风格是，一定要选定有意义的实际问题进行研究。即使不能根本解决问题但至少可以提供思路或实质性的解决方案。问题的提出与研究方案越具体与可操作，研究就越有用、有价值且越具持久性。

● 研究方法应该很好地设计与执行

研究方法的选择与问题的拟定密切相关，方法必须与所研究的问题相适应。一些常用的研究方法有回归分析法、验证模型法或社会调研法等，但采用哪一种方法还是综合哪几种方法，都要经过精心论证

[①] 美国兰德公司官网，http://www.rand.org（访问日期：2016 年 3 月 10 日）。

以确保该方法能胜任所研究的问题。这是因为，如果在研究中没有明确所用的研究方法，研究者将会不断地面对各种质疑、争议及辩护、解释。当采用一种新方法或一种旧方法用于一个新问题时，都需要讨论该方法较之以前的方法其优势何在。合理的研究方法选定之后，就需要很好地运用，通过研究方法的严格执行、技术实力与创造性研究来体现研究的高质量。

- 数据和假设应该是合理的

数据是科学研究的关键输入要素，数据生成方法和数据库覆盖范围应该明确，数据应适当筛选与合理操作。研究背后的假设条件必须要明确阐述，这样可以避免一些不确定性因素影响到研究的发现及建议。为了分析研究对象的各种替代性情景，一份高质量的研究往往通过变换不同的假设来强化其研究结论的可靠性与灵活性。

- 研究发现应该是有用的或推进知识进步的

研究发现所提供的新知识必须与现存的知识具有相容性，至少对兰德公司的一两个主要客户来说是有用的。对于政府决策者客户，研究发现应该把重点放在专门的决策分析，比如为存有争议的一项政策提供论证框架、充分信息或其他帮助；对于理论研究客户，研究发现应在以前经验价值的基础上增加新的知识，通过精心研究、大胆质疑，以更大的信心对一项理论的发展提供帮助。

- 对策建议研究要在科学发现的基础上提出并做充分细致的论证

一些富有时代意义的关键研究活动，往往在很大程度上具有"思想库"和"智囊团"的功能。一项高质量的研究需要深入探索其科学发现的深刻内涵，考察哪些是旧知识哪些是还没有探索的新知识，以前有过的研究领域哪些需要加强或需要修正。提出行动建议方案是一项责任性很强的事情，因为兰德公司的使命决定了其客户行为可能会影响到千万民众甚至整个民族和地区的资源与财产。正因如此，对策建议必须经过科学的研究与详细论证，得到足够有力的科学因素的支撑才可以提出。

- 研究文献应该表述准确、易懂、可信并语句流畅

研究结果以文献的方式表达出来，也应该是质量标准之一，文献

形式可以是纸质文献或电子文本格式。表达准确、易懂可信并语句流畅，这些标准对文本与图像文献都适用。准确性是一项非常突出的初步指标，尤其对一项重视质量与信誉的研究更是如此。高质量的研究报告必须包括所有必要的附加说明，因为兰德公司的客户需要通过文献所提供的准确信息来认可其研究的可信度。所以，兰德公司的许多研究结果内容非常丰富而复杂，提出了多种建议方案。而且，高质量的文献应该对它的目标客户来说是可以理解的，也就是说能图文并茂地组织与表达出一个复杂体系和创新思想。最后，高质量的研究文献应该是语气平和与客观的，既不是漠然的平淡无奇也不是带有情绪化的偏见，这一点对理论分析客户与决策者客户来说都很重要，这样才能使研究成果拥有包括一般公众在内的广泛受众。

● 研究应该展示对以前相关研究的调查了解

一项高质量的研究应该基于其他人的研究成果并继续往前推进。在研课题与以前的研究之间的关系，往往非常复杂、内容丰富，研究团队需要在很多方面进行考察，从提出问题的方式到讨论的方法以及结论的含义，都需要细致地调查了解。如果不充分展示以前的研究基础，将会使项目的研究大打折扣，尽管研究成果也许在其他方面很优秀。

● 研究应与客户和投资者非常相关，并具有互动性

兰德公司极其强调对实践性问题的研究，长期以来基本上也是以此为中心的，其研究风格是经常与客户互动交流，并将其作为一种很重要的专业技术知识源泉。具体运作方式是通过合同进行的，在合同所规定的范围内，有时兰德公司的研究人员提出具体的项目建议，有时是客户自己提出需求，然后双方通过会谈、电子邮件以及其他形式的通信方式进行交流讨论，对具体内容进行这样或那样的修改，最后形成《项目说明书》文件，包括问题、方法、背景、数据、进度、预算、时间表等。接下来项目开始执行，预算到位，兰德公司按时间表提供报告研究的结果，完成项目。兰德公司每年有几百个项目在同时进行，除了大部分根据长期合同和政府预算来安排的政府项目外，还有部分项目是兰德公司认为有意义或会造成重大影响的自主选择项

目。对后一类项目，开题后兰德公司会向可能的用户推荐和兜售，或研究结束后以粗线条方式告诉潜在用户，动员他们来购买研究成果。一般情况下，兰德公司会向项目委托人提供多达五个决策咨询选择，并将每一种选择在政治、经济、公共关系等方面可能产生的后果及利弊一并忠告用户，对决策者提供科学、客观、公正而全面的决策建议。不同的人和不同性格的决策者，会从这些选择中作出不同的决策，从而得到不同的结果。

● 研究应该是客观独立与综合平衡的

兰德公司的良好信誉很大部分源于其研究的客观性，这是科学性的基础，也往往有助于提高研究被采纳的可能性。兰德公司一直保持着独立性研究的文化传统，有公开研究结果并让公众获取研究结果的自由。作为政策研究机构，兰德公司能够讲真话，无论这个真话对客户有利或是不利，花钱雇兰德公司的客户要做好接受这种可能的准备。兰德公司的这种独立性是一个由20多人组成的监事会来保障实现的，监事会成员对兰德公司具有管理支配权力，也就是说他们才是兰德公司真正的主人，但是他们并不拥有兰德公司的任何财产。由于兰德公司的研究报告要应对来自科技界与政策界等各个社会层面的质疑与挑战，所以，在研究上需要追求各方对立面的利益平衡，做到研究的公平处理、准确描述、客观评价。

2. 高质量研究成果的特殊标准

高质量研究成果的特殊标准，在以前也是兰德公司倡导与评价所有研究的通用标准，其中有一些质量标准只有极其突出的研究成果才能达到。

● 研究成果是超前与综合的

兰德公司能在同类咨询机构中异军突起，还在于它有愿望和能力去研究超出客户具体研究需求的领域，能发现许多意想不到的好思路。同时，兰德公司的研究是跨学科的研究，这使其分析问题能从一个更为宽泛与全面的多角度进行综合思考，使研究结论成为一个统一体。

● 研究成果是创新的

兰德公司所有的研究都被期望对研究领域能有新的拓展，比如作出前人没有的新发现、提出新理论，等等。如果是发展了新方法与新思路，或用老方法解决了新问题，或者将其应用到新的问题领域，也应该是研究的创新。

● 研究成果是持久的

兰德公司承担的大部分项目是应对即时的、专门的客户需求，但它在传统上追求一种具有长期价值的、深度思考的战略性研究课题。尽管一项研究在初期容易引起争议，但往往在经过时间考验之后人们发现它是正确的。真正有价值的研究报告应该具有持久性，能经得起历史的大浪淘沙。

六 研究启示与展望

人文社科研究成果是一个内涵极其丰富的概念，对其进行科学评价更是一项异常复杂的社会系统工程。长期以来，人文社科成果评价问题备受社会各界关注，也引起了各种争议与讨论，探索与实施科学有效的评价实践方案的道路显得艰难而曲折，实证研究也面临着各种难题。

本章在前文的理论阐述与评价指标体系设计的基础上，对相关人文社科成果评价体系的实施过程与操作步骤进行多角度实证研究，尝试探索人文社科成果评价体系从理论到实践的实现路径。通过实证研究得到一些有意义的启示，也发现一些问题和不足。这些启示与问题，促使我们进一步思考与展望人文社科成果评价体系研究与实践的发展方向。

第一，人文社会科学成果具有内容丰富、类型多样、评价复杂等特点，不仅包括公开发表的学术论文、学术著作与研究报告，还包括学术资料、古籍整理、工具书、年鉴、普及读物、内部报告、政策咨询等成果形式。因此，下一步实证研究需要设计一套完整的人文社会科学成果评价体系，全面分析每一种成果类型的特点与产出规律，有针对性地设计出这些成果的评价主体、评价目标、评价标准、评价指标、评价方法、评价数据、评价机制等，并逐项进行实证研究与信度效度检验，以及后续的试评估与调试优化，最后正式推广实施与实际应用。

第二，应用对策研究成果评价的实践探索，更多涉及社会性评价主体及社会价值判断因素，需要全面的社会调查数据及丰富的实践经验。本研究在实证分析与实践探索部分主要侧重于基础研究成果的评价指标体系，而对应用对策研究成果重点在于评价指标体系框架设计与部分评价实践介绍，尚未开展更加深入系统的相关实证研究。今后，随着中国特色新型智库建设不断加强，应用对策研究成果评价将逐步成为人文社科成果评价的研究重点，其中公共政策评估、社会参与性评价、社科成果转化测评等研究内容，将成为未来研究探索的重要领域。

第三，受限于客观数据条件，本书仅运用定量评价方法进行实证研究，尚未进行定性评价的数据搜集与实证研究。在定量评价的实证研究中，主要借助历史数据进行较长时段的文献梳理与统计分析，尝试从中发现评价规律与创新方法。相比较而言，在评价实践中，权威科学评价机构面向社会定期公开发布的评价研究报告，一般需要采用大规模的最新评价数据与规范化评价系统平台，强调评价数据的采集、加工与及时更新，实现评价数据的时效性与统计结果的准确性，发挥科学评价的实际引导功能。因此，人文社科成果评价从理论方法研究到评价方案的有效实施，这中间有个非常重要的关键环节就是评价数据源与评价系统平台的建设，它既是定量评价的基础设施，也是综合评价的重要依据。而且，大数据环境与数据科学驱动下的人文社科成果评价，还需要加强网络数据平台建设、评价数据积累与数据挖掘分析，组织团队开展基于科研过程与网络事实的综合评价研究与实施。

第四，在实施成果评价方案与使用评价结果时，我们应客观认识学术评价功能的有限性，理性选择科学的学术评价体系，有限而不是过度使用评价结果。承认这一事实，可以避免无限放大学术评价的实际效能，甚至可以避免因盲目崇拜而不择手段争夺评价话语权，避免以行政手段随意干预学术成果评价体系的正常运行。学术研究也是科学探索，是一个从相对真理向绝对真理不断迈进的认识过程。社会科学只能是逐渐逼近真实，而无法还原历史真实，也很难再回到事实原点去验证真伪。学术评价作为一种认识活动，是对另一种认识活动的认识，更受到人的认识能力和历史条件的制约而具有相对性。这说明，学术评价的结论具有暂时性，学术评价本身也是一个不断试错、纠错并发现真理的过程，需要按照评价主体意愿与评价目标设定而不断优化组合与协调使用。在大科学时代，越是创新性成果，越反映出同行专家的知识局限性，对于创新性与超前性都很强的科研成果来说，有时候甚至不仅难有同行，甚至反对最激烈的恰恰也是同行。同样道理，同行成果之间的互相参考、引用与推荐，以及文献计量学中的引文分析方法也会导致创新性强的学术成果曲高和寡，而易读性强的成果则能得到更高的被引频次与指标数值。而且，评议专家个人的价值观、心理素质、学术修养及偏好兴趣也会对评议过程和结果产生一定程度的影响，尤其是当出现人情关系或产生利益冲突时，学术评价的公正性往往难以保证。同时，由于利益驱动而产生的评价结果偏差，有时也存在于文献计量评价中，比如为了抬高自身被引用频次而诱发不良引文动机和引文行为等现象。随着大数据环境的形成及跨学科研究模式的增多，仅依靠某个专家群体或单个定量评价体系已很难得到客观的评价结果，逐渐兴起的网络同行评议与替代计量学评价指标将成为未来发展趋势。总而言之，我们应客观认识不同学术评价方法的固有缺陷，有限而不是过度使用评价结果，同时积极探索大数据环境下新兴的网络同行评议与替代计量学评价方法。

参考文献

中文参考文献

《〈2013 中国图书世界馆藏影响力报告〉在京发布》,《中国出版传播商报》2013 年 9 月 2 日。

白如江、杨京、王效岳:《单篇学术论文评价研究现状与发展趋势》,《情报理论与实践》2015 年第 11 期。

卜卫、周海宏、刘晓红:《社会科学成果价值评估》,社会科学文献出版社 1999 年版。

陈朝宗:《社会科学学术成果评价机制研究》,《华东经济管理》2002 年第 5 期。

陈静、刘方圆:《从学术评奖看学风》,《中国社会科学报》2010 年 7 月 29 日。

陈士琴、丁翼:《对法学最有学术影响的百家出版社分析:基于 CSSCI（2000—2007 年度）数据》,《出版科学》2010 年第 3 期。

陈晓丽:《引文评价中的引文方式与力度因素》,《图书馆》2000 年第 6 期。

党亚茹:《中国科技论文产出力和影响力发展的波动分析》,《情报学报》2002 年第 1 期。

读秀图书被引用情况, http://edu.duxiu.com/stat/publicationYear.html（访问日期：2013 年 10 月 6 日）。

段乐川:《学术评价不等同于出版评价》,《中国社会科学报》2014 年 7 月 2 日。

冯平：《评价论》，东方出版社 1995 年版。

耿树青、杨建林：《基于引用情感的论文学术影响力评价方法研究》，《情报理论与实践》2018 年第 12 期。

顾海兵：《构建时间与空间双重制约的学术评价规则》，《光明日报》2004 年 6 月 8 日。

顾立平：《论文级别计量研究：应用案例分析》，《现代图书情报技术》2013 年第 11 期。

郭强：《下载次数与被引次数的同一与差异性研究》，《图书馆理论与实践》2011 年第 6 期。

韩雨彤、周雨涵、杨伟超等：《面向学术图书的 Altmetrics 指标分析》，《图书情报工作》2018 年第 14 期。

何绍辉：《精准评价智库研究成果》，《中国社会科学报》2015 年 8 月 25 日。

何星星、武夷山：《基于文献利用数据的期刊论文定量评价研究》，《情报杂志》2012 年第 8 期。

贺德方：《中国高影响力论文产出状况的国际比较研究》，《中国软科学》2011 年第 9 期。

胡政平、巨虹：《初始评价：学术评价视域的关键性拓展》，《甘肃社会科学》2015 年第 5 期。

胡志刚、陈超美、刘则渊等：《从基于引文到基于引用——一种统计引文总被引次数的新方法》，《图书情报工作》2013 年第 21 期。

江晓原、穆蕴秋：《影响因子是可以操弄的》，《读书》2016 年第 9 期。

蒋颖、金碧辉、刘筱敏：《期刊论文的作者合作度与合作作者的自引分析》，《图书情报工作》2000 年第 12 期。

蒋颖：《人文社会科学领域文献计量学研究》，社会科学文献出版社 2013 年版。

金碧辉：《论期刊影响因子与论文学术质量的关系》，《中国科技期刊研究》2000 年第 4 期。

金一超：《学术编辑的初始评价职能》，《宁波教育学院学报》2016 年第 2 期。

雷淑义、吕先竞：《我国人文社会科学学术图书 Altmetrics 评价：挑战及应用》，《图书情报工作》2017 年第 11 期。

李凤亮：《推行以质量为导向的科研评价机制》，《中国教育报》2011 年 12 月 22 日。

李潇潇：《引文要以必要性为限》，《中国社会科学院报》2008 年 10 月 23 日。

李晓军、刘怀亮、杜坤：《基于科学知识图谱的替代计量研究进展分析》，《情报理论与实践》2016 年第 5 期。

梁立明、李艳霞、李小宁：《情报学家尤金·加菲尔德对 STS 问题研究的贡献》，《自然辩证法研究》2006 年第 1 期。

廖士祥、李文耀：《试论系统论、信息论和控制论在认识史上的意义》，《江西社会科学》1992 年第 2 期。

林德明、郭银鑫、姜磊：《单篇学术论文对影响因子的贡献率研究——基于 Nature 的定量分析》，《中国科技期刊研究》2016 年第 12 期。

林海锋、肖菲喆、姜橙等：《国内外不同学科间论文评价的研究进展》，《情报探索》2018 年第 12 期。

刘春丽：《Altmetrics 指标在科研评价与管理方面的应用——争议、评论和评估》，《科学学与科学技术管理》2016 年第 6 期。

刘春丽、何钦成：《不同类型选择性计量指标评价论文相关性研究——基于 Mendeley、F1000 和 Google Scholar 三种学术社交网络工具》，《情报学报》2013 年第 2 期。

刘大椿：《人文社会科学评价的限制与超越》，《中国人民大学学报》2007 年第 2 期。

刘盛博：《基于引用内容性质的引文评价研究》，《情报理论与实践》2015 年第 3 期。

刘雪立、盖双双、张诗乐等：《"非可被引文献"的引证特征及其对科技期刊影响因子的贡献》，《编辑学报》2015 年第 5 期。

刘益东：《试论超越同行评议的复合型学术评估法》，《自然辩证法研究》2004 年第 1 期。

刘益东:《学术交流的制度创新：以展示和交流学术创见为中心》，《科技资讯》2009 年第 35 期。

刘永红:《学术评价不应忽视出版环节》，《光明日报》2016 年 1 月 22 日。

刘运梅、李长玲、冯志刚等:《改进的 p 指数测度单篇论文学术质量的探讨》，《图书情报工作》2017 年第 21 期。

罗明祥:《适时激励是企业管理的有效方法》，《科技进步与对策》2002 年第 7 期。

马楠:《可视化工具在文献计量分析和科研绩效评价中的应用》，《数字图书馆论坛》2009 年第 10 期。

裴长洪主编，中国社会科学院外事局编:《美国人文社会科学现状与发展》，社会科学文献出版社 2001 年版。

钱玲飞、孙辉:《对新闻传播学最有学术影响的百家出版社分析：基于 CSSCI（2000—2007 年度）数据》，《出版科学》2010 年第 1 期。

邱均平、余厚强:《替代计量学的提出过程与研究进展》，《图书情报工作》2013 年第 19 期。

任全娥、郝若扬:《基于文献引证关系的人文社会科学论文评价》，《大学图书馆学报》2012 年第 3 期。

任全娥:《人文社会科学成果评价研究》，中国社会科学出版社 2010 年版。

任全娥:《学术论文评价方法研究》，《澳门理工大学学报》（社会科学版）2014 年第 4 期。

任全娥:《用于出版社学术影响力分析的三类文献计量指标探讨》，《大学图书馆学报》2016 年第 5 期。

宋丽萍、王建芳:《基于 F1000 与 WoS 的同行评议与文献计量相关性研究》，《中国图书馆学报》2012 年第 38 期。

苏成、李旭林、袁军鹏等:《出版社学术影响力评价研究——基于文献计量学指标的实证研究》，《情报杂志》2015 年第 2 期。

苏新宁、王振义:《从 CSSCI 看大学出版社在社会科学研究领域的学术影响》,《大学图书馆学报》2005年第3期。

苏新宁主编:《中国人文社会科学图书学术影响力报告》,中国社会科学出版社2011年版。

索传军、盖双双、周志超:《认知计算:单篇学术论文评价的新视角》,《中国图书馆学报》2018年第1期。

谭春辉、薛晓丽:《人文社科研究成果评价探析——基于360度评价的视角》,《中国高校科技》2013年第7期。

王岚:《中文人文社会科学引用性质与引用深度研究》,硕士学位论文,南京大学,2009年7月。

王凌峰、张泽玺:《基于引文网络的单篇论文新评价指标:Hi指标》,《情报理论与实践》2012年第35期。

王贤文、方志超、胡志刚:《科学论文的科学计量分析:数据、方法与用途的整合框架》,《图书情报工作》2015年第16期。

王贤文:《科学计量大数据及其应用》,科学出版社2018年版。

邬焜:《信息哲学——理论、体系、方法》,商务印书馆2005年版。

武夷山:《2012年中国科技论文统计结果(5):拓展工作》,中国科学网武夷山博客, http://blog.sciencenet.cn/blog-1557-640170.html(访问日期:2016年1月10日)。

谢文兵:《综述文章高引用率:盛名之下其实难副——美学者撰文分析综述类文章的高引用率问题》,科学网博客, http://blog.sciencenet.cn/home.php?do=blog&id=311500&mod=space&uid=45(访问日期:2017年3月22日)。

徐贵水、孙莹莹:《我国百年学术发展特点初探:基于读秀中文图书被引用报告的分析》,《情报杂志》2011年第11期。

杨洋:《基于文献计量的中文科技图书影响力评价方法研究》,硕士学位论文,中国科学技术信息研究所,2012年12月。

杨育芬:《2015年研究报告类图书出版现状》,《中华读书报》2016年3月30日。

姚建华、赵庆华、吴丽萍:《图书情报论文的睡美人现象考察》,《大学图书馆学报》2014年第3期。

叶继元：《基于质量与创新测度的人文社会科学"全评价"体系及其应用》，《光明日报》2011年11月5日。

叶继元：《如何看待引文数据中的负面引用》，《光明日报》2007年6月12日。

叶继元：《学术图书、学术著作、学术专著概念辨析》，《中国图书馆学报》2016年第1期。

尹闯、黎贞崇、李智娟等：《大数据时代核心论文数据库的构建》，《情报探索》2015年第11期。

由庆斌、汤珊红：《不同类型论文层面计量指标间的相关性研究》，《图书情报工作》2014年第8期。

余厚强、肖婷婷、邱均平等：《新浪微博替代计量指标特征分析》，《中国图书馆学报》2016年第7期。

翟启江：《联合国评估组宣布2015为国际评估年》，科学网博客，http://blog.sciencenet.cn/blog-547210-694688.html（访问日期：2015年10月2日）。

张凤娜：《中国首发人文社科图书学术影响力报告》，《中国社会科学报》2012年1月13日。

张小强：《期刊下载频次与被引频次及影响因子相关性——以中国知网CSCD与CHSSCD刊物为样本的计量分析》，《情报理论与实践》2011年第8期。

张晓校：《社科学术期刊与评价体系二重悖论》，《中国社会科学报》2014年7月2日。

张彦：《科学价值系统论》，社会科学文献出版社1994年版。

张艳丽、蔡继辉：《学术图书评价实证研究——以应用性研究成果皮书内容评价为例》，《出版广角》2016年第7期。

章成志、童甜甜、周清清：《整合不同评论平台的图书综合影响力评价研究》，《情报学报》2018年第9期。

中国人民大学人文社会科学学术成果评估研究中心：《人文社会科学论文质量评估指标体系》，内部报告，2010年10月26日。

《中国人文社科综合评价研究院在南京大学揭牌》，南京大学新闻网：

http://news.nju.edu.cn/show_article_2_48167（访问日期：2017年12月18日）。

中国学术期刊（光盘版）电子杂志社、中国科学文献计量评价研究中心：《中国图书学术影响力评价专家研讨会召开暨〈中国高被引图书年报〉（2016版）发布》，http://piccache.cnki.net/index/images2009/other/2017/ZGTSXSYXLPJ/test.html（访问日期：2017年5月18日）。

钟兴永：《改革完善学术著作评价机制——"学术著作出版与当代学术发展论坛"述要》，《人民日报》2015年8月3日。

周春雷：《试析现行学术评价体系的运作机理》，《中国科技期刊研究》2012年第6期。

周可真：《人文社会科学评价中的逻辑标准与事实标准》，《科学时报》2009年4月10日A4周末评论版。

朱剑：《学术研究，谁人评说——学术评价主体与评价机制的重建》，《光明日报》2010年8月17日。

朱剑：《重建学术评价机制的逻辑起点——从"核心期刊"、"来源期刊"排行榜谈起》，《清华大学学报》（哲学社会科学版）2012年第1期。

朱茗、杨秦：《对教育学最有学术影响的百家出版社分析：基于CSSCI（2000—2007年度）数据》，《出版科学》2010年第3期。

［比］罗纳德·鲁索：《期刊影响因子、旧金山宣言和莱顿宣言：评论和意见》，《图书情报知识》2016年第1期。

［美］尤金·加菲尔德：《引文索引法的理论及应用》，侯汉清等译，北京图书馆出版社2004年版。

英文参考文献

A. I. Walter, "Measuring Societal Effects of Transdisciplinary Research Projects: Design and Application of an Evaluation Method", *Evaluation and Program Planning*, 2007 (30): 325-338.

A. Schubert, "Using the H-index for Assessing Single Publications", *Scientometrics*, 2009, 78 (3): 559 – 565.

A. Zuccala, etc., "Scholarly books and their evaluation context in the social sciences and humanities", *Aslib Journal of Information Management*, 2018, 70 (6). a) Bonaccorsi, etc., "Do social sciences and humanities behave like life and hard sciences?", *Scientometrics*, 2017, 112 (1): 607 – 653.

D. Hicks, P. Wouters, L. Waltman, etc., "The Leiden Manifesto for Research Metrics", *Nature*, 2015, 520 (520): 429 – 431.

E. G. Toledo, G. Sivertsen, "Peer Review as a Delineation Criterion in Data Sources for the Assessment and Measurement of Scholarly Book Publishing in Social Sciences and Humanities", 16*th. International Conference on Scientometrics & Informetrics Conference Proceedings*, 16 – 20 October, 2017.

E. Kulczycki, etc., "Redesigning the Model of Book Evaluation in the Polish Performance-based Research Funding System", *Journal of Data and Information Science*, 2018, 3 (4).

E. S. Aversa, "Citation Patterns of Highly Cited Papers and Their Relationship to Literature Aging: A Study of the Working Literature", *Scientometrics*, 1985, 7 (3 – 6): 383 – 389.

E. Yan, Y. Ding, "Weighted Citation: An Indicator of an Article Prestige", *Journal of the American Society for Information Science and Technology*, 2010, 61 (8): 1635 – 1643.

G. Abramoa, T. Cicerob, A. C. Angelob, "Assessing the Varying Level of Impact Measurement Accuracyas a Function of the Citation Window Length", *Journal of Informetrics*, 2011, (5): 659 – 667.

G. Tremblay, "The Canada Foundation for Innovation's Outcome Measurement Study: A Pioneering Approach to Research Evaluation", *Research Evaluation*, 2010, 19 (5): 333 – 345.

James Testa, The Book Selection Process for the Book Citation Index in

Web of Science, http://wokinfo.com/media/pdf/BKCI - SelectionEssay_web.pdf（访问日期：2013 年 12 月 16 日）。

L. Bornmann, H. D. Daniel, "The Citation Speed Index: A Useful Bibliometric Indicator to Add to the H-index", *Journal of Informetrics*, 2010, 4 (3): 444 - 446.

L. Bornmann, R. Haunschild, "How to Normalize Twitter Counts? A first Attempt Based on Journals in the Twitter Index", *Scientometrics*, 2016, 107 (3): 1405 - 1422.

L. Leydesdorff, L. Bornmann, "Turning the Tables in Citation Analysis One More Time: Principles for Comparing Sets of Documents", *Journal of the American Society for Information Science and Technolog*, 2011, 62 (7): 1370 - 1381.

L. Waltman, "A Review of the Literature on Citation Impact Indicators", *Journal of Informetrics*, 2016, 10 (2): 365 - 391.

M. Laura, L. Catherine, "Flows of Knowledge, Expertise and Influence: A Method for Assessing Policy and Practice Impacts From Social Science Research", *Research Evaluation*, 2008, 17 (3): 163 - 173.

M. Tahira, etc., "Scientometrics Analysis for Research Performance Evaluation: Methodological Issues at Meso and Micro Levels", *Pakistan Journal of Information Management & Libraries*, 2016 (17).

M. Thlwall, K. Kousha, "Web Indicators for Research Evaluation. Part 3: Books and Non-standard Outputs", *Professional Information*, 2015 (6): 724 - 736.

N. Maflahi, M. Thelwall, "When are Readership Counts as Useful as Citation Counts? Scopus Versus Mendeley for LIS Journals", *Journal of the Association for Information Science and Technology*, 2016, 67 (1): 191 - 199.

P. Carole, "Profiles and Beyond: Constructing Consensus on Measuring Research Output in Communication Sciences", *Research Evaluation*, 2011, 20 (1): 73 - 88.

P. L. Stefan, "Evaluation of Research in Context: An Approach and Two Cases", *Research Evaluation*, 2011, 2 (3): 1 – 19.

S. Andras, "Using the H-index for Assessing Single Publication", *Scientometrics*, 2009, 78 (3) : 559 – 565.

S. Rijcke, etc., "To intervene or not to intervene; is that the question? On the role of scientometrics in research evaluation", *Journal of the Association for Information Science and Technology*, 2015, 66 (9) .

后　　记

我于2005年开始接触人文社会科学成果评价问题，当时刚入师门攻读博士学位，我的导师邱均平教授让我参与他的一个教育部重大课题的子课题，内容是关于人文社会科学成果评价方面的研究。从此，我就踏入了这个充满魅力而又布满荆棘的研究领域。作为研究对象的人文社会科学成果，尽管它对于广大学者来说极为常见，但其科学性至今仍然无法与自然科学比肩而立。从研究方法来说，科学成果评价本来就是见仁见智的问题，更何况人文社会科学成果评价如此复杂。我的研究方向是文献计量与科学评价，但文献计量方法之于人文社会科学评价，并非如对自然科学那样具有普适性。当时，为了找到较为合适的评价方法，我先从了解人文社会科学研究的特点与规律开始，而不是停留在文献计量方法层面。在此后的博士学位论文写作过程中，我做了大量的文献综述、问卷调查及专家访谈，发表了一系列关于人文社会科学成果评价的阶段性成果，完成的毕业论文获得了全国百篇优秀博士学位论文提名奖，并有幸得到"中国社会科学博士论文文库"的出版资助。然而，这些初步成绩与意外收获，并未让我有丝毫窃喜，而是愈加增添了义不容辞的责任感——这些研究成果，如何才能用来解决当下存在的各种学术评价问题呢？

我始终认为，作为一名社会科学工作者，无论发表论文还是出版著作，最终都要落实到社会实践才能发挥更大的作用，才能实现研究成果的社会价值。基于这一点，不懈探索学术评价从研究通往实践之路，就成为我毕业之后孜孜不倦的事业追求。比如，我毕业后选择来到中国社会科学院从事学术评价研究，积极申报国家社科基金青年项目"人文社会科学成果评价体系设计与实证分析",并参加文献计量学研究室主任的职务竞聘、承担中国社会科学院创新工程研究项目"人文社会科学评价研究与服务"及各种相关课题,最后参与规划并负责执行中国社会科学评价中心(2013年12月26日揭牌成立,现改为中国社会科学评价研究院)的论证筹建与启动运行工作。总之,我全身心投入到这些评价实践工作中,就是为了一个总的目标:搭建中国社会科学评价研究与实践的高端平台。

中国有个成语叫"过犹不及"。也许是因为我"过于"看重人文社会科学评价的实践问题,"过于"执着于搭建评价实践平台,当深度接触各种鲜活的评价实际问题并经历了深刻的经验教训之后,我才发现:现实中的学术评价不仅仅是学术评价,学术评价实践远比想象中复杂,从评价理论到评价实践的探索之路曲折漫长……我们的学术评价事业,需要一批有志之士的无私奉献与不懈努力,任重而道远。

人文社会科学成果评价,是一个极其复杂的社会大系统,真正有效的评价实践,需要有社会、文化、管理等各个系统与环节的无缝衔接与高度配套。而这种理想化的评价实践环境对应到评价体系的理论研究,就构成了一个纵横交错的研究坐标。从横向坐标看,评价对象涉及不同的成果类型(论文、著作、研究报告、学术资料、古籍整理、工具书、年鉴、普及读物、内部报告、政策咨询等)、不同的学科领域(经济学、管理学、文史哲、社会政法等)及不同的应用价值(学术传承、社会传播、资政建言等)。从纵向坐标看,评价体系包含八大基本要素(评价主体、评价目标、评价对象、评价标准、评价指标、评价数据、评价方法、评价制度),其中有些属于评价环境要素,有些属于评价技术要素,有些则属于评价运行要素。在这些基本评价要素中,评价实践的有效性最终都要受制于评价环境要素与评价运行要素。

如此看来,我之前所做的学术成果评价研究,仅仅是整个评价体系的"冰山一角",在研究坐标中属于学理层面的探讨与技术要素的操作。虽然在设计人文社会科学成果评价体系时,我们可以追求全面而完善的理论体系,但如果将评价体系应用于实证分析与具体实践,则只能选取其中某一个切入点和研究视角，才可能将研究与实践进行通约。当我们置身于这个纵横交错的研究坐标时，需要首先找出一个纵坐标与横坐标的交汇点并且准确定位，然后才可能开展深入系统的研究。

所以，本书关于人文社科成果评价体系的理论与实证研究，横坐标选择了覆盖多学科的论文、著作和研究报告作为评价对象（侧重于论文和著作），纵坐标选择了评价标准、评价指标、评价数据、评价方法作为评价要素（侧重于评价指标）。这也是我在国家社科基金青年项目研究中遵循的基本框架与研究路径，本书则是对该项目成果的不断丰富与完善。同时，本书也是在专著《人文社会科学成果评价研究》（中国社会科学出版社2010年版）的基础上，一步一步延续下来的思考结晶。上一部专著主要是提出了问题，注重评价理论的研究，而本书则试图解决问题，进一步将理论细化为操作方法，探索从评价理论通往评价实践之路。

全书内容大致分为三部分，共七个章节。第一部分是理论研究，包括第一章至第四章，主要是在前期研究的基础上，跟踪国内外最新研究进展，进一步阐述人文社科成果评价的评价目标、评价指标、评价方法和评价机制的理论依据，并对人文社科成果评价体系的八大基本要素及其关系全面论述。第二部分是方法研究，包括第五章至第六章，首先将人文社科成果划分为基础研究成果与应用对策研究成果，然后针对两种类型成果的不同特点分别设计评价指标体系：基础研究成果评价指标按照评价信息来源分为成果载体指标与成果自身指标，应用对策研究成果评价指标按照评价主体分为成果受益者评价指标、同行专家评价指标、项目负责人评价指标。第三部分是实证研究，为第七章，按照前文设计的评价指标体系，选取单篇学术论文、学术著作与出版社进行评价实证研究，并介绍国内外应用对策研究成果的评价实践。

蓦然回首，从我开始涉足学术评价研究领域到写这篇后记的时候，还差两个月刚好13年整。这13年里，我怀着强烈的责任意识在人文社科评价领域不懈探索、勤奋耕耘。还记得2008年刚来中国社会科学院工作时，我把办公电脑里的研究资料分为三个文件夹："重任在肩的学术评价"、"前景无限的网络信息"、"剪不断的图书馆情丝"。时间过得真快，如今斗转星移，我终于可以卸下肩上这份沉重的"学术评价责任"。回望来路，摸爬滚打，有失败之后的成功，也有成功之后的失败，但更多的是对师长同仁、亲朋好友、同事家人的无限感恩之情。在这里我要感谢我的导师邱均平教授在科学评价领域的学术指引，还要感谢中国社会科学院图书馆的黄长著老师、姜晓辉老师、刘振喜老师、赵嘉朱老师等对我后期发展成长的指导与鼓励，感谢王岚馆长、张树华研究员、罗文东研究员等领导和专家为本书获得中国社会科学院创新工程学术出版资助给予大力支持。我要感谢为本项目研究作出贡献的所有项目组成员及其他同仁的积极配合与热情帮助，特别是逯万辉、许梅华、余倩等做了大量的文献搜集与数据处理工作。在书稿的修改完善过程中，副馆长蒋颖研究馆员提供了许多宝贵的指导意见，而且给予我生活和工作上的关心帮助。中国社会科学出版社田文编审为此书的出版付出了辛勤的劳动。本书集成了项目组成员的阶段性成果，还参考引用了大量专家学者的论文著作及其他文献资料。借此机会，我一并表达由衷的谢意。

人文社科成果评价主体多元，社会关注度较高，各种新问题与新方法层出不穷。本研究因成书时间仓促，加之本人水平有限，书中难免会有疏漏与不足，敬请各位同仁批评指正。

任全娥
2018 年 7 月 1 日于北京